序

作为一种专业实践活动，教学本身就蕴含着变化性和复杂性。作为一种不断追求善好的专业实践活动，教学乃是一种永远有缺憾的艺术，它必然存在这样那样的问题。这意味着，致力于解决问题的教学研究必须以教学世界中的事实、实情和证据为依据。或许正是出于这样的考虑，刘继红、莫芮两位同志才合力为广大中小学教师主编《指向教学问题解决的实证研究方法》一书。

研究始于问题。教学领域的问题包括教学论问题和教学问题两种类型。显然，中小学教师需要研究解决的主要是教学问题，即教学实践中存在的问题。从时间维度看，教学问题包括旧问题和新问题两种类型。旧问题主要是指在教学实践中长期存在的问题，新问题主要是指伴随教育改革和发展涌现出来的问题。从空间维度看，教学问题包括普遍问题与特殊问题两种类型。普遍问题是指广泛存在于绝大部分教师教学实践中的问题，特殊问题是指存在于特定范围、特定方面或特定群体中的问题。从来源维度看，教学问题包括教师碰到的问题和教师造成的问题两种类型。教师碰到的问题是指由教育改革和发展新要求等外力因素产生的问题，教师造成的问题则是由教师理解偏误或能力不足等自身因素导致的问题。但是，无论哪种类型问题的解决，都需要教师的自我提升。对于中小学教师来讲，这里的自我提升主要包括学科理解力的提升和教学研究力的提升。如果说前者指向教师的专业学术，后者则指向教师的教学学术。如果没有专业学术，教师就不知道教什么；如果没有教学学术，教师就不知道怎么教。

研究要讲方法。回顾我国的教育教学研究方法，教育界在20世纪80年代之前基本上采用的是理论取向的演绎研究。到了20世纪80年代初，出于对理论取向的演绎研究方法的批判与反思，教育界开始引入定量研究方法。到20世纪90年代初，定量研究方法遭到了教育界的诸多质疑。其后，质性研究方法开始盛行于国内的教育教学研究领域。时至今日，在华东师范大学的推动下，国内教育界掀起了实证研究的热潮。面对各种不同的研究方法，尽管我们不应非此即彼或厚此薄彼，但是有一点是必须加以明确的：致力于问题解决的教学研究必须以教学事实为基础，注重实践经验的归纳概括。须知，归纳与概括和事实加工有关，并且总是以实践、实验和观察的结果为根据。在这个方面，本书告诫我们：在教学研究中要学会做笨重的工作，要不断地积累事实和证据。不管鸟的翅膀多么强壮，它也不可能不依赖空气飞向高空。事实和证据，就是教学研究者的空气。没有它，你不可能飞起；没有它，你的"理论"就是枉费苦心！

看到此书，我想到中国本土教育家李吉林和美国哈佛大学达克沃思教授二人。作为中国本土情境教育的创立者，李吉林老师提倡"教师应该是思想者"，认为教育科研是学者型教师成长的摇篮，而"小学成了我的大学"则是她对自己整个教学生涯的总结和概括。作为皮亚杰的学生，达克沃思教授坚持运用皮亚杰的临床访谈方法，通过教学观察来研究学生的学习活动。在她看来，教学即研究，"我的教学就是在做研究"。的确，我们今天强调学生在研究中学习与成长，自然地，教师也要在研究中教学与成长。何谓研究？如果我们用一句话概括：研究就是发现！研究就是发现事实、发现问题、发现原因、发现机理、发现规律、发现方法等。问题在于，我们如何发现？要知道，所有的研究发现都需要研究设计与方法。为此，本书不仅从整体上为教师提供了聚焦问题的研究设计框架及方法，还详细阐释了课例研究与课堂观察技术、问题设计与数据分析方法以及证据完善方法。

本书围绕"指向教学问题解决的实证研究方法"这个议题持续展开探索，其中不仅有对实证研究本身的理性认识，还提供了诸多可供教师借鉴的方法、工具和案例。我相信凡是有研究兴趣的教师都会从本书中有所裨益！

李松林

2024 年 1 月 26 日于四川师范大学

前　　言

什么是实证研究？

自 19 世纪法国学者奥古斯特·孔特提出实证主义及实证哲学以来，实证方法作为一种研究取向被迅速应用到了社会科学研究领域，并引发了持续一个多世纪的实证风潮。袁振国教授的观点是："实证研究即基于事实和证据的研究。"[①] 实证研究主要包括实验研究、调查研究、访谈研究、考古研究、文本分析、案例研究、观察记录、经验筛选、计算机模拟等。实证研究有四个基本特征：一是客观，即以确凿的事实和证据为基础，实事求是，不被个人的主观愿望或偏见所左右；二是量化，努力获得对事物特征和变化的"度"的把握，而非笼统的、模糊的描述；三是有定论，有确切的发现或结论，而非无休止的争论；四是可检验，在专业化背景下建立起来的共同概念、共同规则，使用共同方法、共同工具，可获得相同的结果。

什么是教学问题解决？

心理学对问题解决是这样定义的：由一定的情景引起的，按照一定的目标，应用各种认知活动、技能等，经过一系列的思维操作，使问题得以解决的过程。一般流程为：提出问题—分析问题—提出假设—检验假设—解决问题。

实证研究正好紧扣问题解决的方法与流程。具体来讲，中小学的教育科研主要是在特定的时代背景下，聚焦学校教育、教学、管理中的各类改革项目，提出源于教育管理者、教师的日常教学实践中急需解决的一系列问题，提出改革方案，并进行研究和实践，让这些问题得以解决，同时形成研究成果并大面积推广应用。教育实证研究通过对研究对象进行观察、实验、访谈或调查等形

[①] 袁振国：《实证研究是教育学走向科学的必要途径》，《华东师范大学学报（教育科学版）》，2017 年 3 期，第 5 页。

式，对收集的数据或信息进行分析和解释，以事实为依据探讨事物发展规律，是指向教学问题解决的良好研究范式。

开展实证研究需要建立的三个意识

要做好指向教学问题的实证研究，需要教师逐步建立问题意识、方法意识、成果意识。

问题意识是要求教师养成在平常的教育教学中观察、记录、思考各种现实现象的习惯；善于通过归纳、归因把现象归结为现实中存在的主要问题；养成经常思考的习惯，思考有什么创新性的措施可以解决这些现实问题；善于追究投放的措施与拟解决问题的关系；善于思考、检验现实问题是否解决的办法。

方法意识是要求教师不只是基于个体经验来思考和解决微型问题，而是对问题的解决有顶层的规划和设计，习惯查阅相关文献并进行总结分析，找出可以借鉴的经验和已有研究的不足；善于围绕现实中存在的问题通过访谈、观察、问卷等方式进行调查与分析；善于把实践中的问题转化成研究的课题进行研究，并把研究成果反馈到实践中去改进教学效益，进行行动研究；善于从典型课例、典型个案中总结、提炼出具有广泛应用价值的一般性规律、法则、策略。

成果意识是要求教师不仅仅把研究当成工作，单纯改变教学效果，还要习惯收集、整理研究的过程资料，常收集、整理在各个研究阶段产生的想法、有效的个体和群体经验，善于在各个研究周期通过报告、论文、案例、文集等形式总结研究成果。

本书的编写说明

本书从构思到完稿，历时近 6 年。正值成都高新区"三名一特"工作室——刘继红－莫芮名师工作室建立和运行之机，我们整合工作室全体成员、学员的智慧，完成了本书的撰写。参与本书编写的人员有（按姓氏拼音排序）：陈晓川（成都高新新华学校）、邓琳双（成都墨池书院小学）、冯小琼（成都市玉林中学）、韩欣（成都高新区教育发展中心）、姜霖（成都市石室天府中学）、戢雁（成都高新区银都紫藤初中学校）、寇红英（电子科技大学实验中学附属小学）、刘建军（成都高新区教育发展中心）、刘青竺（成都高新滨河学校）、李亭亭（成都高新滨河学校）、李文君（成都高新顺江学校）、李霞（成都高新区尚阳小学）、李宇青（成都高新区教育发展中心）、刘颖（成都高新区教育发展中心）、牛仲毅（成都高新大源学校）、庞明华（成都市中和中学）、瞿代之

（成都高新滨河学校）、祁浩浩（成都高新新城学校）、王志超（成都高新顺江学校）、杨艳华（成都市石室天府中学附属小学）、曾亮（成都高新区教育发展中心）、张琳（四川省教育科学研究院附属实验小学）、赵语（成都高新滨河学校）、张蒙（成都高新区菁蓉小学）、周旋律（成都高新区教育发展中心）。

在本书的撰写过程中，刘继红在工作中主导、主研、参与了一批区域性改革和研究项目，主要包括成都高新区区域推进课程建设、三级课题管理体系建设、课例研究、国际理解教育、教研培一体化智慧研修体系建设、科技创新教育、教育评价等项目，把推进过程中形成的部分实践案例和研究成果，选择性地编入本书。本书撰写参考了许多同行专家学者的研究成果，在此深表感谢！

本书力求用最通俗的语言讲述高深的原理，力求聚焦重要的思路和方法，结合典型的案例，让中小学一线教师学会运用实证研究的基本思路方法，解决教学中真实存在的问题。当然，本书也可供从事基础教育研究和实践的教育工作者参考。由于我们水平有限，书中错漏在所难免，敬请读者批评指正。

目　录

第一章　聚焦问题的研究设计 …………………………………… 1
- 第一节　从提出问题开始 ………………………………………… 1
- 第二节　用两个关键词聚焦研究的本质 ……………………… 11
- 第三节　做好研究的假设 ……………………………………… 20
- 第四节　设定研究目标、内容与成效 ………………………… 26
- 第五节　设计研究过程 ………………………………………… 33

第二章　从常规教研走向智慧研修 …………………………… 44
- 第一节　让课堂学习目标可检测 ……………………………… 44
- 第二节　教研活动的双变量设计 ……………………………… 55
- 第三节　"教研培"一体化智慧研修体系构建 ……………… 62

第三章　课例研究与课堂观察技术 …………………………… 77
- 第一节　课例研究技术 ………………………………………… 77
- 第二节　课堂观察技术 ………………………………………… 92

第四章　从文献中寻找研究的支点 …………………………… 112
- 第一节　寻找研究热点 ………………………………………… 112
- 第二节　找到理论支撑 ………………………………………… 117
- 第三节　凝练逻辑框架 ………………………………………… 124
- 第四节　评估文献质量 ………………………………………… 133
- 第五节　发现研究创新 ………………………………………… 140

第五章　问卷设计与数据分析 ………………………………… 143
- 第一节　问卷调查的基本过程 ………………………………… 143

  第二节 问卷的信度与效度检验 ················· 157
  第三节 相关性分析的问卷设计与数据分析 ············ 168
  第四节 基于差异检验的问卷设计 ················ 171

第六章 在行动中完善证据 ···················· 181
  第一节 在反思中梳理研究的缺陷 ················ 181
  第二节 把经验转化为显性的成果 ················ 187

第七章 成果的总结提炼 ····················· 198
  第一节 教学成果概述 ····················· 198
  第二节 认识性成果的提炼策略 ················· 202
  第三节 操作性成果的提炼策略 ················· 218
  第四节 物化成果的提炼策略 ·················· 239

第八章 研究效果的检验与证明 ················· 242
  第一节 数据统计分析 ····················· 242
  第二节 列举实践效果与社会影响 ················ 255

参考文献 ···························· 259

第一章 聚焦问题的研究设计

第一节 从提出问题开始

一、感知问题

（一）"问题"释义

1. 什么是"问题"

《现代汉语词典（第7版）》对"问题"一词有如下解释：①要求回答或解释的题目。②须要研究讨论并加以解决的矛盾、疑难。③关键；重要之点。④事故或麻烦。

2. 问题的分类

（1）第一类是现状类问题：表述存在什么问题

表述现实中存在的矛盾和困难。这类问题是本书重点要谈的"指向教学问题解决"的"问题"。

【案例】小学学科项目式学习中存在的三大问题

①学习主题选点单一或碎片化。其表现为各学科开发项目式学习主题时，选点单一或碎片化。

②目标评价层次不清。其表现为各学科仅有学科素养的一级指标，没有细化为各学段可操作的分级指标。

③学习过程中目标游离。其表现为学科拓展课程目标空泛、层次不清，导致学科项目式学习设计也出现目标层次不清、学生学习过程中出现目标游离的现象。

本案例用了"问题+现象"两段式表达，首先指出教学中存在什么问题，再描述这个问题在现实中的具体表现。

(2) 第二类是归因类问题：揭示原因与本质

追述产生现象的原因，说出采取某种做法的理由，解释一些概念的实质与关系。这类问题的提出和研究，指向认识性成果的形成。在实证研究中，需要我们先学会怎么"想"，再决定怎么"做"，针对归因类问题的思考、研究与解决，就是帮助我们学会怎么"想"。

【案例】成都高新新城学校"基于学科实践的'五育融合'教学研究"课题需要揭示的三个"本质"

①"五育融合"的实质内涵与核心目标是什么？从学生的整合性学习来认识"五育融合"的实质内涵，从学生的整体发展（综合理解与融合创生）来定位"五育融合"的核心目标。

②学科实践的内涵与类型是什么？区分"认识与实践""实践与活动""实践与操作"等相关概念，在比较中认识学科实践，从而找到实践的内涵，并从一般意义上对学科实践进行分类，同时基于学科差异对不同学科实践进行分类。

③学科实践的"五育融合"价值及其机理与根据是什么？分别从教学目标整合、内容整合、过程整合与学生发展的整合等方面，揭示学科实践的"五育融合"价值，同时分析其根据。

案例中，为了深入研究如何进行"五育融合"教学，需要首先揭示"五育融合"的实质、学科实践的本质以及基于学科实践的"五育融合"价值及机理。在表达方法上，案例用了"问题+思路"的两段式，即先提出想要揭示的原因和本质，再简要指出解决这个问题的基本思路、办法。

(3) 第三类是措施类问题：提出怎么做更好

思考、提出有可能解决现实中存在的矛盾和困难的方法、措施。这类问题的提出和研究，指向操作性成果的形成。

【案例】成都高新新城学校"基于学科实践的'五育融合'教学研究"课题中两个怎么做的问题

①如何开展基于学科实践的"五育融合"教学。分别从学以致用（学后实践）、用以致学（实践促学）和学用合一（学用一体）三种情况探索基于学科实践的"五育融合"教学模式；同时抓住学科实践活动的设计、整合性问题的

设计和问题解决引导等重点难点问题，探索"五育融合"教学的基本策略。

②如何开展基于学科实践的"五育融合"教学评价。聚焦学生的综合理解与融合创生，开发相关课堂观察量表，并探索出基于学科实践的"五育融合"教学评价标准。

案例中，研究者在明确了"五育融合"的实质、学科实践的本质以及基于学科实践的"五育融合"的价值及机理的基础上，从教学与评价两个维度提出如何进行"五育融合"教学，并提出了解决这个问题的路径和策略。案例在表达方式上用了"问题+操作"两段式，首先提出要研究和解决的问题，再简要提出解决方法。

（二）形成问题意识

1. 什么是问题意识

很多一线教师所说的问题意识，主要指研究者主观感受到的现实中存在的误区、困境、错误等。但在实证研究中仅有这一点意识是远远不够的，我们不仅仅需要对现实中存在的困境、困难、错误、误区等具有敏锐的洞察力，还需要作为研究者对问题进行凝练和抽象，结合自身对问题的理解形成自己的判断，提出一个值得研究的问题，并通过实践和研究去理解、解释、回答、分析、论证某个问题，这才是研究者独特的问题意识，也是实证研究的关键。问题意识主要包括四种，表1-1为四种问题意识的行为表征。

表1-1 四种问题意识的行为表征

问题意识	行为表征
问题（problem）	现实中存在的困难、困境和错误，也可以指某个理论本身存在的缺陷
主题（topic）	研究的主题，是一个研究的兴趣点
议题（issue）	具体的议题及研究所聚焦的、所针对的议题，可能存在不同的看法与分歧，是有争议的、没有定论的，研究可以专门针对议题而提出自己的主张
疑问（question）	研究者提出的疑问，需要具体地解释、回答或论证

2. 从实证的过程看问题意识

问题意识不是孤立存在的，我们把问题意识置于实证研究过程链中（见图1-1），会发现不同研究阶段有不同的问题类型和问题指向。

问题提出 → 问题归因 → 查阅依据 → 投放措施 → 效果检测

图1-1 实证研究过程链

问题提出阶段：把现实中的不良现象归纳成存在的问题。其属于第一种问题意识，表述现状是什么的问题。

问题归因阶段：分析这些问题产生的可能原因或本质。其属于第二种问题意识，揭示事物的本质问题。

查阅依据阶段：查阅解决这些问题的理论依据和政策依据。其属于第三种问题意识，提出怎么做更好的问题。

投放措施阶段：提出解决这些问题的可能措施，并付诸实践。属于第三种问题意识，提出怎么做更好的问题。

效果检测阶段：检验这些措施是否有利于问题的解决。其属于第三种问题意识，提出怎么做更好的问题。

3. 从思辨的视角看问题意识

哲学家迈克尔·沃尔泽一直致力于研究正义与多元平等问题，有研究者依据他的理论进行反思：教育是否存在多元平等的问题，多元平等对于实现教育公平有何意义。这一问题是根据理论提出的，而教育平等也是具有现实意义的研究主题。可见，问题意识的产生不只可以从现实现象开始，也常常源自理性的思辨。

教育研究者通常直接从某些理论领域提出需要研究回答的问题，或者针对某个具体概念及其指向的对象提出研究问题。例如，教育不公平问题或者教师专业伦理品质低下问题都是现实存在的，但是任何一个理论研究者都无法直接通过研究来纠正现实中存在的问题，思想探究只能回答他们能够回答的议题。

对于理论研究者而言，问题意识不在于解决现实问题，而在于提出问题，针对问题进行主张，并针对主张进行辩理或论证，回答、解决或解释问题。这种问题意识的实质是思辨，对于我们的现实处境进行设想，并证明设想的合理性。

二、发现问题

(一) 从现象中察觉问题

现象是人能够看到、听到、闻到、触摸到的一切客观表象，当一件事物的现状与期望有较大差异时，现象就会转化为主观认为需要进一步去探索、挖掘与解决的问题。把现象归结为现状类问题，可按以下步骤进行：

第一步：描述现象。经常收集、记录一些典型现象，这些现象应具有普遍性。描述现象时，要采用客观事实、数据，还原真实现象，防止信息的失真，也要防止只是呈现观点。例如，人们去看病，应尽可能提供体温、疼痛位置等信息，而不是自己的主观感受。

第二步：对标预期。一是看国家政策要求，二是看相关主管部门的规定，三是看学校发展、教师发展、学生发展的需求，四是看研究者对这类问题的个人标准。

第三步：分析比较。分析与比较理想与现实的差距，分析与比较不同群体间在理念与取向、目标与评价、内容选择与实施策略等方面存在的差距或冲突。

第四步：提出问题。基于显著的差异或冲突，提出与近期研究热点相契合的热点问题，提出教育发展或师生发展必须解决的实践性问题。

【案例】教师的法律意识问题

（1）描述现象。某班主任跟学生谈话，从这位平时沉默寡言的学生的诉说中了解到，这个学生原本个性开朗、成绩突出，还是老师的小助手，但因为一次问英语老师问题，英语老师不经意说了一句"这么简单的题目也拿出来问？自己怎么不去想一想？"而变得自卑、寡言。

（2）对标预期。《中华人民共和国未成年人保护法》第二十九条指出："学校应当关心、爱护未成年学生，不得因家庭、身体、心理、学习能力等情况歧视学生。"《教育部办公厅关于加强学生心理健康管理工作的通知》（教思政厅函〔2021〕10号）指出："针对学生在学习、生活、人际关系和自我意识等方面可能遇到的心理失衡问题，主动采取举措，避免因压力无法缓解而造成心理危机。"

（3）分析比较。当我们对标国家相关法律、法规、文件，很容易看到事件的两面性。一方面学生因压力无法缓解产生心理危机；另一方面也表现出班主任依法教育学生的意识不强，对学生心理健康关注不够。

（4）提出问题。现状类问题——少数教师依法、依规教育的意识不强，学生心理问题普遍存在。措施类问题——如何避免再次发生此类事件。

需要注意的是，预期提出的依据会较大限度地影响人们对问题本质的判断，合理设定预期，有利于对现象合理归因，也有利于提出有针对性的解决措施。

（二）从调查中发现问题

要发现教育教学中普遍存在的问题，需要针对一定数量的群体，通过问卷调查、访谈、观察、实地走访等方式获取群体特征，将群体特征与预期进行比较，发现群体中存在的问题。

【小卡片】个体特征与群体特征

组织行为学把研究对象的特征分为个体特征和群体特征。

个体特征主要包括自强、认真、明朗、热情、善良、洒脱、孤僻、风趣幽默、乐观、幼稚调皮、成熟稳重、温柔体贴等。群体特征主要包括群体成员有共同的行为目标、价值观、态度倾向、行为方式等，主要表现为：明确、持续的成员关系与相互交往，共同的价值观、目标和规范，认知和行为上达成一致，自我管理与相互支持，集体归属感与共同的利益，等等。

从群体中调查找出现实问题的一般流程：

（1）工具编制。包括根据群体特征的关键内容设定调查主题，研制调查框架，设定调查维度，编制问卷、访谈提纲、观察量表等调查工具。

（2）数据采集。即通过问卷调查、访谈、观察、实地走访等方式，收集、记录、整理数据和证据。

（3）数据统计。运用数据分析软件（Excel、问卷星、SPSS、NVivo等）进行数据统计，找出特征数据。

（4）数据分析。结合教育理论和实践经验，把特征数据转化为教育教学信息，提出需要解决的问题以及解决问题的思路与办法。

【案例】"双减"背景下区域中小学高质量作业体系构建与实践研究

2021年3月到5月，课题组通过问卷调查、教师访谈、作业文本分析、学校作业管理资料分析等方式对T区小学和初中18门学科作业现状进行深入调研，参与调研的学生有21000余名，教师有2100余名，家长有4200余名。通过调查分析，发现调查的学科作业存在以下几方面的问题：

（1）教师对作业的育人功能认识不足。表现为：作业成为教学的"附庸产品"，成为巩固教学成果的专属训练项目，成为学生的负担。

（2）教师的作业设计与实施能力不高。表现为：作业类型单一、难度过大、数量过多、选择性不足、评阅方式简单传统。

（3）学校的作业缺乏统筹管理。表现为：对各学科作业的完成时长缺乏把控，学科作业设计的合理性和科学性没法评价、跨学科作业少。

（4）"五育并举"下的各学科作业缺乏科学融合和统筹。表现为：学校的各科作业各自为政、形式单一、内容简单重复，学科融合型作业少。

本案例以区域作业布置与实施现状为主题，从教师对作业的认识、作业设计、作业实施、作业管理等维度自主编制问卷，在区内学校抽样进行问卷调查，同时辅以教师访谈、作业文本分析、学校作业管理资料分析等方式，运用问卷星平台进行数据统计，分析归纳出区域作业管理中存在的四大问题，梳理了四大问题的典型表现。

（三）从文献综述中提炼问题

文献研究常常以结构化的方式阐述国内外已经完成的相关研究的进展和研究成果，在此基础上，如果进一步聚焦国内外研究的困境与不足，就可以提出后续可以研究的问题。

从文献综述中提炼问题，一般可以按以下步骤进行：

（1）确定主要内容。包括确定主题及相关主题、关键词等。

（2）搜集文献。文献搜集尽量全面、权威，一般常用文献包含电子图书、研究报告、论文等。目前中国知网、万方、中国国家数字图书馆等网站的教育类文献较为权威；CSSCI来源期刊、北大核心来源期刊、AMI来源期刊、EI来源期刊为较为权威的学术期刊。

（3）分类整理。明确所关注领域的近期研究成果，对文献中的代表性观点、主要研究路径、实践策略等分类整理。

（4）综述问题。综合代表性观点和做法，评述其值得借鉴之处和已有研究的不足，提出可能的研究问题。

【案例】研究《关于加强义务教育学校作业管理的通知》应查阅的文献

"双减"背景下，教育部印发了《关于加强义务教育学校作业管理的通知》，这一通知牵动学校作业管理的改革，哪些问题值得研究呢？我们查阅了相关文献。

确定主题：通过搜索"作业设计""实践性作业""大单元作业""分层作业"等关键词来确定主题。

搜索文献：在中国知网等数据库进行关键词搜索，围绕核心期刊文献、引用量大的文献、权威专家学者的文献等进行重点阅读。

分类整理：将文献的观点和策略，按作业的类型与特征、作业设计的流程、作业设计策略、作业管理策略四类进行整理。

综述问题：①思考已有研究领域的深度，如初中语文教师对初中语文课前、课中、课后作业设计连贯性的研究不透彻，针对这一问题可以做进一步的研究；②对研究领域的空白提出问题，如针对小学低学段跨学科实践作业设计的研究较少，针对这一问题可以进行研究。

本案例旨在说明从文献中寻找研究问题的一种思路，而不是文献综述的写法。

（四）从展望中预设问题

展望未来教育发展的脉络不是凭空想象，而是根据社会发展规律、教育发展趋势、政策文件等，结合区域、学校、班级教育教学实际，描绘指向未来教育蓝图的发展性问题。

从展望中预设措施类问题的一般步骤如下：

（1）关注教育发展动态。包括国家教育类政策文件发布、各单位发布的课题选题指南、权威期刊的征稿选题、学术会议的研讨主题等。

（2）描绘未来教育蓝图。结合学校发展实际，以目标为导向，围绕学校课程建设、课堂教学、教师发展、教育数字化转型等学校变革的关键主题，描绘未来教育蓝图。

（3）预设教育改革措施。基于学校实际，提出达成未来教育蓝图的工作思路、实施路径、重要举措、重点项目。

三、筛选问题

（一）辨别真问题与假问题

【案例】真假问题判断

请你用1分钟，判断下列5个问题哪些是真问题。

问题一：多看手机可以缓解压力。

问题二："双减"背景下需要多布置实践性作业。

问题三：高中后，女生的智力普遍不如男生。

问题四：职业高中学生未来的发展不如普通高中学生。

问题五：探究式教学比讲授式教学更有利于学生发展。

以上案例中的 5 个问题都是假问题。

我们在选择实际教育教学的问题后，需要辨别所选问题的真假，中小学教育教研需要选择能有效解决的真问题进行研究。

我们先来看看真假问题的判断标准：①问题是否客观真实存在。真问题是客观存在的，不是虚无的、主观臆想出来的。②问题能否指向事物本质。真问题是接近事物本质、靠近底层逻辑、关注问题的主要方面的提问，现象是问题的内因和直接关系；假问题则只看见表面现象，回避或未发现真正的原因。③问题是否可能有效解决。判断这个问题是否可能通过投放一定的措施，获得解决问题的可探讨的答案或者策略，总结提炼出相应的研究成果，同时推动教育教学改革。

再看案例中提出的 5 个问题：

问题一：压力的根源在于能力不足，解决的重点在于提升个人能力，而不是看手机。

问题二："双减"的重点是减轻学生过重的作业负担和校外培训负担，实践性作业是新课标背景下提高课程实践性、综合性的要求，二者关联度小。

问题三：智力的高低取决于先天的基因、后天的自我因素，大量研究表明智力和性别无关。

问题四：三百六十行，行行出状元，两类学生各有自己的优势，没有可对比性。

问题五：每一种教学方式都有各自的优势与不足，针对不同阶段和类型的学生、不同的学习内容、不同的目标要求，需要用不同的教学方式。

（二）聚焦现实中的突出问题

教育研究者要善于从一线教学中涌现出的大量现象中，聚焦理想与现实矛盾冲突最大的问题，聚焦制约区域和学校发展的重大问题、制约区域发展的关键问题，拟定并投放改革措施，开展教学实践和研究。

例如，中国人"哑巴英语"的现象极其普遍，追究其原因时，英语教师大都会归结为语境，"英语教学中如何有效创设语境以提高学生现实对话能力"是教学中长期没有得到有效解决的问题，值得深入研究。再如，因城市化进程加快，某校近 3 年新生入学人数以 30％的升幅迅速膨胀，学校转型期教师如何有效配置，功能室被教室占用后如何有效开设实践类课程，课程教学如何适应有更高需求的学生等一系列问题，是学校发展的关键问题，急需解决。

（三）聚焦改革发展中的热点问题

学校如果不想发展，按既有方式运行即可；如果学校想要发展，必须进行教育教学改革。规范、科学的课题研究能最大限度地为学校的教育教学改革提供技术支撑，从而减小改革风险，因此，教育教学改革热点也是教育科研课题的选题热点。

教育教学改革热点可从如下几个方面查阅：一是近三年来，国家发布的教育教学类政策文件；二是各级课题主管单位发布的课题选题指南；三是国际国内重大教育教学学术会议主题、讲座的主题、专题；四是近年教育类核心期刊的征稿说明。

（四）关注自己的研究兴趣与专长

对研究人员来说，最基本的两个品格是对科学的热爱和保持好奇，也就是说研究要高质量，要根据自己的特长量力而行，注意扬长避短。例如，有的教师擅长做定量研究，对问卷调查、实验研究十分娴熟；有的教师善于做定性分析，对归纳、演绎较为擅长。对于一线教师来讲，只有根据自己的研究专长，综合考虑自己的知识结构、思维特征、科研兴趣等因素，筛选出适合自己研究的问题，才可能取得良好的研究成效。

（五）关注研究与实践的可行性

为尽可能保证课题研究能有效推进，选择研究问题时须进行可行性论证。

一是内容的可行性。主要指选题不能过大或过小。选题过大，一线教师无法操作，如"深度学习教学研究"需要进一步聚焦，缩小研究范围，选题过小，会造成研究空间小，如小学数学"课桌有多长"教学设计研究，这一问题非常具体，研究的空间就比较小。

二是方法的可行性。研究方法要匹配研究内容，因此，研究方法的选择也是判断研究是否可行的重要方面。如"基于机构方程模型的学习成绩因素分析"这一研究，需要调查法、实验法、个案研究法等，需要熟悉方程模型的使用方法、数据分析方法等，如果对这些方法不熟悉，就不合适研究这个问题。

三是主客观条件限制。客观条件包含资料、设备、经费、时间、技术、人员是否具备，主观条件包含是否具备研究的知识、能力、经验等。

第二节 用两个关键词聚焦研究的本质

一、研究变量的界定

（一）三个关键问题

教师如何提升课堂教学效果？该问题是很多教师关心、关注，也很想去研究的，但是这个问题很宽泛，要对这个问题进行深入研究，需要进一步明确以下三点：

一是我们的课堂上存在什么问题？学习深度不够。

二是我们准备投放什么措施来提高课堂效率？核心问题驱动。

三是投放的措施与存在的问题之间有什么关系？通过核心问题驱动，激发学生的深层动机、深度体验、高阶思维，促进其解决问题。

当我们认清了这三点，课题研究的题目即可设定为"促进学生深度学习的核心问题驱动教学策略研究"。研究重点从什么是深度学习、如何开展核心问题驱动的教学、问题驱动教学如何指向学生的深度学习三个方面展开。

（二）两个关键变量

上述课题研究中有两个最重要的变量：一个是投放的改革措施，教育科研中称之为自变量；另一个是学校、教师、学生想改变的某一个方面，教育科研中称之为因变量。

他们之间的关系可以用数学公式表达为：$Y = f(X)$。其中 X 是自变量，Y 是因变量，f 是 X 与 Y 之间的关系。

我们可以用两个关键词来聚焦研究的本质：投放的改革措施，即上例中的"问题驱动"；希望能改变的方面，即上例中的"深度学习"。

基于问题解决的实证研究，就是要围绕以下三个关键问题来研究：

一是现实中存在什么问题，以及问题解决后的预期结果。

二是为了解决这个现实问题，准备投放什么改革措施，从哪些方面投放、如何投放等。

三是投放的改革措施与拟解决的问题有什么关系，是否有较强的关系。

以上变量关系可用图 1-2 表示。

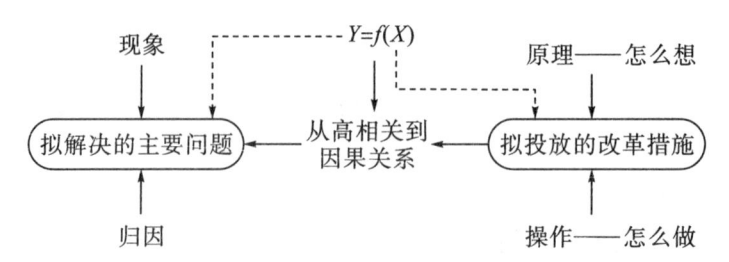

```
现象          Y=f(X)        原理——怎么想
  ↓     ┌──────────┐         ↓
┌─────────┐  从高相关到  ┌─────────┐
│拟解决的  │←─因果关系──│拟投放的  │
│主要问题  │            │改革措施  │
└─────────┘            └─────────┘
  ↓                          ↓
 归因                    操作——怎么做
```

图1-2 自变量与因变量关系

清晰地认识并准确定位关键变量，是建立实证研究意识最重要的基础。我们需要在研究的全过程对这三个问题进行持续的、深入的、系统的思考。

二、凝练课题题目

（一）好题目的标准

常言道：有一个好的题目，就成功了一半。

四川师范大学李松林教授提出了好选题的三个标准：实践中普遍存在、理论上必须成立、已有研究尚有欠缺。好题目的标准：明确而具体的问题指向、独特而准确的研究视角、准确而深刻的基本主张。好题目的结构："怎么做"（路数）+"做什么"（航标）。

从实证研究的视角看，"明确而具体的问题指向""航标"指向实证研究的因变量，"独特而准确的研究视角""准确而深刻的基本主张""路数"指向实证研究的自变量。一个好的题目，最好包含分别指向自变量和因变量的两个关键词，来体现明确而具体的问题指向、独特而准确的研究视角、准确而深刻的基本主张。

自变量要求可操作，它代表某种具体的教学变革行为、措施；因变量要求可测量，它代表某种教学变革所引起的教学效果。

聚焦因变量常用词：指向（聚焦、促进、基于）……

聚焦自变量常用词：……策略（机制、实践）

课题题目基本结构：指向（聚焦、促进、基于）……的……策略（机制、实践）研究。

【案例】好的研究题目（摘自李松林PPT）

促进学生高阶思维发展的问题解决教学策略研究，基于学科思想方法的整合性教学研究，基于学科核心问题的整合性教学研究，聚焦核心素养的整合性课程建设研究，聚焦学科核心素养的深度互动教学策略研究，主题统合取向的国际理解教育校本课程开发研究，促进学生主动参与的活力课堂实践研究，促进学生适性发展的选择性课程建设研究，促进学生实践创新的主题整合课程建设研究。

（二）课题题目中限定语的使用

课题题目除两个关键变量之外，有时会用到限定语。从限定语使用目的来看，限定语大致可以分为以下三类。

1. 限定研究的范围

要使课题指向有准确含义的具体问题，需要对课题名称中核心概念的内涵和外延加以限定，否则，研究过程中可能会出现目标的变更或研究方向的偏移、研究范围的扩大或缩小，甚至概念的混淆。

常用限定语包括：地域限定，如某某区、城乡接合部等；学段限定，如中小学、高中、幼儿园；场景限定，如课堂、场馆等；学生类别限定，如学困生、智力障碍儿童等。

2. 限定研究的方法

实证研究的方法包括实验研究、调查研究、访谈研究、考古研究、文本分析、案例研究、观察记录、经验筛选、计算机模拟等，有时需要在题目中对研究对象、研究内容、研究方法、研究手段、研究目的、研究背景等内容进行限定。

例如，"农村地区小学生就近入学情况调查研究"课题，限定研究对象为农村地区小学生，限定研究内容为就近入学情况，限定研究方法为调查研究。

3. 增加理论或政策支持

有的课题重点依托某种理论，或者是在某种特定的国家和地方政策背景下来开展的课题，需要在题目中进行限定。

例如，"基于多元智能理论激发学生学习兴趣的实证研究"课题，增加的理论依据是多元智能理论，因变量是学生学习兴趣，研究方法是实证研究，课题名称涵盖了理论依据＋研究目的＋研究方法，其命名方式涵盖自变量和因变量，只是增加了理论依据。

（三）教学成果的题目结构

课题研究的目的之一是形成研究成果，成果报告的题目与课题题目在结构上有些不同。课题题目强调的是解决的问题与投放措施，以及二者之间的关系，而教学成果的题目强调的是所形成成果的特征、突破点和创新点。

从部分国家级教学成果奖的选题分类（表1-2）来看，教学成果题目结构大致可分为几类：核心措施＋范围限定，独特主张＋关键措施，要素流程＋范围限定，区域影响＋领域限定，时长优势＋核心措施，取向创新＋实践范围，领域优势。

表1-2 部分国家级教学成果奖的选题分类

题目类别	典型题目
核心措施＋范围限定	共建·共享：初中整本书阅读课程区域推进的实践探索
	乡土化、项目化、常态化：一所山村小学的综合实践活动课程
	中小学数学教师"五高"培训模式的探索与实践
	家庭—学校—社会视角下自闭症学生康复体系的构建
独特主张＋关键措施	"服务中成长"：协同育人的创新实践
	重组·互融·共生：集群教师发展共同体创新实践
	后"茶馆式"教学——走向"轻负担、高质量"的实践研究
	"活动态"语文教学模式的构建与探索
要素流程＋范围限定	1＋5＋N：小学低年级语文教学中嵌入绘本主题阅读体系建构与实践
	"一核七维四径"：普通高中教师专业能力智慧评价系统构建与应用
	"三融三进三评"：闽南非遗校园活态传承模式20年探索
	易学·怡教·宜评：音频识字教学法的12年探索与创新

续表

题目类别	典型题目
区域影响＋领域限定	走向世界的中国数学教育——义务教育阶段数学课程改革的上海经验
	素养如何落地：项目化学习育人的上海创新与实践
	创设市级统筹"三轮驱动"体制机制，构建基础教育均衡发展的"北京模式"
	提高农村教师执教能力的团队研修实践——吴正宪小学数学教师工作站的五年探索
时长优势＋核心措施	大情怀育人：扎根乡村40年的行知教育实验
	以综合的教育造就完整的儿童"幼儿园综合课程"35年的探索与建构
	中小学数学"情境—问题"教学30年实践探索与理论建构
	从德育渗透到课程思政：某某市中小学学科育人三十年研究与实践
取向创新＋实践范围	普通高中育人模式创新及学校转型的实践研究
	引领学习环境重构的中小学创新实验室行动研究
	全学科视域下的读写课程模型建构与应用
	指向个性化教育支持的幼儿发展评价研究
领域优势	高中综合文科课程研究与实践
	走向真实世界的项目群育人体系的构建与实施
	情境教育实践探索与理论研究
	语文整本书阅读教学理念探索与创新实践

三、界定关键词

（一）界定关键词的内涵

1. 一般性描述

概念的内涵是指概念中的事物的特有属性，即概念的含义。不同的人对同一个概念可能有不同的理解，在课题研究中，需要界定关键词，明确其内涵。

界定关键词可以分为一般性描述和定义。一般性描述较为宽泛，往往适用于多个事物；定义则把一个事物和其他事物区别开来。

例如，白菜是冬天常见的一种蔬菜，这是一般性描述，"冬天常见的一种蔬菜"还可以描述萝卜、土豆等其他蔬菜。白菜是十字花科，芸薹属一、二年生草本，高可达60厘米，全株无毛，基生叶多数，大形，倒卵状长圆形至宽倒卵形……这是白菜的定义，不能用来描述其他蔬菜。

2. 概念性定义

概念性定义是抽象的、理论层面上的定义，常用"种属＋特征"的方式来界定关键词。格式为：×××（种概念）是×××（特征）的×××（属概念）。

例如，连结圆上任意两点的线段叫作弦，经过圆心的弦叫作直径。这两个定义中，"直径"属于"弦"，"弦"属于"线段"，"连结圆上任意两点""经过圆心"是特征。

【案例】校本课程的定义

校本课程，又称为学校课程，是学校在确保国家课程和地方课程有效实施的前提下，针对学生的兴趣和需要，结合学校的传统优势及办学理念，充分利用学校和社区的课程资源，自主开发或选用的课程。

3. 操作性定义

操作性定义是根据可观察、可测量、可操作的特征来界定变量含义的方法，即从具体的行为、特征、指标上对变量如何操作进行描述，将抽象的概念转换成可观测、可检验的操作程序和测量指标。概念性定义是操作性定义的前提和依据，操作性定义是概念性定义的延续和发展。

我们可按以下步骤为关键词下操作性定义：

第一步：找到关键词的上位概念。

第二步：分析关键词的内涵，列出其主要特征。

第三步：将主要特征具体化为若干可操作、可观察、可测量的要点，并保证这些要点覆盖和反映关键词的基本内涵。

第四步：将各要点按一定的逻辑顺序和语法规则进行文字修整，形成定义。

【案例】"基于学科实践的'五育融合'教学研究"关键词界定

学科实践。所谓实践，是指认识主体和改造客体的物质活动。学科实践是具有学科意蕴的典型实践，即学科专业共同体怀着共享的愿景与价值观，运用科学的概念、思想与工具，整合心理过程与操控技能，解决真实情景中的问题的一套典型做法。在本课题中，"学科实践"包含三个要素。①认识引领。所有的学科实践都不是简单意义的操作，而是由一定的理性认识做指导。②主体活动。任何学科实践都是以学生作为具有自主性、能动性、创造性的主体而展开的问题解决活动，包括研究、设计、开发、创作等。③物化成果。任何学科实践最终都必须产生可见的实际成果，如方案、模型、产品等。

给自变量下操作性定义时，强调按什么思路、要素、流程、策略进行操作；给因变量下操作性定义时，强调用哪些维度、用什么方法、用什么工具去测量，如何有效采集数据、如何分析数据。

在教学研究中，我们可以把下操作性定义的方法归纳为以下几类：

一是课程建设类。作为自变量，可以围绕课程的理念、目标、内容、实施、评价等课程建设要素，结合课程的从属类型来进行定义。

二是课堂建设类。作为自变量，可以围绕课堂的基本主张、特征和实践要素来进行定义。

三是教学方法类。作为自变量，可以按师生关系、教学内容、教学情景创设等教学要素，从基本主张、实践要素等角度进行定义。

四是专业发展类。对于自变量，可以从发展目标、实践路径、关键策略等角度进行界定；对于因变量，可从指向的教师专业素养特征、指标维度、行为表征、水平层级等角度界定。

五是素养、能力类。作为因变量，从素养的基本特征、指标维度、行为表征、水平层级、测评工具、测评办法、数据分析等角度进行定义。

（二）明晰概念的外延

1. 如何设定概念的外延

概念的外延，就是概念所反映的特有属性的对象，通常称为概念的范围。在课题研究中，我们需要对概念所包含的内容范围作出清晰的说明。

例如，实证研究包括实验研究、调查研究、访谈研究、考古研究、文本分析、案例研究、观察记录、经验筛选、计算机模拟等，布鲁姆教育目标在认知领域包括知道、领会、应用、分析、综合、评价六类。上述两个概念，前者利用平行关系设定，即前一个概念的下属所有概念，都是同一分类依据下的平行概念；后一个概念利用等级关系设定，即后一个概念的下属概念是有进阶（等级）关系的概念。

这里需要特别提示的是，界定概念的外延时，一定要统一分类依据，否则会导致下属内容交叉重复，从而导致研究思路混乱。例如，"实践"从哲学的角度、教育学角度、社会学角度分类结果是不一样的，我们需要综合分析，选择或者自定义一种分类方式。

2. 概念外延界定在研究中的实用价值

实证研究中，明晰概念外延非常重要，可以帮助我们推动课题研究走向深入。

一是调查维度设置的依据。例如，课题"促进学生实践创新的主题整合课程建设研究"，需要围绕自变量（学校课程建设）和因变量（学生的实践创新能力）展开调查，课程建设包括课程目标、课程内容、课程实施、课程评价四个要素，问卷即可重点围绕这四方面进行设计；实践创新能力包括学习能力、分析能力、想象能力、实践能力、批判能力、创新能力等，调查因变量时，即可围绕这几个方面对学生进行素养监测。

二是用于实践问题的深度挖掘。例如，课题"基于综合素质提升的中学生成长共同体活动研究"，发现学生综合素养不良，即可根据中学生综合素质包括的思想品德、学业水平、身心健康、艺术素养、社会实践五方面内容，去观察、测评、分析学生，有针对性地提出改进措施。

三是用于提高改革措施投放的针对性。例如，课题"基于积极情绪促进学生课堂参与的实践研究"，基于8种积极情绪，有针对性地提出8种课堂参与策略：①敬佩、爱——榜样力量；②希望——目标构建；③逗趣——助产设问；④喜悦、感激——互助展示；⑤激励——及时评价；⑥宁静——个性辅导；⑦兴趣——兴趣拓宽；⑧自豪——良好习惯。

四是用于研究内容的细化。例如，课题"在语文教学中学生表达能力培养策略研究"，基于"表达能力"的外延，把课题细化为6个微型问题进行研究：①通过"扩词跟句"训练，提高学生语言运用水平；②通过"复现词语情景"，提高学生联想表达能力；③通过"在情景中连词组句"，培养学生口头表达能力；④通过"典型句的置换"训练，提高学生灵活用词水平；⑤通过"即兴对话"的训练，提高学生的语言应答水平；⑥通过"主题画说"训练，提高学生的整体构思水平。

五是用于研究效果的准确检验。例如，经济合作与发展组织（Organisation for Economic Co-oporation and Development，OECD）发布的PISA2025科学素养测评框架，从背景、科学能力、科学知识和科学身份四个维度评估各国 15 岁学生的科学教育结果。该组织把科学能力界定为：交互式使用科学知识和信息的能力，即作为一个反思性公民，能够参与讨论相关科学问题和提出科学观点，并将这项能力用于知情决策[①]。这一能力由代表所有学生科学教育主要目标的三个具体能力组成（见表1-3），旨在回答：在需要使用科学和技术知识的情境中，年轻人需要了解、重视什么和能够做什么。

表 1-3　科学能力测试维度与内容

科学能力测试的维度	内容
科学地解释现象	• 回忆和应用适当的科学知识 • 使用不同的表现形式，并在这些形式之间进行转换 • 制订并证明适当的科学预测和解决方案 • 识别、构建和评估模型 • 认识物质世界现象并形成对物质世界现象的解释性假设 • 解释科学知识对社会的潜在影响
构建和评估科学探究设计，批判性地解释科学数据与证据	• 在给定的科学研究中识别问题 • 提出合适的实验设计 • 评估实验设计是否合适 • 解释以不同形式呈现的数据，从数据中得出适当的结论，并评估其相对优点
研究、评价并使用科学信息进行决策并采取行动	• 搜索、评估和交流不同来源信息的相对优点，这些信息可能对科学相关问题的决策，以及它们是否支持一个论点或解决方案有重要意义或优点 • 区分基于强有力的科学证据、专家与非专家意见的不同主张，并提供区分的理由 • 从一组数据中构建论点来支持一个适当的科学结论 • 使用认识论和程序性知识批判科学相关论点中的标准缺陷 • 用科学论据证明决策的合理性，以促成当代问题的解决或可持续发展

---

① 唐科莉：《评估全球科学教育的整体成效——OECD〈PISA 2025 科学素养测评框架（草案）〉解读》，《上海教育》，2023 年第 24 期，第 9 页。

第三节 做好研究的假设

一、什么是研究假设

（一）什么是假设

《现代汉语词典（第7版）》将"假设"界定为：①姑且认定；②虚构；③科学研究上对客观事物的假定的说明，假设要根据事实提出，经过实践证明是正确的，就成为理论。

每一个论证都是由理由和结论构成的，在理由和结论的中间，即从理由到结论这个过程中，存在着一种东西，有了这种东西，理由才能支持结论，这种东西就是假设，它是理由和结论之间关系存在的前提。

【案例】"假设"举例

因为小明喜欢打篮球（理由），所以小明身体好（结论）。这是一个简单的论证，包括理由和结论。这个论证的结构很标准，但是这个论证需要一个前提才能成立，这个前提就是"喜欢打篮球的人身体都好"。没有这个前提，或假如这个前提是错误的，那么这个论证就是错误的。即假如喜欢打篮球的人中，也有人身体不好，只是为了让身体好起来才喜欢打篮球的，那么就不能因为小明喜欢打篮球，就认定小明身体一定好了。因此"小明喜欢打篮球，所以小明身体好"的论证，是建立在"喜欢打篮球的人身体都好"这个假设成立基础之上的。如果这个假设经过实践检验是错的，就会导致最初的论证不成立。

为了深入理解什么是假设，我们需要进一步明确几个关键点：

一是假设是论证成立的前提。"假设—理由（事实）—结论"构成一个三段式的论证关系，其中的理由是对事实的描述。如果假设不成立，则论证一定不成立；如果假设成立，但论证也不一定成立，还需要理由支持结论，论证才能成立。

二是假设带有主观性，是主体借助经验对事物作出的综合判断。这种主观性可能源于自身对事物的选择性判断（例如，某人坚持认为学生带通信设备一定会影响学生的学习成绩），可能源于概率事件（例如，读书能有出息），可能源于以前发生过的事（例如，明天的太阳一定会升起），可能源于自身的经历（例如，某人英语成绩不好，成年之后工作没受影响，提出英语成绩不影响人的未来发展的假设），可能源于把自己当作世界的中心（例如，少数专家排斥其他学派的观点）等。

三是假设是否为真，需要通过实践检验。由于假设带有的主观性，其真实性需要通过事实和证据来进行检验。如果检验通过，这个假设或者论证就可能成为理论。

（二）研究假设的特征

研究假设是研究者根据一定的科学理论、相关文献、实践经验，对研究问题的规律、原因、主要变量间的关系等，做出的推测性论断和假定性解释，在研究前预先设想的一种或几种可能出现的结果或结论。简而言之，假设是关于事物本质和规律的合乎科学的猜测，是对课题中所提问题的尝试性解答。

【案例】"提升小学生科学素养的实践性作业研究"课题
研究者推测：实践性作业可以提升小学生科学素养。这个结论是预先设想的、暂时性的，是研究者希望的。最终，实践作业是"可以提升"还是"不能提升"小学生科学素养，还需要通过逻辑分析和实践验证来检验研究假设是否成立。

由此案例可见，研究假设具有如下特征：

一是科学性。假设的提出需要以一定的理论和事实为基础，不是随意的幻想和毫无根据的空想，不是毫无依据的推测和主观臆断的一个命题。研究假设的可能路径、可能结果不是仅靠猜测形成的，而是研究者结合了以往研究，结合自己的经验和能力，对所研究的问题作出的预先判断。

二是可检验性。可检验性即研究假设的结论是可以检验的。假设可检验是研究假设具有科学性的必要条件。可检验性强调研究结果可以在同等的条件下进行重复的检验，并能证明同一结论的存在性和它的可靠性。需要强调的是，课题研究的过程实质上就是检验研究假设的过程，课题研究的目的就是验证假设。如果具体假设成立，命题也就得到证实，这就说明命题和具体假设是一致的；如果具体假设不成立，命题也不成立。

三是可预测性。任何假设都是对外界各种现象的猜测，尚未达到确切可靠的认识程度，因而有待进一步通过科学研究来检验或证实。实证研究怀疑一切

"前提"，需要从大量的经验事实中进行科学归纳，总结出具有普遍意义的结论或规律，然后通过科学的逻辑演绎方法推导出某些结论或规律，再将这些结论或规律投放到实践中去，以检验假设的真伪。表述研究假设时可以把解决问题的诸多可行性举措、路径、策略、方法列出来，依据研究者的视野对这些自变量进行评估、遴选、归类，建立假设模型，通过研究与实践，验证提出来的诸多答案是真还是伪，是不是能够解决工作中的问题。

四是多样性。多样性即对同一现象及其规律可以做出两种或多种不同的研究假设。假设不是经验事实的简单堆砌，而是由概念、判断、推理构成的逻辑体系，所以假设具有多样性。

（三）做好研究假设的意义

一是可以保证研究方向的一致性。课题研究是围绕研究假设展开的，所以研究假设写得清晰明确，可以保证研究路径不跑偏。在上述"提升小学生科学素养的实践性作业研究"课题中，研究假设的核心是：实践性作业可以提升小学生科学素养，研究过程就要围绕"实践性作业"和"科学素养提升"这个大的方向进行，如果不重视这个大方向，研究工作就可能出现游离中心、迷失方向的情况。

二是研究假设可以增强研究的成果意识。研究假设建立了自变量与因变量的逻辑关系，自变量最终可以转化成有效的操作性成果，因变量是课题最终要达成的研究效果，研究过程就是要验证研究假设的真伪。上述课题中，其自变量就是这个实践性作业，研究者在研究过程中，要把这个变量分解细化，建立各种作业类型、操作流程、操作规范，这些最终要转化成为操作性成果；因变量是小学生科学素养的提升（研究的效果），同时形成与小学生科学素养监测相关的一系列成果。

二、研究假设的表述

（一）研究假设的基本结构

基本结构：如果……那么……

其中，"如果……"这一部分是命题的条件，"那么……"这一部分是命题的结论。

【案例】可乐事件

我们观察到死于癌症的人经常也是过多饮用可乐饮料的人，我们意识到癌症发病率在可乐发明前要低得多。对于可乐添加剂的安全性存有大量的科学争论，那么我们的思考和观察就使我们开始怀疑癌症的起因很可能是过量饮用可乐。

假设陈述：如果人们喝大量的可乐，那么他们就更有可能患上癌症。

假设的简化表述：癌症的起因之一是过度饮用可乐。

这个案例以生活中的事实为起点，预测癌症与饮用可乐有相关性，并进一步推理出一种可能的因果关系假设。

在教学研究中，"如果学生积极地参与课堂的教学活动，那么他的学习成绩就会得到进一步的提高""如果在课堂教学中实施分层递进教学，那么各个层次的学生的学习效果就能得到整体性的提高""如果合理地运用现代教育技术进行教学，那么就可以提高教学质量"等命题，都可以作为研究的假设。这些命题的结论可能是正确的或者称为真的，也可能是错误的或称为假的。对于一个课题来说，它的研究假设就是一个命题。

（二）研究假设的具体化

1. 表达模板

如果通过……的方法（策略、途径、方式、工具等），就可以促进（解决、提高、改善等）……

为充分体现研究假设的可检测性、可预测性，同时保证研究方向一致性、增强研究的成果意识，我们可以在"如果……那么……"的基本结构上，通过这种拓展结构，细化研究假设中的具体方法、策略、途径、工具等，让其命题条件可操作；细化研究假设中需要促进、解决、提升、改善的具体内容，让命题结果可检测。

【案例】"提升小学生科学素养的实践性作业研究"课题

按研究假设的具体化模板可以表述为：如果通过建立基于科学素养的实践性作业专题系列，进行系统化的实施，并且建立起基于科学素养的实践性作业的评价标准、规范学生实践性作业的行为，就可以提升学生应用科学解决实际问题的能力，帮助学生积累学习科学的基本技能和基本经验，激发学生学习数学的兴趣。

在上述案例中，命题的条件是自变量，命题的结论是因变量，自变量与因变量之间最好是因果关系，至少是高度相关关系。我们在编制研究假设（命题）时，需要尽可能让自变量可操作，因变量可检测，让研究假设为课题的研究提供研究方向、性质和操作要点，对研究的结果作出明确的预测，同时为设计研究方案提供预见性的规定和框架。

对于一些无关的变量，需要尽量把它们控制在常态范围之内，以保证研究的科学性。例如，我们在投放实践性作业时，如果又加强对指向科学素养的大单元教学的研究，学生科学素养的提升就很难归因，因此在研究过程中，除投放实践性作业外，其他教学手段应尽可能与其他非实验对象保持一致，即控制在常态范围之内。

2. 规范表达研究假设

在表达研究假设时，可参照科学性、可检测性、可预测性、多样性四个特征来规范。

从科学性上看，研究假设应该与大多数的已知事实相符合；需要准确叙述各变量之间的关系，并限定应用范围；研究假设可直接解释某一问题或现象，而不必附加其他假设；语言尽量简洁。

从可检测性上看，尽可能用量化的形式加以表达，以便让自变量可操作，因变量可观察、可测量。

从可预测性上看，研究假设应该是可以验证，并能重复应用的。

从多样性上看，研究假设应有一定的广度，以便导出很多结论。

总之，假设是教育研究的逻辑起点。没有无条件成立的结论，也没有无条件假设的推理，任何推理都要建立在一定假设的基础上。

假设只是制定研究方案时提出的可能性，这种可能性的提出，需要基于文献研究。一线教师在正式研究课题前，需要对每条假设作出理性的判断，确认各个假设有最大的可能性是真的，以便在研究过程中少走弯路。

每一个规律、定理、法则都有自己的定义域，因变量和自变量的关系都是在一定的假设下才成立的。人们在实证研究中常常发现，有的假设、推理很严谨，但结论却与现实相差甚远，这是因为我们只是选择一个角度去认识、寻找和发现规律，只是站在自己的立场和角度看待教育问题和现象，这就需要对研究方案和研究的假设进行适时调整，但这并不影响假设存在的价值和意义。

（三）研究假设的类别

事实上，研究假设表达的方式还有很多，可以按教育研究设计中关于假设的分类方式，细分研究假设的设定和表达方式（见表1-4）。

表1-4　研究假设的类别

分类依据	类别	描述	示例
假设的形成	归纳假设	是通过对个别经验事实材料的观察得到启示而概括、推论提出的经验定律	某课例研究小组，根据课堂观察与分析，提出：构建4人异质小组最有利于开展合作学习
	演绎假设	是从教育科学的某一理论或一般性陈述出发，推出新结论，推论出某特定假设	某课题组通过对深度学习各流派的文献进行研究后，提出：核心问题驱动是深度学习的引擎
	研究假设	是期望两个变量间存在相关关系或因果关系	通过地理位置概念的建立，促进学生空间思维能力的发展
假设的性质和复杂程度	描述性假设	是从大致轮廓、外部表象和特征等方面来大致描述研究对象，从而提出关于事物的外部联系与内在性质关系的推测	• 教育发展对人口出生率变化有影响 • 个别辅导有利于学生的差异化发展 • 群文阅读有利于拓宽学生的知识面
	解释性假设	揭示事物的内部联系，以说明事件的原因	实践参与是"五育融合"教学的根本途径，核心问题是"五育融合"教学的基本工具，大概念是"五育融合"教学的深层纽带，广泛适应是"五育融合"教学的目标导向
	预测性假设	是对事情未来发展趋势作出的科学推测	• 共产主义一定会实现 • 人工智能必将对教育产生深刻的影响
变量之间的相互关系	条件式假设	是指假设中的两个变量有条件关系	表述上采用"如果……那么……"的标准逻辑句型的假设
	差异式假设	是指假设中两个变量之间在一定程度上存在差异关系	分组式实验教学与演示实验教学对学生科学概念形成的影响有显著差异
	函数式假设	是指假设中两个变量之间存在因果关系，并且用数学形式表达，即$Y=f(x)$	在指向教学问题解决的实证研究中，指对自变量和因变量之间的因果关系的假设。例如，$Y=f(x)$中，Y表示学生近视率，x表示学生使用电子设备时间

第四节　设定研究目标、内容与成效

一、研究目标的设定

（一）区别研究目标与研究目的

1. 什么是研究目标

《现代汉语词典（第7版）》对"目标"一词的解释是：①射击、攻击或寻求的对象；②想要达到的境地或标准。

在课题研究中，研究目标指通过研究达成问题解决的整体性结果，一般包括效果目标和操作目标两部分。效果目标主要指通过实践，使学校、教师、学生发生良性的改变，即产生的实践效果。操作目标主要指形成的主要成果。例如，如果是调查研究，操作目标是形成调查分析报告；如果是实践研究，操作目标就是形成实践体系、实施策略、教学模式等。一线教师做教育科研，绝大多数是把研究与实践相结合的，因此，研究目标一般同时包含操作目标和效果目标两部分。

2. 什么是研究目的

研究目标与研究目的是两个完全不同的概念。目标的近义词是"标的"，而目的的近义词是"宗旨"。"目标"回应的是"做成什么样"，目的则回应的是"为什么"的问题。研究目标强调的是研究最终形成的结果，研究目的则是强调为什么要做研究，即研究的意义与价值。

【案例】课题"基于天府文化的中小学研学旅行课程开发与实践研究"的研究目的

项目组为什么要做这个研究呢？项目组发现这个研究很有意义和价值。从理论意义上看，本项研究有利于深化和丰富对中小学研学旅行内涵、价值、路径、评价等的认知体系，对促进我国中小学研学旅行理论体系的建构和完善具有积极意义；有利于深化对天府文化的价值内涵、时代表征、发展路径等的认识，涵养天府人文情怀，弘扬蜀人精神，丰富中华优秀文化体系。从实践上来说，可以进一步丰富我国中小学研学旅行课程体系，构建覆盖四川省包含天府文化精髓的全系列研学旅行课程，率先确立全国省级行政区域的研学旅行体系……

基于以上研究目的，项目组提出了研究目标，即开发四川省包含天府文化精髓的全系列研学旅行课程，形成《四川省中小学研学旅行课程实施指南》；培养学生发展的必备品格和关键能力，培育师生的天府人文情怀，提升天府文化在全国、全世界的影响力。

（二）如何设定研究目标

设定研究目标可分为三个步骤：

第一步，找准因变量设定效果目标。因变量是通过研究与实践希望改变的量，通常就是希望学生、教师、学校在哪一个方面作出正向的改变。

第二步，找准自变量设定操作目标。自变量是投放的改革措措，例如实践体系、实践路径、推进机制、操作策略等。

第三步，准确表达研究目标。用简明扼要的语言把效果目标、操作目标整合成一段话，即得到研究目标。

研究目标设定的常用句式有：揭示出……内涵；明确……目标；剖析出……机理；理清……价值；构建出……模式；总结出……策略；开发出……标准和方法；构建出……体系；形成……机制；……能力得到提升；……素养得到提高。

【案例】课题"拓展全体中小学生国际视野的区域课程开发与实践研究"研究目标的设定

研究目标：形成包含课程理念、课程目标、课程结构与内容、课程实施、课程评价、课程资源、教师队伍、推进机制、课程保障在内的中小学生国际理解课程体系，供全区大面积使用；全面拓展区内学生国际视野，显著提升教师全球素养及国际理解教育能力，彰显学校及全区国际理解教育特色。

本案例中，"区域课程开发与实践"是自变量，"全体中小学生国际视野"是因变量，研究目标完全围绕这两个变量进行设定。在设计课程建设类课题研究目标时，首先要围绕课程本身的特点来设定包括课程理念、课程目标、课程内容、课程实施、课程评价、课程资源等在内的研究目标。其次要描述实际效果目标，效果目标包括学生素养的提升、教师素养的提升、学校品质和社会影响力的提升。

（三）描述研究目标时的常见错误

1. 把研究目的当成研究目标

【案例】以研究目的为研究目标

研究目标：通过重大改革项目促进学校整体发展；通过学科领域的改革项目提升课堂教学质量、教育质量；通过完善制度，提升管理质量；通过教师梯队建设促进教师专业化发展。

这是一线教师表述研究目标时常犯的错误，将介词"通过"和"促进""提升"等动词搭配来表述研究目标。研究目标不是对思路、方法、过程的呈现，而是对最终研究结果的表达。另外，本案例中没有设置措施类研究目标。本案例的研究目标可修订为：形成……等重大项目的管理制度、实施方案与策略，教师专业发展样态初步形成，学校教育教学质量及整体发展状况均得到提升。

2. 直接使用行为动词来连接内容

【案例】用行为动词描述研究目标

研究目标：探索自主学习习惯形成的条件和抑制因素，探索小学二年级学生自主学习习惯的培养策略，提高小学二年级学生的自主学习能力。

案例中的"探索""提高"是行为动词，表达的是要做什么，是过程而不是研究的最终结果，用动宾结构来表达研究目标时，需要在动词的后面加上"出""了""形成"等字词，来体现这是目标而不是过程。例如，……能力得到提升，探索出……，构建出……

3. 研究目标只有效果目标，没有操作目标

【案例】只有效果目标的研究目标

研究目标：学生层面，发展学生小组合作的能力，全面提升学生的学习素养；校园内形成良好的学习氛围……教师层面，提高教师小组合作有效性的指导能力，课堂教学日趋高效……学校层面，推动学校的教研工作的开展，提高办学效益……

不少一线教师习惯于日常工作的思路，把目标仅定位于通过教育教学工作，促进师生、学校在某些方面发生改变，而忽视了作为教育研究，需要形成

可供借鉴的成果。这里强调两点：一是研究目标是最终结果，而不是过程；二是研究目标应至少包含效果目标和操作目标两部分，效果目标可检测，操作目标可操作，如果有认识性操作目标应可以给人启发。

4. 在研究目标中讲道理

【案例】讲道理式的研究目标

研究目标：构建针对性强的中职学校德育模式，开发和整合所有可利用的德育资源，以期形成最大合力，是实现中等职业学校德育目标的及时之策。本课题研究，以期达到四个方面效果：一是转变职业学校教师的教育观念和思维模式，深入思考当前中职德育工作中存在的突出问题，有针对性地改进，形成全员育人、全方位育人的局面……

本案例前面部分是研究目的，后面部分是效果目标，没有操作目标。

二、同步设定研究内容与预期成果

研究内容是为实现研究目标需要具体研究的点。每一项研究内容都指向预期成果的达成，没有明确的研究内容，就不可能产生预期的研究成果。

研究内容通常包含现状调查、理性认识、实践建构三部分，分别对应形成调查报告、认识性成果、操作性成果，同时产生实践效果。其中，认识性成果指通过研究形成的新观点、新思路、新主张等思想层面或理论层面的成果；操作性成果又称为实践性成果，是通过研究的实践形成的具有可操作性的改革措施或方案。

在课题研究方案中，研究内容常常按下列顺序排列：

第一部分：现状描述与诊断，指向拟解决的现实问题。

第二部分：设置认识论视角的内容，指向价值取向、基本主张等认识性成果的形成。

第三部分：设置方法论视角的内容，指向深度解读核心概念、明晰实践要素及其相互关系、构建认识模型、搭建实践框架等认识性成果的形成。

第四部分：设置实践论视角的内容，指向立标准、明机制、找路径、建模式、定策略等，形成操作性成果。

（一）现状调查与调查报告

一个指向问题解决的实证研究课题，需要分别围绕自变量和因变量进行现状调查，并形成调查分析报告。

"现状"指当前的状况。在课题研究前期进行现状调查与分析，有利于掌握真实情况、摸清真实问题、提出研究问题，同时将调查结果作为课题研究的前测；在课题研究的中期进行现状调查与分析，有利于掌握研究的进展、发现教育规律；在课题研究的后期进行现状调查与分析，常常将调查结果作为后测，检测研究的假设、验证研究的实践效果。

现状调查的具体方法主要有问卷调查、访谈调查、课堂观察、现场考察等。

【案例】课题"促进学校改革与发展的中小学教科室重构研究"的调查内容
研究内容：调查区域各中小学教科室的职能、配置、管理体系、运行机制、主要成效，同步调查对应学校的重大改革项目、课程教学、教师专业发展现状。

本案例中，自变量为"教科室重构"，拟通过研究与实践，对学校教科室在角色定位、职能、运行机制等方面进行重构。因变量为"学校改革与发展"，与教科室相关的内容包括三个方面：一是对学校重大改革项目的研究是否促进了学校整体发展，二是学科领域的改革项目是否提升课堂教学质量，三是通过教师梯队建设是否促进教师专业化发展。

综上所述，调查研究的重点是要摸清自变量和因变量现有情况，调查的内容主要源自研究设计中对两个变量的深入解读，通过调查形成调查与分析报告。

（二）理性思考与认识性成果

《现代汉语词典（第7版）》中对"理性认识"一词的解释是："认识的高级阶段。在感性认识的基础上，把所获得的感觉材料，经过思考、分析，加以去粗取精、去伪存真、由此及彼、由表及里的整理和改造，形成概念、判断、推理。理性认识是感性认识的飞跃，它反映事物的全体、本质和内部联系。"理性思考为指向教学问题解决的实证研究提供了理论的基础。理性思考的结果会最终转化为认识性成果，并指导操作性成果的形成。课题研究中需要理性思考的研究内容如表1—5所示。

表 1-5　课题研究中需要理性思考的内容

研究内容	示例
要素与关系	幸福课堂的要素及其相互关系；融创校本课程的结构
条件与因素	"3321"思维模式的适用条件，儿童作业完成障碍的影响因素
结构与功能	扁平化管理的组织结构与职能，创新素养的结构与行为化表达
类型与层次	单元教学的类型，认知能力的类型与层次，阅读素养的水平层级
性质与特征	高阶思维是什么样的思维，专家型教师的性质与特征
原因与根据	儿童自卑心理产生的原因，创生型课堂构建的理论依据
规律与机制	中学生消极情绪发生规律，为何高阶思维能促进学生深度学习
瓶颈与路径	城乡接合部初中生创新素养发展的瓶颈，家校共育的实践路径

在指向问题解决的实证研究中，理性思考要围绕课题中的自变量、因变量及其相互关系进行深入解读，聚焦"是什么""为什么""怎么做"三个问题，提出研究内容。其中"是什么"就是研究事物的本质与特征，例如某个核心概念的要素、性质、特点、规律等。"为什么"就是思考自变量、因变量发生变化的原因，以及自变量和因变量之间的关系。"怎么做"则是要思考课程顶层规划的模型、模式、路径、瓶颈等。

【案例】"构建小学教师个性化发展体系的实践研究"的研究内容

①小学教师个性化发展现状调查与分析；②小学教师个性化发展的规律与机制；③小学教师个性化发展的价值取向、基本要素、基本主张；④小学教师个性化发展的实践框架；⑤小学教师个性化发展的实践路径与策略；⑥分类分层的教师个性化发展评价工具与评价办法。

本案例的②③属于理性思考的研究问题，要构建个性化发展体系，首先得通过对典型案例的研究，结合文献研究，找到教师个性化发展的一般规律，尝试研究个性化发展的关键要素，以及这些要素之间的关系，明白一般情况下教师自主发展的原理；其次提出本校构建实践体系价值取向和基本主张，对这部分问题的研究结果，会形成对应的认识性成果。在对核心概念有清晰的认识基础上，才可能得出更好的实践框架、实践路径与实践策略等操作性成果。

（三）实践建构与操作性成果

《现代汉语词典（第7版）》中对"实践"的解释有两点：①实行（自己的主张）、履行（自己的诺言）；②人们有意识地从事改造自然和改造社会的活动。这里讲的实践建构是指向问题解决的改革措施的建构与实践。实践建构相关内容的研究结果一般会形成操作性成果。

实践建构是以理性思考为前提的，有了良好的理性思考，才可能有良好的实践建构。课题研究中需要实践建构的研究内容如表1-6所示。

表1-6 课题研究中需要实践建构的内容

研究内容	示例
框架	大概念教学的实践框架，区域推进国际理解教育的实践框架
模式	提升学生学习潜能的问题导学课堂教学模式
策略	农村小学探究性学习指导策略，"自主识字、同步读写"指导策略
标准	小学生阅读星级评价框架与量标，小学语文课程标准
机制	普惠型幼儿园教师人才引进机制，"教研培一体化"的运行机制
资源	农村初中学生语文课前演讲资源开发，中学安全教育课程资源开发

【案例】"基于CIPP评价模式的中小学课程检视工具开发与应用研究"研究内容

①区域课程建设和课程评价现状调查与分析；②新时代背景下学校课程评价的本质、基本主张、要素与特征；③基于CIPP评价模式的课程评价模型构建与优化；④学校课程检视的指标体系；⑤学校课程检视工具开发；⑥课程检视工具的应用策略。

本案例是工具开发类课题，其中，①属于现状调查的研究内容，②③④属于理性思考的研究内容，⑤⑥属于实践建构的研究内容。预期形成的研究成果形式主要是专著、课程检视报告、工具使用手册、课程建设的政策建议，操作性成果主要是检视工具和应用策略，物化成果是区域学校课程检视网络平台。

三、根据因变量设定预期研究效果

研究效果指通过课题研究达成的结果，通常指学生变化、教师变化、学校变化及社会影响。

【案例】"拓展全体中小学生国际视野的区域课程开发与实践研究"预期效果

全体学生国际视野拓宽，教师全球素养及国际理解教育能力提高，各学校国际理解教育提质，区域国际理解教育特色凸显。

案例中，自变量是区域（国际理解）课程，因变量是中小学生国际视野，课题研究与实践的效果最直接指向的是全体中小学生国际视野提升，在区域推进的过程中，教师素养、学校教育、区域教育特色也都会同步提升。

总之，在设定预期效果时，要从因变量出发，首先设定因变量的直接变化结果对应的预期效果，再设定其他相关效果。效果一般从学生变化、教师变化、区域变化与社会影响等角度进行预设。

在研究报告中，研究效果的呈现需要提供事实和证据，来证明因变量的改变。这部分将在本书第八章"研究效果的检验与证明"中进行阐述。

第五节　设计研究过程

一、选择研究方法

中小学教育科研最常用的研究方法有调查法、文献研究法、行动研究法、案例研究法。

（一）调查法

调查法是通过各种途径，间接了解被试者心理、行为的一种研究方法，包括问卷调查、访谈、观察、实地视察等。

【案例】"区域中小学骨干教师科研素养培育现状及对策研究"调查法设计

通过对中小学骨干教师、区域教师发展培训部门的调查、访谈，全面了解中小学骨干教师科研研修现状及突出问题。对专家进行访谈，在项目研究的各个关键节点，组织专家进行科学论证，提出意见建议，增强课题研究的科学性，矫正课题研究的方向，提高课题研究的效率。

首先，研究者阐述了调查研究的方法，即访谈法。其次，研究者交代了采取访谈法要研究的内容,如中小学骨干教师科研研修现状及突出问题。再次,调查访谈、组织专家、提出建议……研究者所采取的一系列行动及步骤清晰明确。最后,研究者问卷调查的目标清晰明了,即"增强课题研究的科学性,矫正课题研究的方向,提高课题研究的效率"。

本书将在第五章"问卷设计与数据分析"中详细介绍调查法。

(二) 文献研究法

文献研究法主要指搜集、鉴别、整理文献,并通过对文献的研究形成对事实的科学认识的方法。

【案例】"构建小学教师个性化发展体系的实践研究"文献研究设计

通过对国内外教师个性化发展相关研究的文献搜集、学习和整理,随时关注教师个性化发展研究动态,了解相关最新资讯以及国内外研究现状、发展趋势、先进经验。通过文献研究法寻求理论支持和经验指导,寻找研究的着力点和增长点,撰写文献综述。

首先,这个案例有明确的研究方法,即文献研究法。其次,案例阐明了研究者通过文献研究法要采取的文献搜索、文献学习、文献整理等具体行动。再次,交代清楚了这些行为所对应的研究内容,如文献收集、学习、整理对应的研究内容就是国内外教师个性化发展相关研究。又次,案例阐明了研究内容所对应的研究目标,如寻求理论支持和经验指导,寻找研究的着力点和增长点。最后,案例交代了文献综述就是文献研究成果的表达形式。

本书将在第四章"从文献中寻找研究的支点"中详细介绍文献研究法。

(三) 行动研究法

行动研究是指在自然、真实的教育环境中,教育实际工作者按照一定的操作程序,综合运用多种研究方法与技术,以解决教育实际问题为首要目标的一种研究模式。这种方法是一线教师经常使用的方法,其特点是研究的问题从行动中来,在行动中研究、在研究中行动,研究的成果用于改进行动。

【案例】"基于CIPP评价模式的中小学课程检视工具开发与应用研究"行动研究设计

以演绎的方法对来源于实践的问题进行顶层构架,在实践中论证、调整、优化框架，总结、提炼检测工具，在实践中运用、修改、完善。

本案例首先明确了要用演绎的科学方法进行研究；其次明确了研究者是为解决课程开发与应用实践中的问题而采取的行动研究；最后清楚地呈现了论证、调整、优化、总结、提炼、运用、修改、完善等一系列的行动，并且这些行动具有很强的逻辑性。

本书将在第六章"在行动中完善证据"中详细介绍行动研究法。

（四）案例研究法

案例研究又叫个案研究，是社会科学常用研究方法之一，属于典型的实证研究。它基于真实的、正在发生的现象，基于理论假设来引导资料的收集和分析，依靠收集的证据，通过三角互证法，形成一致性的结论。在教育教学研究中，研究对象可以是一名学生、一个班级、一所学校、某一教育制度或政策、某一教育事件，研究者针对典型事件，描述现实现象，分析发生原因，从中发现或探求现象的一般规律或特殊性，形成研究结论或新的命题。

【案例】"拓展全体中小学生国际视野的区域课程开发与实践研究"案例研究设计

培育典型课例、围绕典型课例提炼教学模式、探索教学策略。在课题研究的全过程，课题组将选择区域内具有代表性的学校开展案例研究，系统分析案例学校区域课程开发中的实际问题与现实需求，倾听案例学校领导、教师、学生等的课程需求，有效地应用检视工具评估案例学校的专修课程质量，将课题研究与教育实践结合起来。

这个案例对以下几方面进行详细设计：一是个案研究的对象包括学校领导、教师、学生；二是个案研究采取了一系列的具体行动——培育、提炼、探索、分析、倾听等；三是个案研究的具体内容是学校区域课程开发中的实际问题与现实需求；四是个案研究的目标是评估案例学校的专修课程质量，将课题研究与教育实践结合起来。

本书将在第三章"课例研究与课堂观察技术"对案例研究法作详细介绍。

二、制定技术路线

（一）什么是技术路线

技术路线是指课题研究者对要达到研究目标准备采取的技术手段、具体步骤及解决关键性问题的方法等的说明。技术路线可以采用流程图、示意图，并结合必要的文字解释来表达。路线应尽可能清晰和详尽，每一步骤的关键点要阐述清楚并具有可操作性。

【案例】 "基于CIPP评价模式的中小学课程检视工具开发与应用研究"技术路线

技术路线见图1-3。

"CIPP评价模式"与"课程检视工具"是本研究中的两个核心概念，研究者明确了四个阶段。第一个阶段是基础阶段。课题组首先需要有"CIPP评价模式"与"课程检视工具"的相关理论基础和国内外相关研究的现状与分析基础。第二个阶段是工具开发与应用的主体阶段。工具的开发首先基于对区域学校课程建设现状的调查与分析，在此基础上研究者才能开始开发学校课程检视工具，并在工具开发之后进行应用。第三个阶段就是实践探索阶段。研究者应用开发出来的工具对区域部分学校开展实践探索。第四个阶段就是得出结论阶段。研究者在实践探索的基础上提出研究的结论与研究反思。

由此可见，在指向教学问题解决的实证研究中，技术路线强调解决问题的思路，强调核心概念、研究内容之间的关系，强调路线的技术性和可操作性。

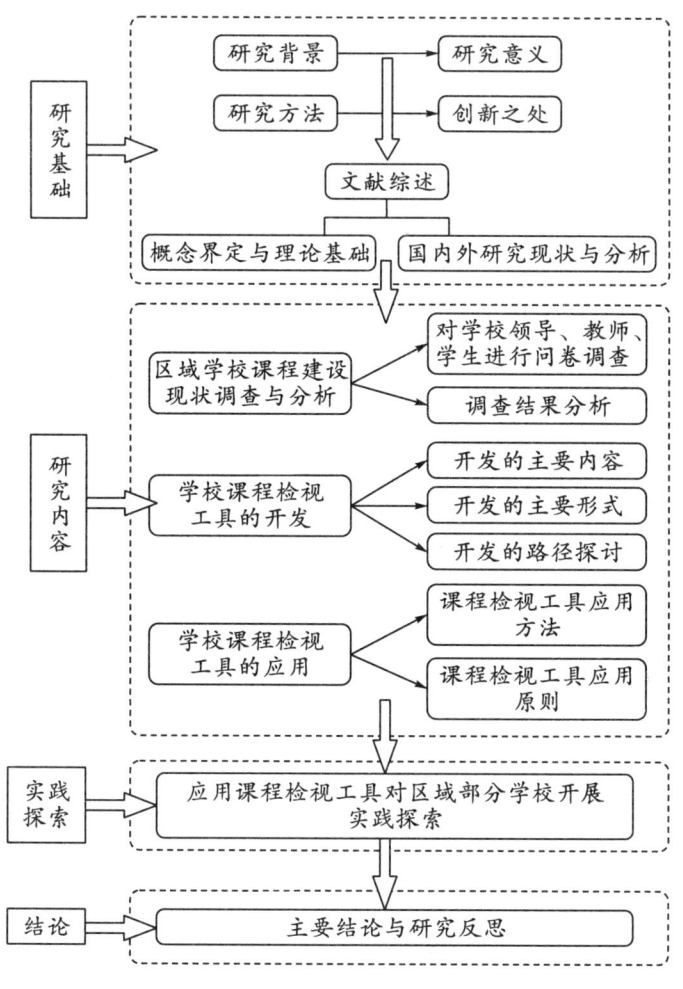

图 1-3 技术路线

（二）技术路线的设计

1. 以研究内容为主线设计技术路线

【案例】"拓展中小学生国际视野的区域课程开发与实践研究"技术路线

　　　技术路线见图 1-4。

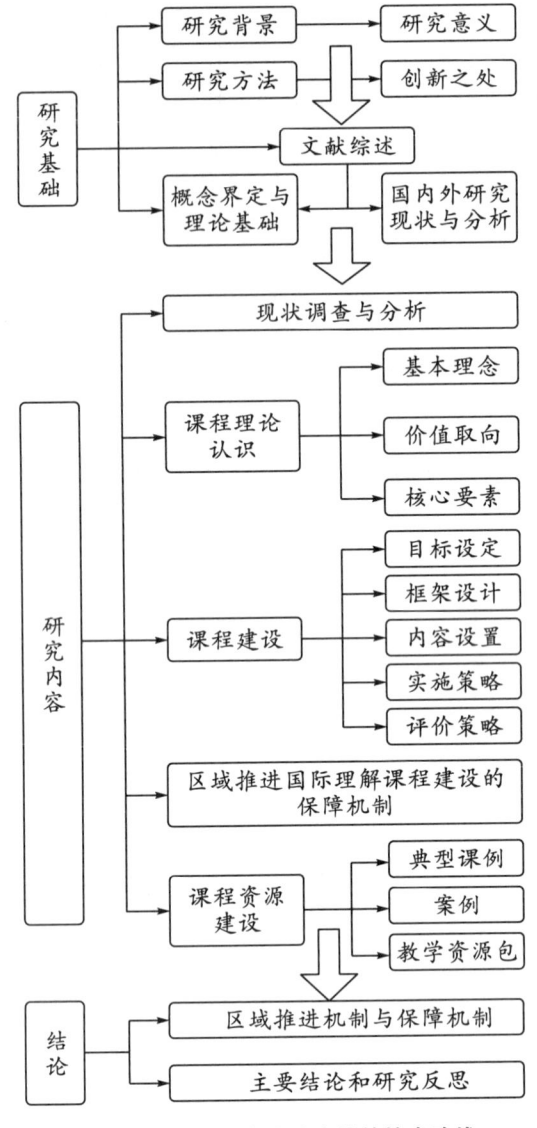

```
                    ┌── 研究背景 ──── 研究意义
                    │
            ┌ 研究 ─┼── 研究方法 ──── 创新之处
            │ 基础 │        ↓
            │      ├─────── 文献综述
            │      │            ↓
            │      └── 概念界定与 ── 国内外研究
            │          理论基础      现状与分析
            │               ↓
            │      ┌─── 现状调查与分析
            │      │
            │      │              ┌── 基本理念
            │      ├── 课程理论 ──┼── 价值取向
            │      │   认识       └── 核心要素
            │      │
            │      │              ┌── 目标设定
            │      │              ├── 框架设计
            │ 研究 ├── 课程建设 ──┼── 内容设置
            │ 内容 │              ├── 实施策略
            │      │              └── 评价策略
            │      │
            │      ├── 区域推进国际理解课程建设的
            │      │   保障机制
            │      │
            │      │              ┌── 典型课例
            │      └── 课程资源 ──┼── 案例
            │          建设       └── 教学资源包
            │                            ↓
            │      ┌── 区域推进机制与保障机制
            └ 结论 ┤
                   └── 主要结论和研究反思
```

图1-4 以研究内容为主线的技术路线

案例中的技术路线围绕"现状调查与分析""课程理论认识""课程建设""区域推进国际理解课程建设的保障机制""课程资源建设"这几个研究内容展开，按研究内容的发生、发展为顺序，设计了三个阶段。

由此可见，技术路线可以按多个研究内容的发生、发展流程，由浅入深地进行设计，在流程的各阶段搭载研究的方法。

2. 以研究方法为主线设计技术路线

【案例】成都高新区教育发展中心"中小学生全球胜任力监测研究"项目技术路线

（1）构建理论框架。进行大量深入的文献分析，运用德尔菲法进行多轮专家研讨，完成理论重构工作。

（2）研发监测工具。初步制定监测工具、拟定预测方案、抽取预测学校、对监测工具进行预试，并通过对预试数据进行工具质量分析，进一步完善监测工具。

（3）大规模测评。确认监测工具信度和效度稳定性、制定抽样规则，确定初级抽样单位、制定培训方案、培训指导施测人员、组织实施测评，并按照计划进行数据收集。

（4）建立数据库。丰富和完备数据库，使其成为长期追踪研究的数据库。

（5）数据分析。针对背景问卷进行描述性统计分析，基于全球胜任力问卷进行描述性统计及推断性统计分析。

（6）撰写报告。专家与相关教师合作完成研究数据报告。

本案例作为素养监测项目，按素养监测的实施规范和流程来制定技术路线。如果是课程建设类课题，可以按课程理念、课程目标、课程结构、课程内容、课程实施、课程评价、课程资源等线索来制定技术路线；教学评价类课题，可以按评价取向、评价框架与量标制定、评价工具开发、评价的组织实施、评价的结果反馈与应用等线索来制定技术路线；课堂建设类课题，可以按课堂的基本主张、课堂要素与关系、课堂形态与特征、课堂教学模式、教学组织策略等线索制定技术路线。

3. 围绕两个关键变量及其关系设计技术路线

【案例】成都高新区教育发展中心"新时代中小学国际理解教育课堂教学行为研究"项目的技术路线

技术路线见图1—5。

$$Y = f(X)$$

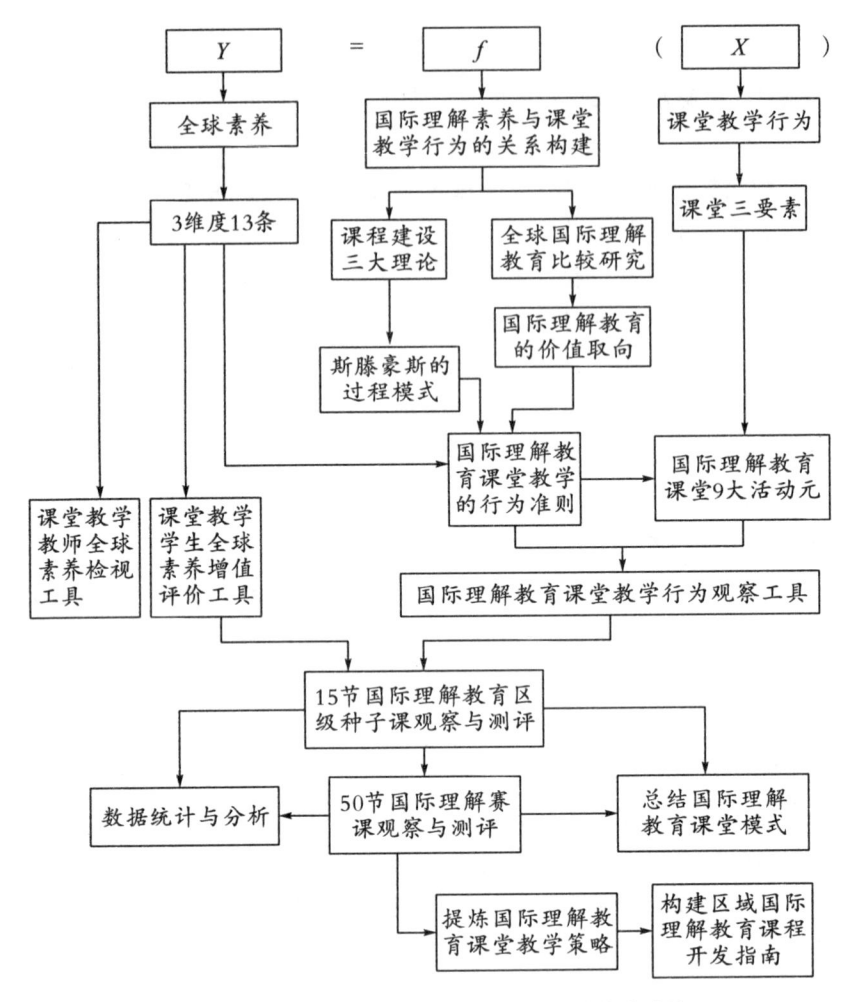

图1-5 围绕两个关键变量及其关系设计技术路线

本课题的基本假设为：对课堂教学行为（自变量）的观察、分析与改进，促进学生的全球素养（因变量）有效提升。技术路线的设计紧紧围绕自变量、因变量以及二者之间的关系，把研究的主要内容与教学实践行动要点结合起来，三者的对应关系如表1-7所示。

表1-7 课题中自变量、因变量及其相互关系

类别	研究的内容	实践行动
自变量	课堂要素、教学模式	教研活动、课堂观察与分析
因变量	全球素养解读、评价量表开发	课堂观察与分析

续表

类别	研究的内容	实践行动
相互关系	价值取向、行为准则、教学策略	数据统计与分析、开发教学指南

三、编制行动路线

(一)什么是行动路线

行动路线是指课题研究者为了推进课题研究,用以解决问题的工作手段、改革措施、保障机制等具体办法的工作流程或教育教学改革的实践设计。它就像一个施工图,强调的是解决问题的具体办法、施工步骤。研究者按照行动路线,清楚地知道在研究中要先做什么,然后做什么,最后做什么。

【案例】中小学课题研究的常规行动路线见图1-6。

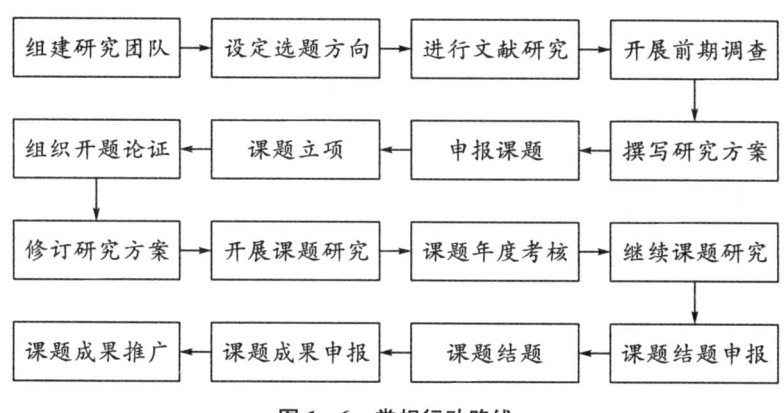

组建研究团队 → 设定选题方向 → 进行文献研究 → 开展前期调查

组织开题论证 ← 课题立项 ← 申报课题 ← 撰写研究方案

修订研究方案 → 开展课题研究 → 课题年度考核 → 继续课题研究

课题成果推广 ← 课题成果申报 ← 课题结题 ← 课题结题申报

图1-6 常规行动路线

这个案例是通识性的课题研究行动路线,帮助初学者了解课题研究的一般流程和什么是行动路线。

(二)行动路线的设计

1. 按改革进程设计行动路线

【案例】"基于CIPP评价模式的中小学课程检视工具开发与应用研究"行动路线

按改革进程设计的行动路线见图1-7。

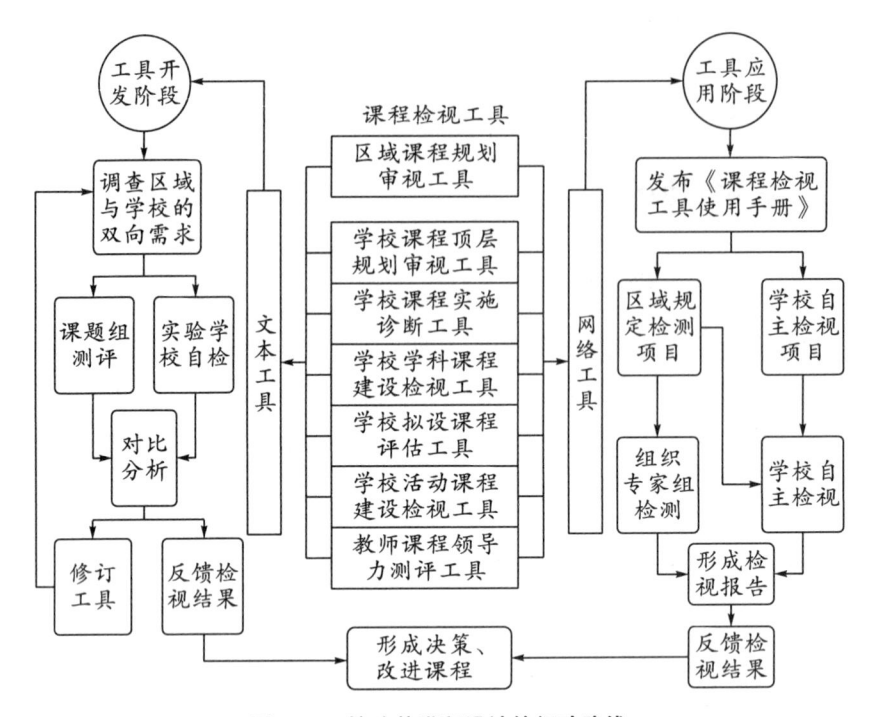

图 1-7 按改革进程设计的行动路线

此案例的行动路线是根据改革的先后进程来设计的。工具应用的第一个环节是发布工具使用手册。在此基础上，一方面区域规定检测项目，进而组织专家检测；另一方面学校确定自主检视项目并自主检视。工具应用的第二个环节是区域与学校检测共同形成检视报告，进而反馈检视结果，形成决策，改进课程。

2. 整合研究内容与实践要点设计行动路线

【案例】成都高新区教育发展中心"基于教育神经科学的学生核心素养培训"行动路线

整合研究内容与实践要点设计的行动路线见图1-8。

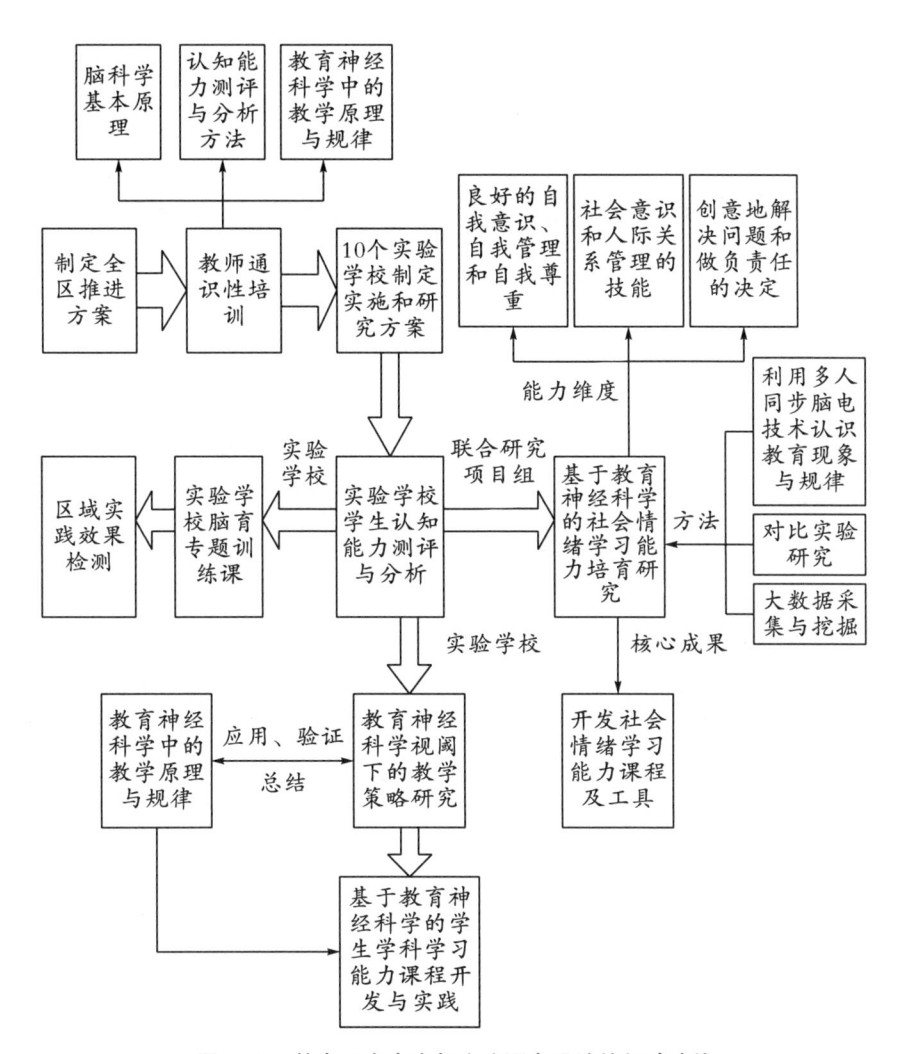

图 1-8　整合研究内容与实践要点设计的行动路线

第二章　从常规教研走向智慧研修

"教"即教学或教育，"研"即研讨或研究。我们认为，教研活动是一种有目的、有计划、有组织、有过程的以学校教师教学工作为研究对象，学校教师为研究主体的寻求教学实际问题解决方案的探索性活动。

遗憾的是，经过调研与走访，我们发现目前很多学校的教研活动没有起到"教"与"研"的作用。其体现为：工作意识强于研究意识——教研工作的完成重于对现实存在问题的研究、研究方法缺失；现象意识大于问题解决意识——只讲教学中的不良现象，不提出好的问题解决措施；经验主义大于实证主义——凭借个体经验而不基于事实和证据听评课；效果意识大于成果意识——关注师生的变化，忽视成果的总结和提炼；教研、科研、培训独立实施。本章力求由浅入深地以实证研究的思路和方法，重构教研生态，提升教研活动的效益。

第一节　让课堂学习目标可检测

一、核心素养落地的实践路径

自新课程标准发布以来，国内专家、学者以及一线教师围绕"核心素养如何落地"开展了大量研究，成都高新区形成了核心素养落地的本土经验（见图2-1）。

首先，学生学科课程核心素养的养成不是一蹴而就的，它是一个长期的、螺旋上升的过程，在长达12年的中小学教育中，学生需要分阶段完成相应的目标。因此，国家以学科课程标准的形式将其分解为高中各学科课程标准和义务教育阶段各学科课程标准。

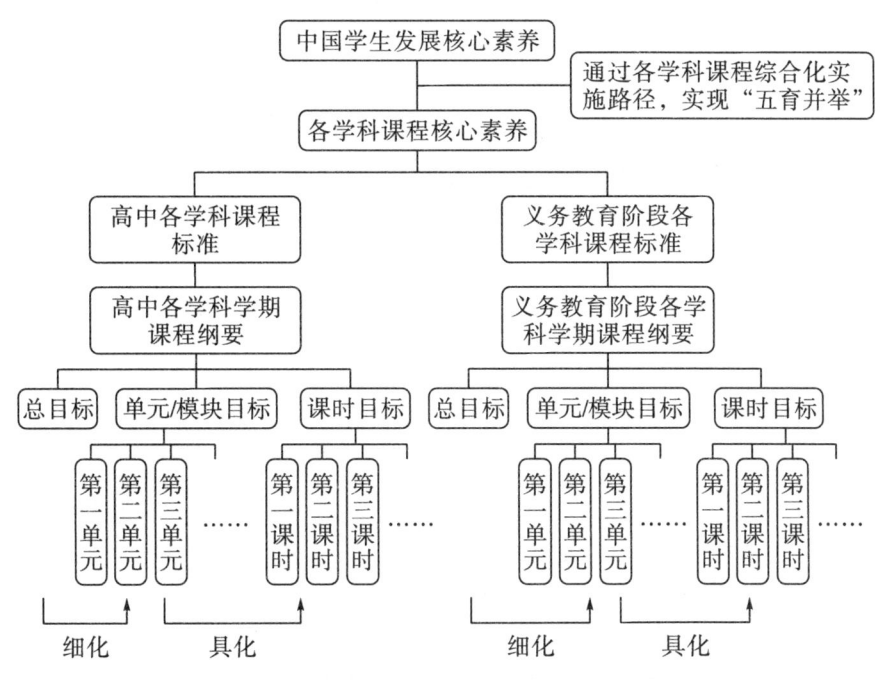

图 2-1　成都高新区形成的核心素养落地的实践路径

其次，各学科课程标准是按学段进行目标描述的，而教材是按年级、分册分单元进行编写的，最后落脚在课时上，就需要教研团队和教师个人从学生核心素养的养成出发，在明晰国家课程标准、教材体系、学校育人目标的基础上，展开各学段、各领域、各单元、各课时的层层分析，聚焦学习目标与教学策略之间的关系，展开教学实践，让核心素养落地。

最后，各学科教师通过对本学科基础课程、学科拓展课程以及跨学科综合课程的综合化实施，确保学生核心素养在各学段各学科中的达成与落实。

二、大单元的学习目标设定

按崔永漷教授的观点，"大单元"的丰富意蕴主要有三：其一是强调要在较为抽象的素养目标与具体的教学内容之间建立一个统摄中心，目前的统摄中心有"大任务""大项目""大问题""大观念"；其二强调教师进行教学设计的站位之"高"，即要从整体着眼，从"大"处着眼，超越单一的知识点和技能，而从学科核心素养出发思考课程育人的本质；其三强调时间维度上学生学习历程之"完整"，即避免传统的"课时"逻辑对学生学习经历的割裂，强调"以学习定时间"而不是"以时间定学习"[①]。

大单元教学设计以大主题或大任务为中心，对学习内容进行分析、整合、重组和开发，形成具有明确的主题、目标、任务、情境、活动、评价等要素的一个结构化的具有多种课型的统筹规划和科学设计。从指向教学问题解决的实证研究的视角上看，"大单元教学设计"中的大单元目标，就是大单元教学实践中的因变量。大单元目标的设定，是把课程目标转化为课堂目标的必由之路。

大单元教学目标的设定应坚持核心素养导向，依据课程标准、教材内容、学生学情等因素综合考量，具体可以分为四步，如图2-2所示。

```
①课标解读      ②教材分析       ③学情分析       ④目标叙写
 ├学什么        ├明确学段位置   ├认知起点与难点  ├行为主体
 ├怎么教怎么学  ├前后知识关联   ├学习方法与能力  ├行为动词
 ├学到什么程度  ├教材编排特点   ├学习习惯与兴趣  ├行为条件
 └如何评        └单元核心内容                    └表现程度
```

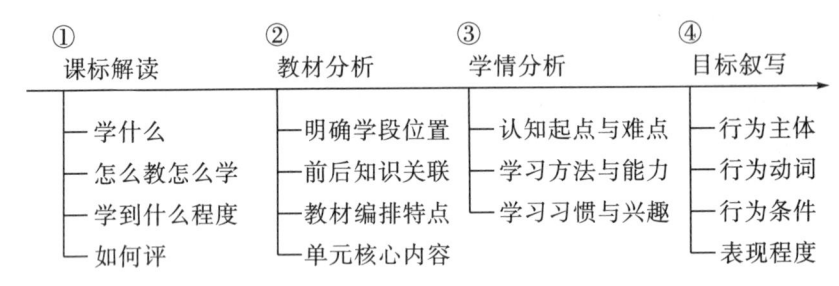

图2-2 核心素养导向的大单元目标设定流程

第一步，课标解读。明确本单元的学习内容、教学指导意见、学业质量标准以及评价要求，即明确要学什么、怎么教怎么学、学到什么程度、如何评等问题。

第二步，教材分析。明确学段位置、前后知识关联、教材编排特点、单元核心内容等。

第三步，学情分析。全面分析学生的认知起点与难点、学习方法与能力、学习习惯与兴趣等。

第四步，目标叙写。叙写包含行为主体、行为动词、行为条件、表现程度等要素的可观察、可检测的单元目标。

【案例】成都高新区小学数学团队"分数除法"大单元目标设计

（一）解读课标

1. 学什么

结合具体情境理解倒数和分数除法的意义，探索求一个数的倒数的方法和

[①] 崔允漷：《素养本位的单元设计，助力各国进入"素养时代"》，《上海教育》，2021年11期，第24~25页。

分数除法的计算方法；会计算分数除以整数、一个数除以分数，能进行简单的分数四则运算和混合运算，感悟运算的一致性，发展运算能力和推理意识。

2. 怎么教怎么学

注重对整数、小数和分数四则运算的统筹，通过分数除法的运算，进一步感悟计数单位在运算中的作用，感悟运算的一致性。加强直观教学，结合实际操作和图形语言，探索、理解计算方法。

3. 学到什么程度

能进行简单的分数四则运算和混合运算（不超过三步），并说明运算过程。体会数学与生活的密切联系，能在较复杂的真实情境中，选择恰当的运算方法解决一些和分数除法相关的实际问题，掌握模型、方程、数形结合等数学思想，形成运算能力和推理意识。

4. 如何评

关于评价要点"理解分数除法的意义"，可从三个方面进行评价：一是借助面积模型考查学生对分数意义的理解；二是提供实际问题情境要求学生根据问题列出算式，或提出问题并尝试解决；三是可以考查学生是否理解乘法与除法逆运算的关系。

关于评价要点"能正确、熟练地进行分数除法的计算"，要求学生能够正确计算，但要避免烦琐的题目，还可以将计算与估算等结合起来。

关于评价要点"会利用方程解决一些有关分数除法的实际问题"，评价的题材应以学生熟悉的生活为主。在解决类似"已知整体的几分之几是多少，求整体是多少"的问题时，应鼓励学生用方程求解。

（二）分析教材

1. 明确学段位置

本单元内容对第二、三学段的分数的认识、分数的意义、分数的加减、分数乘法都有所涉及，对第三学段学习分数乘除法的转化起到重要作用，在整个小学数学数与代数领域有举足轻重的作用。

2. 前后知识关联

本单元内容与整数除法、分数意义、分数乘法等知识联系紧密、迁移性强。本单元将继续学习分数除以整数、分数除以分数以及解决有关的简单实际问题，后续还将学习分数的混合运算及应用。对这些知识的结构化梳理，利用乘除法之间的转化，可帮助学生更好地理解分数除法的概念与规则。分数除法单元结构化如图2—3所示。

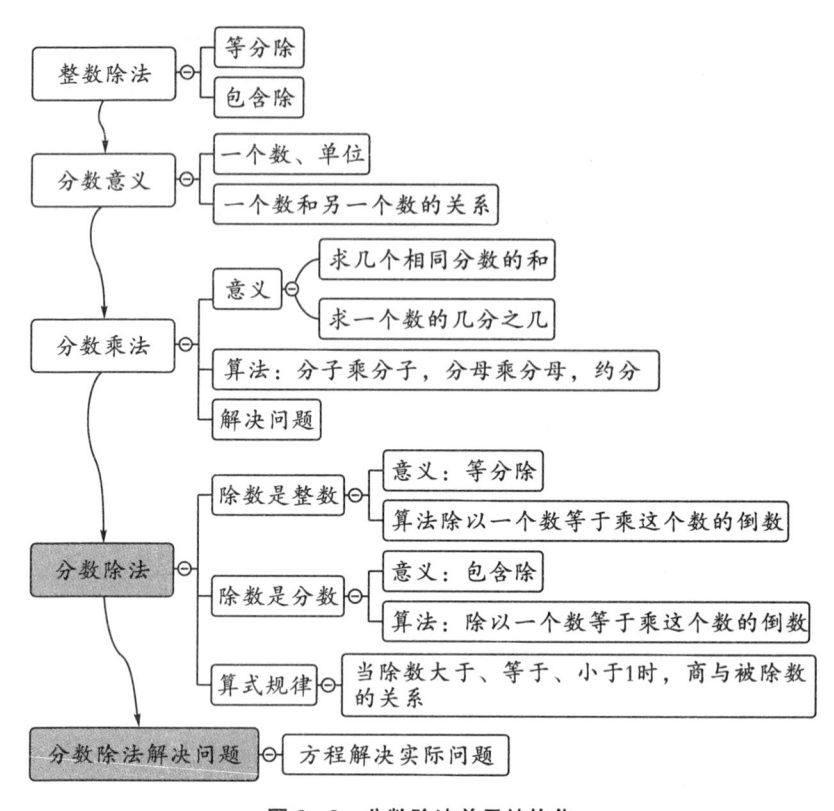

```
整数除法 ─┬─ 等分除
          └─ 包含除
    ↓
分数意义 ─┬─ 一个数、单位
          └─ 一个数和另一个数的关系
    ↓
分数乘法 ─┬─ 意义 ─┬─ 求几个相同分数的和
          │        └─ 求一个数的几分之几
          ├─ 算法：分子乘分子，分母乘分母，约分
          └─ 解决问题
    ↓
分数除法 ─┬─ 除数是整数 ─┬─ 意义：等分除
          │              └─ 算法除以一个数等于乘这个数的倒数
          ├─ 除数是分数 ─┬─ 意义：包含除
          │              └─ 算法：除以一个数等于乘这个数的倒数
          └─ 算式规律 ── 当除数大于、等于、小于1时，商与被除数的关系
    ↓
分数除法解决问题 ── 方程解决实际问题
```

图 2-3 分数除法单元结构化

3. 教材编排特点

结合操作活动和面积模型，探索并理解分数除法的意义和计算方法；鼓励学生用方程解决分数除法的简单实际问题。

4. 单元核心内容

分数除法的意义和计算。此内容对于提高学生计算能力，培养学生逻辑思维，帮助学生理解抽象概念、解决生活问题、养成良好的学习习惯、发展学生核心素养具有重要价值。

（三）学情分析

1. 认知起点与难点

在第一学段，学习了同分母分数加减法；在本册的第一、三单元，分别学习了异分母分数加减法和分数乘法与倒数的相关知识，学生有一定的认知基础。本单元认知难点为"除数是分数的除法的意义，探索一般的分数除法的计算方法"。

2. 学习方法与能力

前期学习中，大部分学生已具备独立思考、自主探究的能力，对于合作学习有一定的基础，对于探索分数除法计算也有一定的经验和解决问题能力。因此，教师要充分激发学生原有的认知经验，促进学习正迁移。

3. 学习习惯与兴趣

对于学生来说，分数除法是一个比较抽象的概念，教师可在教学时适当引入真实问题，引导学生借助操作活动和面积模型，经历探索发现、归纳总结的整个过程，引导学生体验数形结合、转化的数学思想，以激发学生的学习兴趣。同时分数除法是小学阶段四则运算最后一部分内容，教师要有意识地培养学生归纳、梳理、总结的习惯，提升学生的结构化意识。

（四）目标叙写

单元目标叙写应包含行为主体、行为动词、行为条件、表现程度等四要素，根据教学目标叙写流程，初步拟定本单元教学目标，如图 2-4 所示。

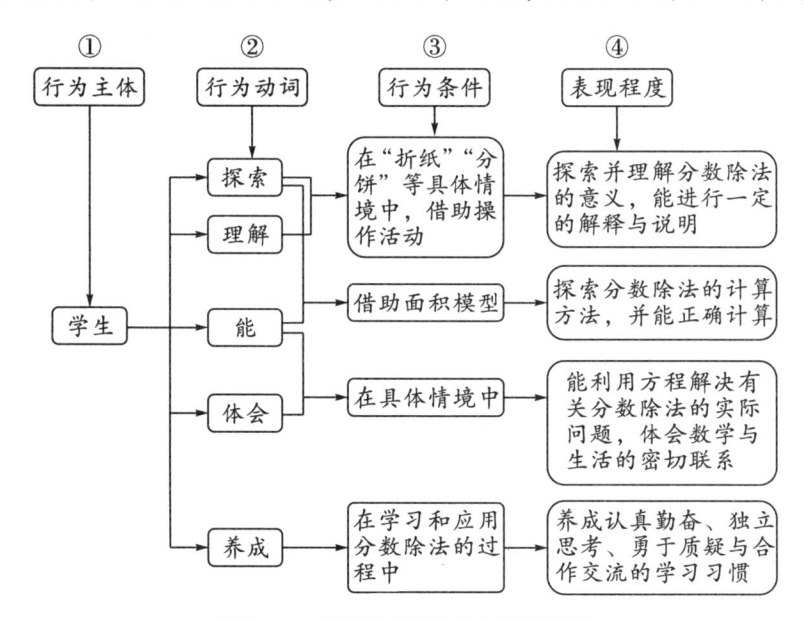

图 2-4 分数除法单元目标叙写流程

第一，在"折纸""分饼"等具体情境中，借助操作活动，探索并理解分数除法的意义，能进行一定的解释与说明。

第二，借助面积模型，探索分数除法的计算方法，并能正确计算。

第三，在具体情境中，能利用方程解决有关分数除法的实际问题，体会数学与生活的密切联系。

第四，在学习和应用分数除法的过程中，养成认真勤奋、独立思考、勇于质疑与合作交流的学习习惯。

三、课堂目标的设定

（一）理解课程目标与课堂目标的区别

课程目标指导了整个课程建设，而课堂目标一般指课堂学习目标，用于引导课堂教学过程。课程目标的实施主体包括教育管理部门、课程指导机构、教材和教学参考书的编写者、学校教师及教辅人员、全体接受教育的学生等；而课堂目标的实施主体只包括学校教师及教辅人员、全体接受教育的学生。课程目标是国家教育管理部门组织有关专家反复研讨的结果，具有导向性。课程目标一旦确立，不会轻易改动。课堂学习目标一般是由教师根据学情设定的。课堂目标是单元学习目标的进一步具体化，是学生通过一节课以及相关联的课前、课后学习，获得的学习结果。

（二）让课堂目标更完整

阿姆斯特朗和萨维奇提出来一种教学目标表述技术，即 ABCD 目标表述法。ABCD 目标表述法包括四个要素：行为主体、行为动词、行为条件和表现程度。

A 即 Audience（对象），指课堂活动中的各个主体，包括学习者、教师，表明教学措施是由学生、教师或师生共同发出，以及针对哪一类学生实施的。从表述"学生能够……""教师讲解……""通过（教师）的……措施，学生……"可以看出，学生是课堂活动的主体，教师是学生学习的帮助者、引导者以及学习条件的提供者。

B 即 Behavior（行为），指学习过程中学生的行为表现，阐释学生在课堂学习活动中或学习结束时，知识、能力、方法、情感、态度等多方面的转变，运用可观察、检测到的词语来表述学生的行为，以保障课堂教学的确定性。行为动词可以表述为"说出/画出……（细节描写的句子）""写……（一段话）"。

C 即 Condition（条件），指课堂中提供的学习条件。同样的学习行为目标，随着提供的学习条件不同，行为的结果也会发生变化，如"通过品读关键语句，能够……""依据文中的静态描写和动态描写，……"。

D 即 Degree（程度），指学习者要达到的学习目标，也指教师课堂教学所要达到的水平，一般为教学结束时学生所能达到的保底标准，包括行为时间、行为的准确度、行为质量。

由此，可归纳出教学目标的一个"表述句式"，即：(A) 谁（教师、学生、师生合作），(B) 借助什么条件，(C) 采用哪种行为做一件事情，(D) 做到什么程度（数量和质量）。

【案例】小学语文五年级下册习作《形形色色的人》课堂目标修订

课堂目标修订前后如表2-1所示。

表2-1 《形形色色的人》课堂目标修订前后

类别	修订前	修订后
课堂目标	1. 例子引路，掌握选取经典实例表现人物特点的方法 2. 例文评改，掌握语言描写、动作描写、神态描写等描写方法 3. 习作实践，巩固把一个人的特点写具体的写作方法	1. 通过分析李叔叔记忆力超群的典型事例，能够判断防疫志愿者英勇抗议的四个事例是否合适 2. 通过合作评改学生习作《捣蛋王》，能够找出语言描写、动作描写、神态描写的语句，并对一到两处语句补充写出两三句具体描写的语句

（三）使用行为动词让课堂目标可检测

实证研究是基于事实和证据的研究，具有客观、明确、可量化、可检测等鲜明特点。课堂目标是教师和学生通过一系列的课堂教学活动，期望实现的结果或达成的目标；同时，课堂目标也是课堂教学的出发点和落脚点，贯穿于整个课堂教学活动的始终，是组织课堂教学活动的指南针，是判断课堂教学是否实现预期学习效果的标尺。因此，课堂目标的陈述需要明确、具体。

【案例】小学语文六年级下册课文《两小儿辩日》课堂目标修订

课堂目标修订前后如表2-2所示。

表2—2 《两小儿辩日》课堂目标修订前后

类别	修订前	修订后
课堂目标	1. 正确、流利、有节奏朗读古文，根据注释，理解文章大意 2. 理清两小儿观点以及事实的内在逻辑关系，找到用事实说明观点的方法 3. 入情入境朗读，由读到说，体会"辩斗"的乐趣 4. 通过孔子对两小儿观点不能判断的理解，感受孔子实事求是、谦虚谨慎的态度	1. 根据注释，说清楚"善、之、决"的含义，用自己的话流畅地说出故事大意 2. 能够用自己的话说出两小儿观点以及事实的内在逻辑关系，总结出用事实说明观点的方法 3. 角色扮演，选择用文言文或现代文进行角色辩论，做到声情并茂，富有感染力 4. 能够用自己的话说出孔子对两小儿观点不能判断的理由，知道孔子实事求是、谦虚谨慎的态度

在这一节语文课的课堂目标修订前的表述中：一是表述的行为主体是学生；二是包含教师在课堂中对学生实施的教学措施，如"入情入境""根据注释""通过……的理解"；三是表述了期望达到的课堂教学效果，即学生应当达到的学习效果，如"理解""理清""体会""感受"。可以看出，课堂目标表述的基本要素完整。

但是，从实证研究的可检测、可量化等特点来看，"理解""理清""体会""感受"这些表述，指向的是不明确的、含糊的变化，是深藏在学习者内心或思想上的状态，教师只能依靠自身的教学经验推测学习效果是否有效达成，学生也无法明确学习目标和学习方法。

当课堂目标修订表述为"说出""做到""知道"等行为动词时，显得具体、明确，对学生有动眼阅读、动嘴表达、动脑表演具体要求，具有实际可操作性和可复制性，对学生的学习行为和学习效果起到了有效的指导作用。教师也能轻易地通过观察和测量来检测学生课堂目标的达成水平。

【小卡片】课堂目标层级对应的常见行为动词，见表2—3。

表2—3 课堂目标层级对应的常见行为动词

课堂目标	常见行为动词
回忆	识别、描述、背诵、默写、列出
理解	解说、阐释、举例、分类、总结、推测、比较、解释、对比、类比
运用	执行、建立、应用、使用、实施
分析	区分、组织、归因、比较、结构、勾勒、建构、整合、概述
评估	判断、证实、评判、检查、推测、测试、证明、检测、假设
创造	发明、创建、设计、建立、构思、绘制、制作、写作、改变

（四）让课堂目标有层级表达——以"理解"为例

"理解"一词对于教师、学生并不陌生，但课堂目标中的"理解"不同于普通意义上的理解，指发生在课堂教学场域中，作为学习主体的学生以语言作为主要媒介，对教学内容、教师、学生、自我的认识。从纵向序列上看，在布鲁姆的认知目标中，回忆、理解、运用、分析、评估、创造六级目标，达成难度逐级升高，其中，"理解"指学习者基于所学以及新的内容建构新的意义；从横向范围上看，"理解"表现为解说、阐释、举例、分类、总结、推测、比较、解释、对比、类比等行为。

"理解"也有对应的层级，我们可以参考这个层级，用对应的行为动词来体现课堂教学目标的层级。

【小卡片】理解的层级与行为
一级：能口头或书面解释。
二级：能找到佐证或范例。
三级：类比，为事物的正当性及合理性辩护。
四级：归纳、概括事物特征、规律，综合得出结论。
五级：能用丰富、具体的内容，彼此相联系的知识网络清楚表达事物的本质。
六级：能把一个概念、原理、结论、规律、主题思想运用到新的事物、事件、场合中，并产生新的思想和概念。
七级：能通过运用，使原有的知识网络得到修改和扩展。

（五）让课堂目标符合核心素养生长逻辑

新的课程方案明确提出核心素养取向，在各学科课程标准中，形成了以"核心素养—课程总目标—学段目标—模块/主题内容要求—学业质量标准"为主线的课程目标落地路径，课堂目标的设定与达成是核心素养落地的"最后一公里"，课堂目标是核心素养在一节课中的具体表现。在制定课堂目标时，需要遵循学科核心素养落地的逻辑，将课程目标有效转化为课堂目标，只有每节课具体的课堂目标都有效达成了，才可能通过一个阶段的学习有效养成学科核心素养。

【案例】小学数学《用字母表示数》一节的课堂目标

课标中的"三会"（会用数学眼光观察现实世界，会用数学思维思考现实世界，会用数学语言表达现实世界），可按图2-5转化为本节课的具体目标。本节课的数学眼光主要体现在符号意识（关键能力），表现为"知道生活中的某些数可用字母表示"，根据符号意识的生长机理，这一能力在本节课中可划分为5个水平层级；同理，数学思维体现为推理能力，数学语言体现为模型意识，具体表现为"会用字母表示生活中的数量关系"，并划分为3~5个水平层级。教师可根据学生学习经验、学习能力，选定本节课能达成的水平层级，将其设定为本节课的学习目标。

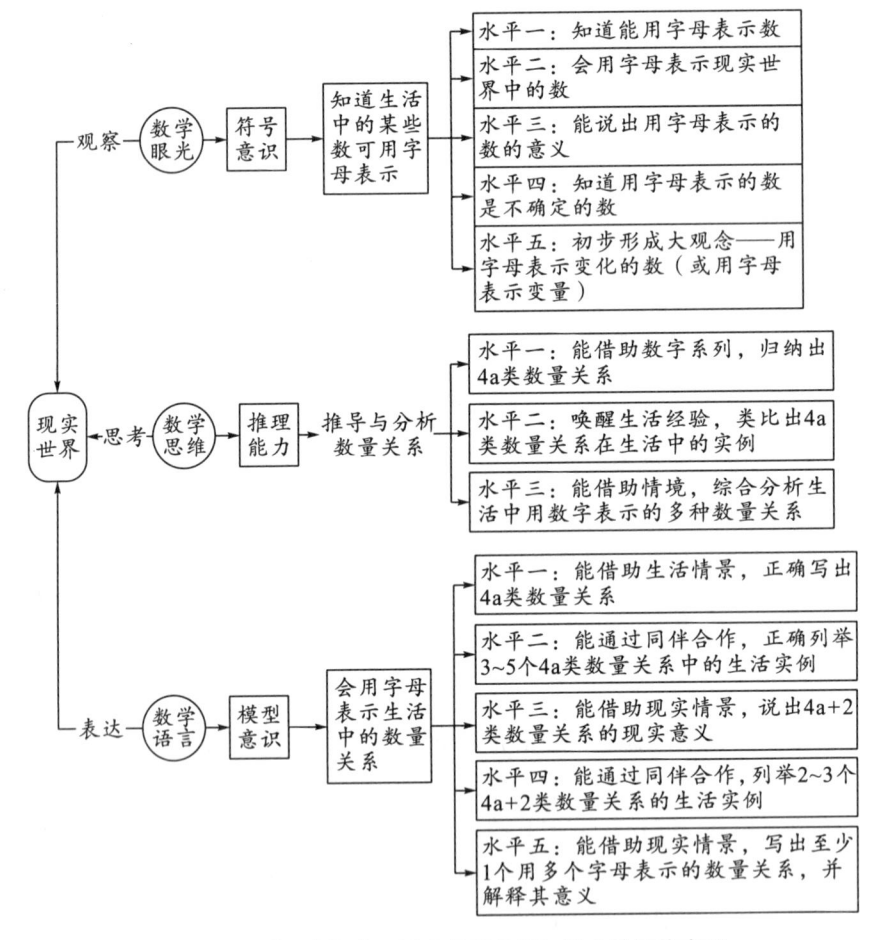

```
现实世界 ── 观察 ── 数学眼光 ── 符号意识 ── 知道生活中的某些数可用字母表示
    ├─ 水平一：知道能用字母表示数
    ├─ 水平二：会用字母表示现实世界中的数
    ├─ 水平三：能说出用字母表示的数的意义
    ├─ 水平四：知道用字母表示的数是不确定的数
    └─ 水平五：初步形成大观念——用字母表示变化的数（或用字母表示变量）

         ── 思考 ── 数学思维 ── 推理能力 ── 推导与分析数量关系
    ├─ 水平一：能借助数字系列，归纳出4a类数量关系
    ├─ 水平二：唤醒生活经验，类比出4a类数量关系在生活中的实例
    └─ 水平三：能借助情境，综合分析生活中用数字表示的多种数量关系

         ── 表达 ── 数学语言 ── 模型意识 ── 会用字母表示生活中的数量关系
    ├─ 水平一：能借助生活情景，正确写出4a类数量关系
    ├─ 水平二：能通过同伴合作，正确列举3~5个4a类数量关系中的生活实例
    ├─ 水平三：能借助现实情景，说出4a+2类数量关系的现实意义
    ├─ 水平四：能通过同伴合作，列举2~3个4a+2类数量关系的生活实例
    └─ 水平五：能借助现实情景，写出至少1个用多个字母表示的数量关系，并解释其意义
```

图2-5 "三会"在《用字母表示数》课中的具体表现

第二节 教研活动的双变量设计

一、什么是双变量设计

（一）双变量设计的理论模型

双变量设计是一种指向问题解决的研究模式，是作者为促进基础教育教研活动转型而定制的。在此，双变量为自变量和因变量，分别对应投放的教学策略和拟解决的问题（或产生的教学效果）。该模式旨在通过强化自变量和因变量之间的因果关系，提升投放的教学策略的针对性和实效性。该模式更加注重对教育过程的认识、探索、反思和指引，更加注重研究的全过程应基于事实和证据，更加注重成果的总结提炼。

教研活动双变量设计理论模型如图 2-6，其中蕴含四个基本主张。

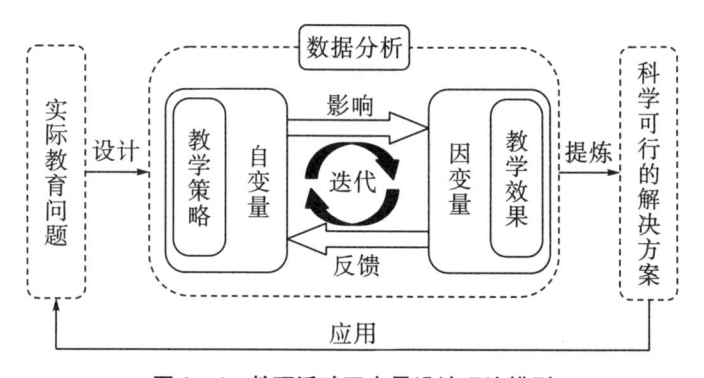

图 2-6 教研活动双变量设计理论模型

其一，双变量设计是立足真实问题解决和教学策略优化的研究。为了解决一个实际的教育问题，根据一定的教育理论和假设，提出明确的投放措施，在可控制的条件下展开教育实践和研究，促进问题的解决和教学策略优化。

其二，双变量设计是基于事实和证据检视投放措施与教育效果关系的研究。在课例研究技术、课堂观察技术、现代教育技术等的支持下，探索教育措施和教育效果之间的因果关系，通过不断质疑—改变—再质疑的反思性过程，形成全面、真实和客观的结论。

其三，双变量设计是思辨、实证、经验相结合的研究。在研究中，强调方法的混合与共融,强调逻辑为事实服务、方法为问题服务,强调教师对问题的洞察力、对方法的创造力、对理论建构与解释的想象力。

其四,双变量设计是重视顶层规划、过程翔实、成果固化的研究。研究初期重视研究的整体设计,研究过程重视资料的收集整理、数据的采集分析,研究的后期重视成果的总结提炼、固化成果、推广成果。

(二)教研活动双变量设计的实践框架

教研活动双变量设计的实践框架如图2-7。该框架以教学实践中发现的具体问题为载体,通过"计划—实施—诊断—总结"四个环节,以"问题提出—措施投放—成效检测—问题解决"为线索,通过"发现问题—措施预设—实践探索—行为观察—证据分析—思辨论证—行动调整—成果提炼"八个实践要素,在人人参与、信息技术支持的状况下进行研讨和研修。

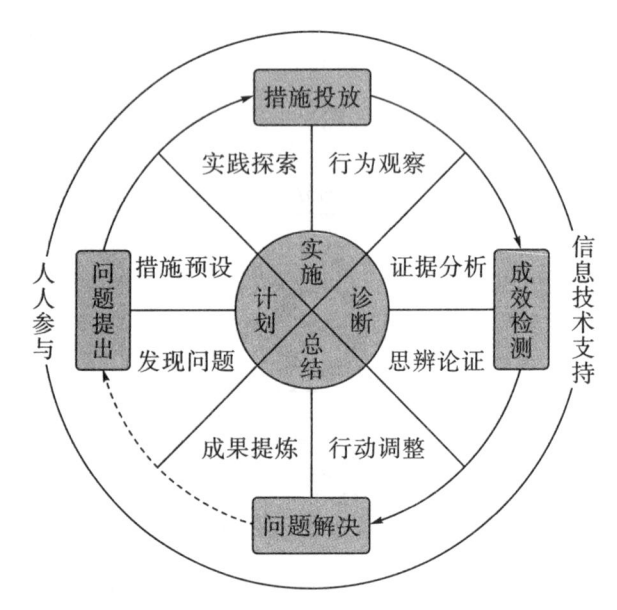

图2-7 教研活动双变量设计的实践框架

根据教研活动双变量设计的理论模型和实践框架,教研活动实施流程如下:

(1)发现问题。通过观察、访谈、问卷等方法,提出要解决的实际问题。

(2)措施预设。根据要解决的问题,结合文献研究、专家建议、同伴经验等,提出有最大可能解决实际问题的措施。选择参与的教师、学生、教学内容、教研组织方式等,设计包含预设措施在内的教学方案,设计教学行为观察量表，做好教学准备。

（3）实践探索。在实际教学中有意识地投放教学预设的教学措施。

（4）行为观察。在教学实践中利用课堂观察技术采集证据。

（5）证据分析。结合前后测、课堂观察数据分析、访谈等方法，检测拟解决的问题是否解决及解决的程度，进行成效检验。

（6）思辨论证。结合事实与证据、教师经验、思辨，对问题解决程度与投放措施的关系进行分析与推断、评课析理，形成结论和建议。

（7）行动调整。根据形成的结论和建议，改进教学行为。

（8）成果提炼。结合教研活动设计资料、教学实施资料、研讨过程资料，总结提炼解决的问题、投放的措施、形成的观点和结论，形成报告、论文，在更大范围内推广应用。

二、教研活动双变量设计的组织策略

（一）基于拟解决的问题和投放的措施设定活动主题系列

每一轮教研活动都应该有明确的主题，主题应包含两个关键词：一个是投放的改革措施，另一个是希望达成的变化。二者构成的因果关系让每次教研活动的主题指向更明确，双变量之间关系更明晰。

需要指出的是，通常一轮教研活动从准备到实施，到总结，时间跨度不会太长，因此选题不能太大，研究者应以重点解决一个具体问题为出发点来选题，力求通过对一个案例的深度研究，解决一类问题。例如，指向量感素养提升的学科实践指导策略——以"课桌有多长"为例，指向从宏观辨识与微观探析的高中化学数字化实验教学策略，指向内容结构化的板书设计，等等。

（二）指向目标预设投放教学措施

预设措施是教研活动双变量设计与常规教研活动最显著的区别之一。预设措施需要预先理性分析与判断措施投放是否有极大的可能性解决教学中的问题，如果回答是肯定的，再进行接下来的教研活动设计和实施，基于事实和证据去分析、判断措施的有效性，并总结、提炼成果。常规教研活动通常是教师在没有预设措施的前提下，去备课、观课，凭经验评课。

在教研活动双变量设计中，有几个关于措施的关键点：一是在选题时要预设拟投放的措施；二是在教学设计时要将拟投放的措施置于上课教师的教学设计中；三是上课前设计课堂目标与投放措施关系的观察量表；四是在课堂上投放措施，观察记录措施的投放过程；五是课后会议重点分析措施与目标达成的关系；六是总结提炼时把有效的措施提炼为具操作性的成果。

【案例】成都七中初中学校"数与式"课例研究的措施投放

"数与式"是北师大版七年级上册的数学内容。教研组开展了主题为"指向核心素养的单元整体教学"课例研修活动。

在单元起始课中运用 ABCD 目标表述法设定了如下学习目标：①能通过 1~2 个实例说明分式的特征和意义；②能独立或在与同伴讨论后，用分式正确表示 5~10 个生活中的简单数量关系；③经过本节课学习及课后泛读，能总结分式单元的学习方法与思路。其中目标①包括分式是除法的代数式表达、分母有字母、分母不能为零三个核心知识，指向比较、推理、判断能力三个素养；目标②包含列出分式、求分式的值两个核心知识，指向数学抽象、模型观念、运算能力三个素养；目标③包含单元知识结构、学习方法结构两个核心知识，指向归纳能力（知识结构化、方法结构化）、形成核心概念（大概念）两个素养。

预设了单元整体教学作为教学措施。从单元视角上看，关注学习内容的整体性、关注知识的内在关联性、关注学习过程的实践性、关注学业质量标准引导的教学评一致性；从课时视角上，以指向核心素养的学习目标为引导，以数学核心知识为载体，以问题情境为场域，以任务驱动学生数学实践，集教学评于一体。

课例研修小组聚焦目标的设定与达成、单元整体教学的措施，以及二者的关系展开教学设计、设计课堂观察量表（如表 2-4），综合运用 AI 诊断、量表诊断、切片诊断技术进行课堂观察与分析，有效诊断与改进教学。

表 2-4 指向核心素养的课堂观察、记录、分析

目标设定与达成记录			教学措施投放（教学关键事件）记录				目标与措施关系分析
学习目标	指向素养	目标达成度及证据	核心知识	问题情境	学习任务	学习评价	围绕关键点进行综合分析
目标 1							
目标 2							
目标 3							

（三）有序安排活动过程

聚焦主题，基于对问题的诊断，强调合作研究，制定主题研修流程，便于组内教师及时了解选题动因、活动安排以及学习内容等。

【案例】 成都高新区银都紫藤小学科学主题研修活动流程

研修活动流程如表 2-5 所示。

表 2-5　成都高新区银都紫藤小学科学主题研修活动流程

环节		实施路径与方法	负责人
计划	发现问题	利用访谈、问卷等方式了解、分析并确定主题	
	理论梳理	查阅文献资料	
	措施预设	聚焦重要的教学措施	
	制订计划	撰写教学计划和教研活动计划	
实施	实践探究	上课，在平台上录课	
	课堂观察	梳理典型课例并思考具体策略	
	智慧研修	开展从校到区课例展示观摩活动	
诊断	课后会议	围绕研修主题现场评课	
	泛在研修	利用智慧教育平台在线视频切片分析	
总结	活动评价	问卷收集、评课记录分析	
	撰写案例	总结提炼研修过程资料	

（四）基于技术采集证据

这里的技术包括课堂观察技术和现代信息技术。

全面的观察与分析，是有目的、有价值地开展教育实践研究的基础。观察不是一个独立的环节，而是包含行动过程和行动结果、活动背景的分析及对行动者特点的把握。观察是反思、调整计划及确定下一步行动的前提，观察也是教师对教育过程的自我检查阶段，将教育实施的阶段性结果与计划进行对比，了解计划的执行情况和实施的效果。

教师可以采用整体观察、定点观察、追踪观察等方法，聚焦活动中学生的行为表现，捕捉有意义的事件；借助手机、影像设备，对学生的学习行为进行记录和分析；还可以利用 AI 智能教研系统对学情进行实时监测。

这部分内容将在第三章"课例研究与课堂观察技术"详细介绍。

(五)实证与思辨结合进行教学诊断

教学诊断,是教研活动最重要的环节之一,常规教研活动大多基于经验进行评课。教研活动双变量设计的课堂诊断,要针对拟解决的问题,结合课堂观察的事实和证据进行归因,根据具体问题思考解决对策,反思教研活动不足,反思如何优化和改进,为后续优化教研活动指引方向。

1. 课堂诊断流程:个人初诊—团队复诊—专家会诊

个人初诊:由献课教师对教学设计和教学实施情况进行自我诊断。团队复诊:由教研组或备课组针对不同的观察点进行数据分析,并提出教学建议。专家会诊:一般聘请名优教师、教研员、学科专家等进行有针对性的指导。

2. 教师评课模式:列证据—亮观点—析原因—提建议

列证据:根据课堂观察和记录的数据,列出事实和证据。亮观点:说出自己根据上述证据做出的个人综合判断,得到的观点和结论。析原因:分析产生这种现象的可能原因。提建议:提出教学改进的意见或建议。

【案例】成都高新区大源学校"密度的应用——盐水选种"课堂诊断

诊断如表2-6所示。

表2-6 "密度的应用——盐水选种"课堂诊断

一级指标	二级指标	课堂观察点(环节)
物理观念	形成初步的物质观念	说出麦种饱满可以用密度大来描述
	能从物理学视角观察事物	
	能从物理学视角解释自然现象	说出密度小的麦种漂浮,密度大的麦种沉底的现象
	能从物理学视角解决实际问题	利用密度知识筛选出密度大的麦种

(1)列证据

在4min10s—6min30s切片中,教师展示了两组麦种的照片,并提问:"观察和对比两组麦种的外形特征,它们有什么不同?"学生很快说出了:"第一组麦种更饱满,第二组麦种干瘪。"紧接着,教师又提问:"像一组这样颗粒饱满的种子,我们可以用什么物理语言来描述它?"这一问题提出之后,有学生说出了"质量大""体积大""密度大"等回答。教师追问:"一颗种子的质量大、体积大,但它是空心的,能不能叫饱满的种子?"学生答:"不能。"教师继续追问:"所以应该用什么物理量来描述'饱满'更加准确?"很多同学都说出了"密度"。然后教师接着追问:"种子密度是大还是小?"学生立即回答"密度大"。

在10min10—12min30s切片中,教师让学生思考用什么方法筛选"密度大"的麦种,学生说出的方法有"用漏勺筛""用风吹""放在水中,重的会沉底,轻的会浮起来"等。这些方法实际上是筛选"体积大""质量大"的种子。

（2）亮观点

以上两个切片说明学生基本能从麦种"饱满"的特征联想到用"密度大"来描述,也说明学生初步具备用物理视角去观察事物的能力,可见学生已经初步形成了"密度是物质一种属性"的观念,但并不牢固。

（3）析原因

前一切片中教师通过设计指向明确的引导性问题,在培养学生形成物理观念上能明确方向;通过连续追问问题,搭建知识梯度,帮助学生形成较准确的物理观念。而从后一切片中学生的表述——"重的会沉底,轻的会浮起来"来看,学生对重量和密度有混淆,因为生活中说的"轻重"通常指"质量",而非密度。

（4）提建议

建议对学生容易混淆的物理观念,可以通过观察与对比的方式,利用问题串引导学生进行概念辨析。例如,告知学生麦种饱满通常是指其结构完整且营养充足;并让学生近距离观察饱满与干瘪麦种,进行对比分析。有些麦种可能质量小,但其结构仍然完整且营养充足。有些麦种可能体积大,但结构不完整,并提问"你觉得用哪个物理量形容麦种饱满更合适",帮助学生理解和区别质量、体积、密度这三个量,更好地形成密度的物质观念。

三、教研活动双变量设计的成效检验与成果提炼

活动成效与研究成果的总结与提炼是教研活动必不可少的重要环节,一方面可以及时反思与总结教研活动中存在的优势与不足,另一方面可以为后续活动的开展指明方向、提供研究思路。良好的成效检验与成果提炼能够使教研的各项指标更具体化,教研的过程更系统化,教研的结果更科学化,还能够明确教研成果的前沿性和开创性。

活动成效与研究成果的检验与提炼整体上包含三个方面的内容：一是目标回应，主要指对教研活动成效成果的分析首先需要对活动目标作出明确的回应，判断目标是否达成以及目标达成度；二是效果分析，指充分挖掘教研目标达成背后的关键要素，参照"区别相关关系和因果关系—对实践效果的相关维度进行例证—挖掘成果背后的理性价值—表达教研成果的推广与影响范围"的流程进行分析；三是成果提炼，指由零散的、个别的、特殊的事物推断出普遍性结论，例如通过对一节课例的研讨，提炼出一类课的教学策略。

教研活动双变量设计，强调总结教研活动的典型经验，对优秀教学经验及时梳理、总结，形成完整的教学主张，在理论和实践之间搭建起桥梁，及时形成认识性成果、操作性成果以及相关的物化成果，增强一线教师的价值认同；强调把研究的结果反馈到日常教学中去，指导教学实践，改进教学行为，提高教学质量。

教研活动成果的主要形式和内容如下：

调查分析报告：围绕教研活动主题展开的问卷调查、师生访谈、课堂观察等调查分析报告。

论文：围绕教研活动主题进行文献研究，结合教研过程实践认识，形成的对核心概念的深度理解、解读；围绕教研主题形成的实践框架、操作模式、操作方法、实施策略等。

工具：包括教研活动方案、课堂观察工具、教学设计与课件、导学案等。

建议每一个主题的教研活动结束后，对以上成果进行系统的梳理、总结，形成本校的教研活动资源包。

第三节　"教研培"一体化智慧研修体系构建[①]

一、"教研培"一体化智慧研修的方法论模型

教研的主要任务是推进课程改革，指导教学实践，促进教师发展，服务教

[①] 李建萍、刘继红：《教研培一体化：成都高新区智慧研修实践与创生》，《教育与装备研究》，2024年第1期，第21～25页。刘颖、徐爱琳：《指向核心素养达成的循证智慧研修模式》，《教育与装备研究》，2024年第1期，第26～30页。曾亮、徐文娟、李伟：《基于智能研修平台的大规模混合智慧研修模式》，《教育与装备研究》，2024年第1期，第31～36页。韩欣：《基于在线空间的周期性项目智慧研修模式与应用策略》，《教育与装备研究》，2024年第1期，第36～40页。

育决策；科研的主要任务是探索规律，破解难题，引领创新；师培的主要任务是促进教师终身学习和专业发展。我们认为"教研培"一体化智慧研修，是要依托智能研修环境，整合教研、科研、师培、技术四个维度的底层逻辑，以智慧研修活动为融合器，促进教师多种素养同步发展，整体生成、塑造高素质、专业化、创新型教师队伍的方法论模型（如图2-8所示）。

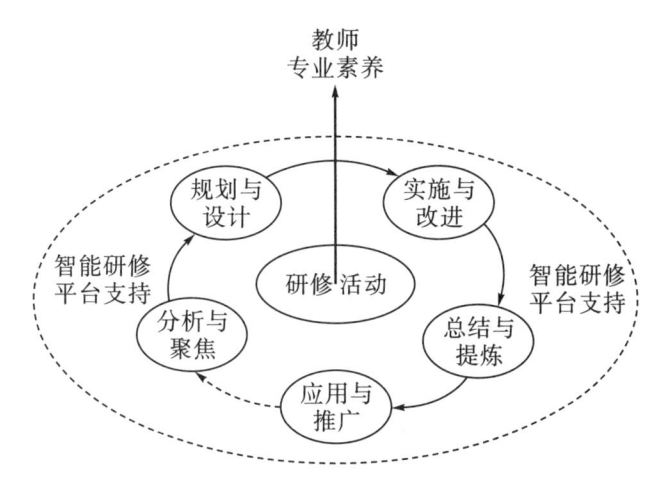

图2-8 成都高新区"教研培"一体化智慧研修模型

环节一："分析与聚焦"是明确主题的活动。在这一环节，教研的逻辑是分析现象与聚焦问题，科研的逻辑是分析背景与提出问题，师培的逻辑是分析水平与明确需求，技术的逻辑是透析现象与数据支持。聚焦课程标准落实、教学实践、学生成长等多视角的问题分析，在充分调研的基础上，以问题描述、原因分析、解决思路梳理等环节明确研修主题。

环节二："规划与设计"是整体规划的活动。在这一环节，教研的逻辑是研修目标与匹配任务的设计，科研的逻辑是基本假设与预期成效的设计，师培的逻辑是培训学习与专业支撑的设计，技术的逻辑是价值定位与应用场景的设计。研修团队多方协同，从研修目标出发，从研修阶段、内容、评价、技术与平台应用、研修成果等方面整体规划研修活动。

环节三："实施与改进"是实践探索的活动。在这一环节，教研的逻辑是教育教学实践诊断、分析与改进的过程，科研的逻辑是教育教学改进措施的投放、检验、调试的过程，师培的逻辑是教育教学研究匹配的培训、指导、研讨的过程，技术的逻辑是教育教学研究的精准诊断、过程可视、优化升级的过程。按计划有序实施研修活动是研修品质保障的关键。

环节四："总结与提炼"是知行进阶的活动。在这一环节，教研的逻辑是经验总结与案例形成，科研的逻辑是成果产出与策略提炼，师培的逻辑是效益反馈与资源固化，技术的逻辑是效能分析与模式形成。常见研修成果包括理念认识、教学策略、优质案例、课程资源、研修模式等。

环节五："应用与推广"是迭代创生的活动。在这一环节，教研的逻辑是更加持久的日常改进，科研的逻辑是更大范围的推广应用，师培的逻辑是更宽领域的辐射引领，技术的逻辑是更大空间的交流展示。

二、"教研培"一体化智慧研修的实践框架

"教研培"一体化智慧研修是机器智能与教师智慧的交互创生。成都高新区以教师研修文化为根基，以规范科学的研修模式增强智慧生成，以中央电教馆智能研修平台与AI录播教室打造智能研修环境，以教育教学研究与教师专业发展场景应用为探索主阵地，通过"教研培"一体化研修智慧体系的迭代，持续不断提升教师研修品相与品质。

我们以"教研培"一体化智慧研修的方法论模型为基础，围绕活动的"目标、内容、对象、路径/方法"等研修活动的关键要素，搭建实践框架（如表2－7所示），落实"像设计课堂一样设计研修"的精神内核，推动区校研修活动的流程再造与范式凝练。该实践框架适用于主题研修、案例研修、项目研修等活动。

表2－7　"教研培"一体化智慧研修的实践框架

环节	研修活动要素			
	目标	内容	对象	路径/方法
分析与聚焦	聚焦课标教材，聚焦核心素养，聚焦现实问题	分析问题，确立主题，分析学情	活动参与群体，目标受益群体	确定主要方法，明确研究路径，确立投放措施
规划与设计	研修方案设计，研修主题分解，研修工具开发	分析主题内容、规划活动重点、细化问题、分解问题、设计工具	明确核心参与群体人选，细分本次活动参与者	具体设计活动方法，拟定研究方案
实施与改进	课堂观察分析，调整改进	课堂实施，课堂观察、采集证据、研讨问题、评课析理、诊断反思	本次活动参与人员	现场深度互动，线上有效交流
总结与提炼	审视活动效果，思考后续主题，总结提炼成果，教研质量评估	整理分析反馈资料，形成活动总结报告，确立后续研究方向	本次活动参与群体，目标受益群体	基于教研质量评估工具，基于教研实践经验总结，借助微信公众号平台，借助论坛

续表

环节	研修活动要素			
	目标	内容	对象	路径/方法
应用与推广	成果广泛应用，影响辐射面大	研究成果应用，推广效果检验	成果持有方、成果应用方	成果推广活动

三、"教研培"一体化智慧研修模式

（一）指向核心素养达成的循证智慧研修模式

该模式是成都高新区用于常态化智慧研修的模式，适用于区校两级主题课例研修。该模式围绕活动的"目标、内容、对象、方法"等关键要素，按照"分析与聚焦、规划与设计、实施与改进、总结与提炼、应用与推广"五环节设计、实施研修活动（如图2-9所示）。其中，指向学生核心素养达成是目标导向，课堂教学的循证诊断与改进是支撑，综合运用AI诊断、量表诊断、切片诊断技术与工具，精准诊断课堂与有效改进教学，从而形成成都高新区"像设计教学一样设计研修""以课为例讲道理"的精神内核，推动教师研修活动的流程再造与范式凝练。

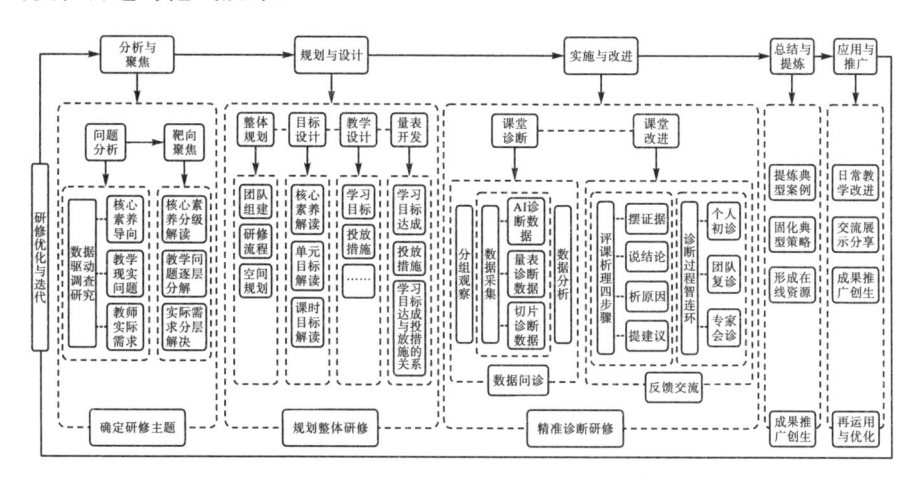

图2-9 指向核心素养达成的循证智慧研修模式

1. 分析与聚焦：确保研修聚焦关键问题

下面以一次课例研修为例，说明实施策略。

首先是调研问题。发现真问题是基础性循证智慧教研模式的逻辑起点，研修小组通过调取智能研修平台的前期数据,发现教学组织层面的典型现象和共性问题;根据学情分析和问卷调查数据分析,发现学生层面的典型现象和问题。

其次是聚焦素养。根据平台数据,结合教师对学生认知的了解,分析学生科学思维是教学中的重点和难点,对其需要重点攻克。教师需要对核心素养进行深度的解读与分析。

再次是提出主张。研修小组讨论后认为:教师对科学思维这一核心素养的课堂行为表征认识不清,对"表达概念、解释现象、概括规律、建立联系和预测创生"的科学素养生长逻辑理解不透,是科学素养的培育不能有效实施的瓶颈。需要在课堂教学的关键环节,介入科学方法实现概念进阶,并对指向科学素养培育进行大单元整体设计。

最后是凝练主题。整合拟解决的问题和投放的措施,形成研修主题:指向高中生科学思维培育的生物大单元概念进阶教学策略。

2. 规划与设计:确立研修的基本流程与依据

一是整体规划。教研组整体规划主要包括指向科学素养的大概念及大单元规划、研修日程与流程规划、在线研修空间规划。

二是目标设计。目标设计是指对科学素养的三级解读。其中,一级是对核心素养的内涵与外延、层级水平标准进行解读;二级是对单元(模块)目标的行为化表征进行解读;三级是对核心素养在课时中的具体表现进行解读,将核心素养解读为行为化、可操作、可检测的标准后转化为学生的学习目标。

三是教学设计。教学设计指根据本节课学习目标和拟投放的措施,结合教学内容进行教学设计。

四是量表开发。重点是核心素养在本节课中具体表现的学习目标,以及对教学事件的师生行为进行观察量表设计,主要体现的是学生学习目标达成与投放的教学措施之间的关系分析。

3. 实施与改进:数据问诊与教学策略改进

一是用好三大证据模型。利用智能研修平台,采集 AI、量表、切片三类数据,形成区域课堂教学诊断的三大证据模型。其中,AI 诊断是通过平台自动生成师生行为数据进行诊断;量表诊断是通过教师在平台上运用通用量表或自定义量表打分,形成矩阵分析数据进行诊断,它是探讨学习目标达成与教师教学措施投放关系的核心诊断方法;切片诊断是针对教学的关键节点(重点、难点、创新点、失误点等),在平台上对教学视频进行切片分析。

二是规范教学评议流程。在教学评议过程中，按"个人初诊—团队复诊—专家会诊"的三个阶段检测，发言教师按照"摆证据（描述教学事件）—说结论（判断目标达成情况）—析原因（剖析目标达成不良的原因）—提建议（提出教学改进建议）"评课析理步骤发言，并形成"数据解读—证据链条—同类问题解决"的连环研修，即"课堂诊断三检测、评课析理四步骤、诊断过程智连环"课堂教学诊断与改进模式。

三是调用多轮数据对比。多轮次磨课是教研活动常用方法，生物组将每次磨课视频上传平台，供全区生物教师研讨，综合汇总多轮上课的 AI 数据、量表数据、切片数据进行对比分析，发现优势或问题。

4. 总结与提炼：形成系列实践策略

主题研修活动在经过多轮次观评课后，需要固化研修成果。这些成果主要包括：报告类——课堂观察与分析报告、课例研修报告，论文类——核心素养的解读及行为表征、教学问题的解决策略，案例类——大单元设计案例、教学设计案例，资源类——课堂观察与分析工具量表、信息化教学资源库等。

5. 应用与推广：循环实证的研修起点

研修成果形成后，首先在教研组范围内进行推广运用，用于日常教学的优化和改进。其次，在区校两级进行交流展示和推广，形成典型经验。再次，其他学校在学习的基础上根据本校的实际情况，对典型经验进行优化，形成成果的再加工，即成果的创生。一般来讲，成果的应用推广与创生一般遵循"应用—诊断—反馈—改进—再应用—创生—推广"的过程，是成果优化迭代，不断反哺教学和研修实践的过程。

（二）基于智能研修平台的大规模混合智慧研修模式

本模式以成都高新区教研培一体化智慧研修实践框架为基础，从"研修主题"和"大规模研修"两个维度进行细化，形成模式，促进大面积教师的专业素养协同发展。模式的适用范围为：主题式研修、任务式研修、项目式研修。模式的基本结构如图 2-10 所示。

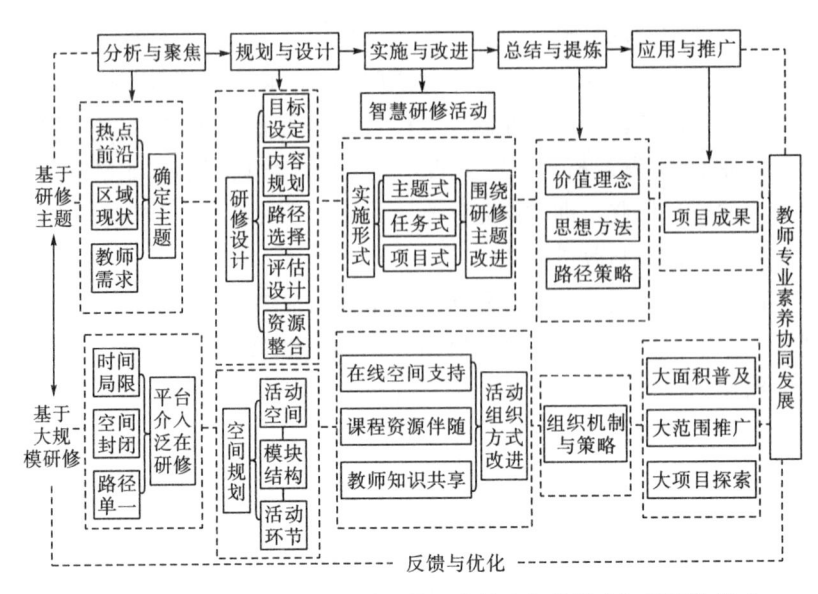

图 2-10　成都高新区基于智能研修平台的大规模混合智慧研修模式

1. 分析与聚焦

大规模混合智慧研修，强调聚焦热点前沿、区域现状，解决广大教师教育教学中存在的普遍问题。研修策划者可借助智能研修平台开展广泛调研，根据平台自动生成的大数据，结合线下分类分层的针对性访谈情况，充分暴露问题，聚焦问题关键，流程见图 2-11。

图 2-11　大规模混合智慧研修分析与聚焦流程

【案例】"课桌有多长"同课异构研修活动

《义务教育数学课程标准》颁布之初，成都高新区小学数学组"课桌有多长"同课异构研修活动中，两个教研团队在教学设计理念、教师教学行为、对"量感"核心素养表现内涵的具体认识上，存在极大的差异。为准确了解广大教师对"量感"的认识与理解情况，区教研员借助平台对全区教师进行了调研。首先，线下从对"量感"内涵理解、教学实践两个维度设计问卷，教学实践部分截取了两位教师执教录像的片段作为问卷素材，教师观看片段后回答问题；其次，将问卷及教学片段上传于智慧研修平台，请全区小学数学教师在规定时间内观看反馈；最后，通过分析平台大数据，发现全区41.3%的小学数学教师对"量感"内涵的理解不透，50.3%的教师对"量感"培养的路径不明。教研员根据"教研培"一体化研修思路进行分析与聚焦，确定在线研修主题为：指向"量感"养成的小学数学课堂教学策略。

2. 规划与设计

要实现大规模混合智慧研修，在线空间的规划尤为重要。设计者可从研修目标、内容、路径、评估及资源等多维度出发，合理选择平台中七大应用场景，灵活进行模块结构设计，系统规划研修活动的具体环节。在此过程中，充分考量区域核心团队、学校/学科团队、年级/备课团队、大规模教师群体所介入的时间与空间、任务与要求等，这个过程可以是自上而下的推广学习过程，也可以是自下而上的研究提炼过程，还可以邀请非教师群体参与。

【案例】依托智慧研修平台规划活动

成都高新区每年有100多项课题立项，新增课题研究人员有1000人以上，近50%的教师没有课题研究经验，且这些教师来自不同学段、不同学科、不同工作岗位，要把这些人员聚集在一起进行培训的可能性极小。区教研员依托智慧研修平台规划了如下的活动（见图2-12）。

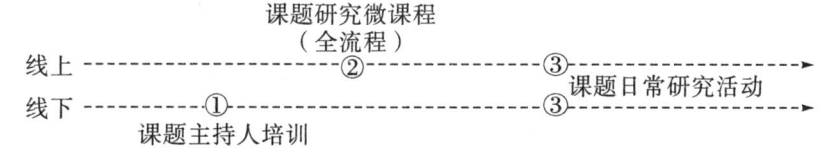

```
                        课题研究微课程
                          （全流程）
    线上 ------------------- ② ------------------- ③ ---------->
    线下 ----------- ① --------------------------- ③ ---------->  课题日常研究活动
                课题主持人培训
```

图2-12　大规模混合智慧研修规划与设计流程

一是课题主持人的线下培训，让其了解基本的课题研究流程、管理机制。二是借助智慧研修平台，创设"课题研究微课程群"空间，空间内有诸如"课题开题基本流程""如何撰写开题报告""如何进行开题答辩""课题研究基本方法""中期评审注意事项""成果提炼小技巧"等涵盖课题研究全流程各关键节点的微课教程，供所有课题主研、参研教师随时随地学习，根据自身需求反复学习；三是为每一个课题创设线上研修空间，供课题组根据需要选择线下、线上或"线下+线上"混合的课题日常研修活动。这一研修规划与设计有效减轻了课题规范性培训的负担。

3. 实施与改进

大规模混合智慧研修活动有三种主要实施形式：一是主题式，即教师群体围绕一个主题开展教学研究，着力解决教育教学过程中遇到的实际问题；二是任务式，即教师群体围绕一个任务进行系列的、多层次的、多形式的研修；三是项目式，即在真实情境中以项目为驱动，通过匹配教师不同发展阶段，满足不同教师发展方向、研究兴趣，根据明确的计划、周期、目标，以组织、激励、控制等管理手段开展研修。不论哪种形式，相关人员在实施过程中要时时关注在线空间的支持，及时更新课程资源的链接，通过原创场、对话场、系统场、演练场等四个场域的转化与流转实现教师知识的共享，围绕研修主题与活动组织方式两个维度进行持续改进。

【案例】实施与改进研修活动

针对小学英语作业设计质量不高，学科核心素养培育体现不充分的普遍现象，区域教研员策划并组织了以"指向核心素养培育和新课标落地的小学英语单元整体作业设计精准诊断与改进"为研修主题的大规模混合智能研修活动。其流程如图2-13所示。

图2-13 大规模混合智慧研修实施与改进流程

一是研发"小学英语单元整体作业设计诊断量规"，同步上传智能研修平台；二是以六年级上册1~4单元的四个单元整体作业设计为案例，全区小学英语教师对四个案例进行线上量表诊断、切片诊断；三是区教研员组织中心组成员提取平台生成的诊断报告和对比报告，从设计思路、单元作业、课时作业、单元综合实践作业四个方面进行深入分析，提出案例改进建议；四是作业设计团队结合本次诊断情况，改进单元整体作业设计，其他年级的团队也同步修订自己的设计案例。

4. 总结与提炼

除对指向研修主题的价值理念、思想方法、路径策略等进行总结提炼外，及时总结提炼大规模混合智慧研修的组织机制与策略，对推进大规模混和智慧研修进入常态运行有极其重要的意义。

大规模混合智慧研修的机制与策略可重点从如下几个方面进行总结提炼：一是如何运用平台的自主版块设计功能、成员准入功能、主题设定功能等，有效建立学习共同体；二是如何合理分配线上、线下的研修任务和研修时间范围，让更多的教师参与研修活动；三是如何有效管理平台主题空间的资源，保证内容的学术性、科学性、趣味性，定时清理无效信息；四是建立何种评价激励机制，让教师主动参与；五是如何广泛宣传，打响平台空间的知名度。

【案例】对研修活动进行总结与提炼

成都高新区现有学科教师发展基地84个、名师工作室64个、联合研究项目组10个，这些学术共同体有三个共同特点：一是成员人数多、地域分布广，二是成员有着共同的发展愿景、价值追求、研究主题，三是成员专业能力强、爱岗敬业、热爱学习。这些学术共同体常常借助智慧研修平台进行相关研究领域的案例打磨、经验总结、成果提炼等研修活动。成都市学科带头人张俊勤老师负责的"区域家校社共育课程开发实践研究"项目，联合区内10所学校、100余位教师参与，在前期研究基础上，依托平台提出有区域"大部制"特色的家校社共育"强制度供给，重学校功能，建运行机制，创立体课程"主张，推出区域不同类型学校的典型课程案例，由点到面地优化"合育"的区域生态。

5. 应用与推广

应用与推广环节指向迭代与创生，大规模混合智慧研修模式着力于大面积普及、大范围推广、大项目探索，以期在更加持久的日常改进、更大范围的推广应用、更宽领域的辐射引领、更大空间的交流展示等方面持续着力。成都高新区目前有各级在研课题近1000项，有品质课程示范校20所、成果推广示范校25所、国际理解示范校18所。这些课题的研究成果以及示范校的先进经验如何在更大范围进行推广，一直是区域研修的痛点与难点。智慧研修平台的大规模运用必将使这一问题迎刃而解。

（三）基于在线空间的周期性项目智慧研修模式

根据周期性研修需求，成都高新区以"教研培"一体化为底层逻辑和技术路线，构建了基于在线空间的周期性项目智慧研修模式（如图2-14所示）。本模式分为分析与聚焦、规划与设计、实施与改进、总结与提炼、应用与推广五个环节，立足教育发展改革前沿，从教育教学真实问题与教师专业发展真实需求出发，聚焦某一项目主题，组建"专家—领衔人—学员"三级团队，基于精心规划设计的研修课程，依托在线研修空间，在一定时间周期内，开展"线上＋线下"的项目学习、案例研磨、任务攻克、成果交流等活动，通过持续深入的研修活动促进教师理论水平、实践能力等多种专业素养的协同发展。

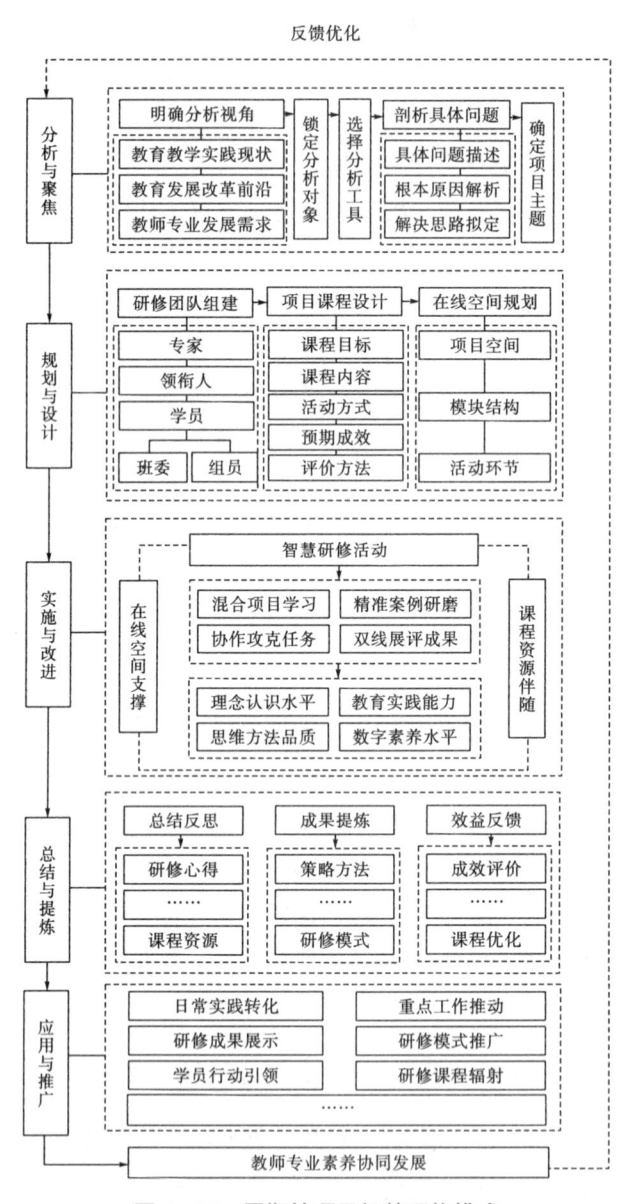

图 2-14　周期性项目智慧研修模式

从研修主体来看，周期性项目智慧研修的主体不一定是常规学科组教师，也可以是具有某一类相同专业素养特长、相近专业发展水平或是相同研究领域内的教师群体。该模式适用于各类研修班、名师工作室、教师发展基地、课题组、项目组等教师专业发展场景。

1. 分析与聚焦

这一环节是明确项目主题的活动，通过"明确分析视角—锁定分析对象—选择分析方法—剖析具体问题"四个步骤科学地确定项目主题。其中，明确分析视角包括调查教育教学实践现状、教育发展改革前沿、教师专业发展需求，其分别为教研、科研、师培指向的核心点。在明确的视角下，进一步锁定相关教师群体，将其作为重点分析的对象。结合调查法、观察法获取的信息与数据，以"发现问题—原因分析—问题解决"为主线，从目前迫切需要解决的真实问题描述、根本原因解析以及解决思路拟定等方面展开分析，在分析过程中逐步锚定项目主题。

2. 规划与设计

这一环节是整体规划的活动，主要包括研修团队组建、项目课程设计、在线空间规划三大内容。

一是研修团队组建。组建专家、领衔人、学员三级团队。专家一般为项目领域内的高校教授或一线名优教师，是研修设计与实施的智力支持；领衔人一般为学科教研员、名优教师等，主要负责研修团队组建，研修课程设计、实施及管理；学员一般为通过一定条件遴选的教师。为利于团队自主管理，一般从学员中选举班长、学习委员和负责在线空间建设的智慧研修委员等组建班委会。

二是项目课程设计，包括研修课程目标、课程内容、活动方式、预期成效、评价方法等方面，这是指导研修实施的蓝图，也是保证研修效益的关键因素之一。可以通过项目统领下的模块化课程内容，任务驱动的混合研修活动，实现教师专业知识系统构建与专业素养持续提升。

三是在线空间规划。深度融合线上、线下研修活动，发挥空间优势，使教师通过多种途径获得不同的体验与收获。线上可呈现更多拓展资源，提供更多互动与展示机会；线下则提供更多的情感交流、疑问解答与技术指导等。

在线空间规划主要包括项目空间、模块结构、活动环节。中央电化教育馆的智能研修平台中"教研组—磨课/听评课—环节"三级模式，层次清晰、创建灵活，可自定义名称，能充分支持课程模块化与活动序列化，满足各类周期性项目研修在线空间建设的个性化需求（如图 2-15 所示）。按照研修课程合理设计在线空间，使周期内线上与线下研修活动高度混合、课程内容结构化展示、参与路径清晰呈现。同时，精心设计的空间名称和空间封面，能大幅提升在线研修空间的品质和辨识度。

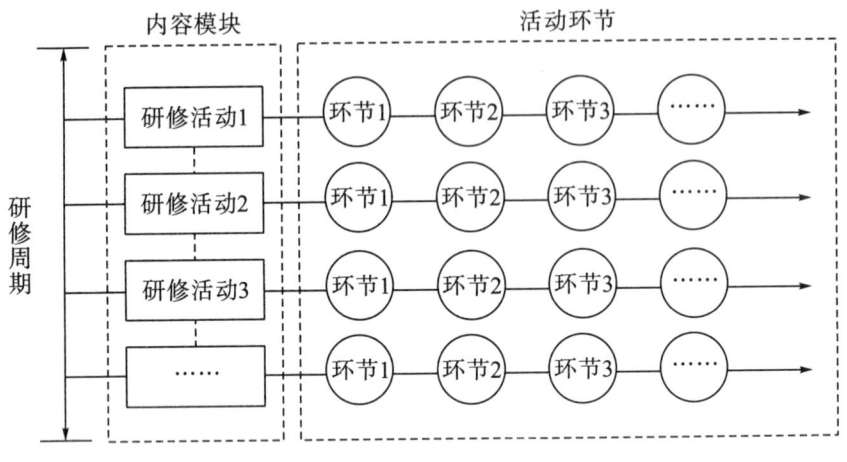

图 2-15　周期性在线空间内容模块与活动序列结构

3. 实施与改进

这一环节的重点是实践探索的活动，依托中央电化教育馆智能研修平台，创建在线研修空间，按照研修规划，有序开展混合研修活动。

（1）在线研修空间创建。一是研修项目大空间创建：进入智能研修平台，在"集体磨课"下的"教研组广场"中创建"教研组"，加入研修团队所有成员。二是课程模块小空间创建：进入项目大空间，匹配研修课程设计，在"磨课"中创建研修内容模块。

（2）智慧研修活动实施。基于在线研修空间"磨课"中的"环节"，进一步实现研修活动序列化推进。任务驱动下的"学习—研究—实践—展示"研修活动有以下四种类型。

混合项目学习：利用智能研修平台"磨课"中的"新建环节"创建"任务发布—学习资源—任务反馈"研修活动序列。①根据学习课程内容，线下设计项目学习任务单，整理学习资源。②线上发布任务单。③上传学习资源。④自主完成线上学习。⑤线上反馈任务。⑥线下交流心得。混合项目学习主要流程如图 2-16 所示。

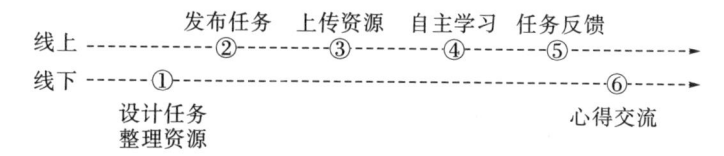

```
线上 --------发布任务--上传资源--自主学习--任务反馈-------→
              ②        ③        ④        ⑤
线下 ------①----------------------------------⑥-------→
        设计任务                            心得交流
        整理资源
```

图 2-16　混合项目学习主要流程

精准案例研磨：利用智能研修平台"磨课"中的"新建环节"创建"案例 1.0—案例 2.0—案例 3.0……"研修环节。①线下完成案例 1.0。②上传案例 1.0 开展线上诊断。③线下组织专家指导、小组共研等案例诊断活动，继续研磨案例。④完成案例 2.0。⑤上传案例 2.0 开展线上诊断。依此反复，通过持续多维的 AI 诊断、量表诊断、切片诊断、对比诊断等，实现优质案例孵化诊断精准化、过程可视化。精准案例研磨主要流程如图 2-17 所示。

```
线上 ----------案例1.0诊断----------------案例2.0诊断----------→
                   ②                         ⑤
线下 ------①---------------③---------------④-------→
        完成案例1.0      专家指导        完成案例2.0
                        小组共研
```

图 2-17　精准案例研磨主要流程

协作攻克任务：利用智能研修平台"磨课"中的"新建环节"创建"任务发布—团队 1 反馈—团队 2 反馈……"研修环节。①线下设计任务及成果模板。②线上发布任务。③线下团队协作完成任务。④⑤线上分组反馈任务。⑥线下组织研讨活动，交流经验，答疑解惑。协作攻克任务主要流程如图 2-18 所示。

```
线上 --------发布任务------团队1反馈----团队2反馈------→
              ②            ④           ⑤
线下 ------①---------③---------------------⑥-------→
        设计任务   协作完成任务              心得交流
        设计模板
```

图 2-18　协作攻克任务主要流程

双线展评成果：利用智能研修平台"磨课"中的"新建环节"创建"任务发布—全员展示—现场展示"研修环节。①线下完成任务。②上传研修空间进行全员展示。③线下组织遴选、评比活动。④现场展示交流代表性成果。⑤线上同步上传现场展示成果。双线展评成果主要流程如图 2-19 所示。

```
线上 ----------②------------------⑤----->
       线上全员展示          同步现场展示成果
线下 ----①--------③----------④----------->
     完成任务  组织遴选，  现场展示
              评比活动
```

图 2-19 双线展评成果主要流程

四种研修活动线上、线下环节是不固定的，可以根据研修活动具体设计与实施。教师通过持续深入的研修，实现理念认识水平、教育实践能力、思维方法品质及数字素养水平等专业素养协同提升。

4. 总结与提炼

这一环节是知行进阶的活动。一是总结反思，包括心得撰写、资源沉淀等。二是成果提炼，包括教师形成的教育教学观念与认识、实践技能与策略等，也包括形成的研修文化、研修模式、组织策略等，具体表现形式有优质案例、学术论文、课程资源等。通过"线上+线下"的成果展示，扩大交流范围，促进成果共享。三是效益反馈，包括学员研修效果评估、研修课程质量评价等。在线空间数据统计为研修评价提供了数据支撑，评价结果同时用于下一周期项目研修设计的优化与改进。

5. 应用与推广

这一环节是迭代创生的活动。学员研修结业后，运用新认识、新素养改造日常教育教学实践，发挥辐射引领作用，实现更大范围成果创生应用，推进学校和区域教育改革重点工作。同时，在线研修空间持续开放，沉淀的资源永久性共享，也在持续助力更大范围教师专业发展。

第三章 课例研究与课堂观察技术

第一节 课例研究技术

一、课例研究概述

(一) 全球视野下课例研究的三大流派

自 2006 年世界课例研究协会（World Association of Lesson Study）成立以来，课例研究已经成为一个相对独立的领域，目前形成了以日本的授业研究、中国香港基于变异理论的课堂学习研究、中国内地基于教研制度的行动教育为代表的三大流派[1]。

流派一：日本的授业研究[2]。在第三次国际数学与科学研究中，施蒂格勒认为：日本学生的高成就是因为日本教师在教学上的成功，而这种教学上的成功与日本的一种特殊的教学研究活动——授业研究（Lesson Study），也就是课例研究相关。日本授业研究的基本观点是：让教师走进自己的课堂同自己的学生一起做研究。授业研究由大学教授与学校教师合作开展，是"自愿者"组成的教学研究行动。授业研究的另一含义是"研究授业"（Study Lesson），即向社区开放学校和课堂，公开研究课。它的一个重要目标是改善教师与教师、教师与学生、教师与家长等人的关系，把教师的专业发展置身于"职场"之中，学校不仅仅是教的场所，也成为教师学的场所。日本的授业研究包括四个基本环节：中小学教师一起制定和撰写教案，实施教案，通过课后的研讨会议

---

[1] 杨玉东：《课例研究的再认识：作为改进课堂的有效研修方式》，《江苏教育》，2013 年第 7~8 期，第 25 页。

[2] 王晓玲、陈向明：《日本授业研究及启示》，《中国教师》，2011 年第 7 期，第 70~71 页。

讨论课堂中反映的情况，将获得的结论应用到日常的课程中。也就是"计划（Plan）—实施（Do）—检查（Check）—行动（Action）"四个循环的基本环节，如图 3-1 所示。

图 3-1　日本的授业研究环节

日本开展授业研究还进行了"计划—实施—检查—行动"的 PDCA 年度循环：一是建立一个以周年为周期的"宏观循环"，以提高日本的授业研究质量；二是基于一堂研究课的"基本循环"来提高课堂观察的能力；三是将课例融入"微循环"中，以更详细地设计教案。

流派二：中国香港基于变异理论的课堂学习研究[①]。香港教育学院成立了"院校协作与课堂学习研究中心"，受香港教育统筹局大额资助推行一个"优化课堂学习"计划，该计划致力于通过与学校紧密合作，促进课程改革的推行、提高教师的能力及转换思维、在各主要学习领域进行课堂学习研究等。该中心采用的课堂学习研究（Learning Study）是一套以变异理论为基础，通过行动研究方法来探讨并改善教与学的系统化过程。课堂学习研究是由教育学院导师和中小学启导教师、一般教师组成的一个群体。它以瑞典费伦茨·马顿及其同事发展的"变异学习理论"（Theory of Variation）为理论框架，发展出三个层面的变异，即"V1、V2、V3"（见图 3-2）。三个层面的变异不停留于理论，还运用在实践过程中：教师通过课前访谈、先导测试、前测等，获知学生的见解，并作分析（V1）；教师间通过分享见解学到更多的教学处理方法（V2）；而依据变异图式的指引，教师尝试创设恰当的学习情境，帮助学生从中审辨学习内容的关键特征，让学习从"泛而浅"转为"精而深"（V3）。

[①] 卢敏玲、唐田：《课堂学习研究：教师专业发展的平台》，《江苏教育研究》，2009年第5A期，第13页。

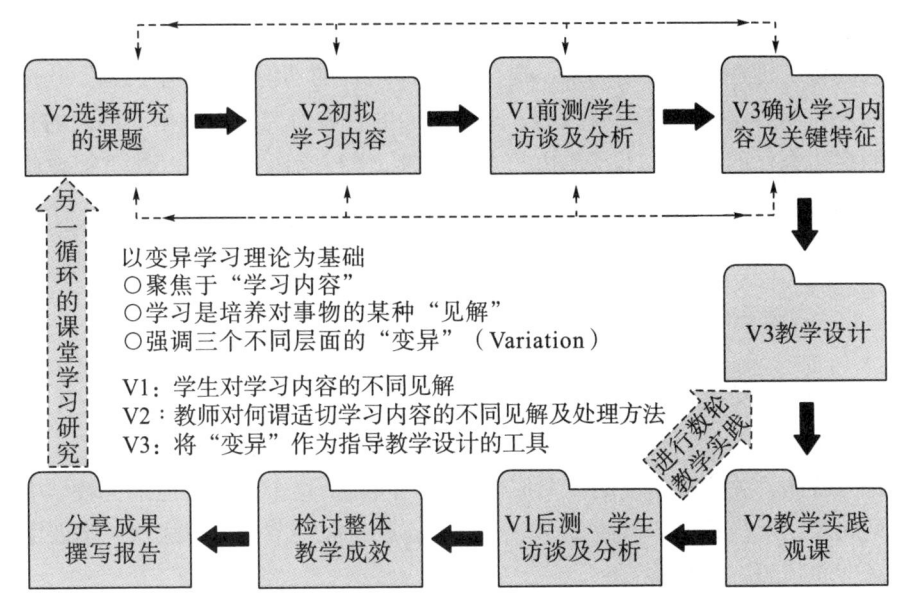

图3-2 中国香港基于变异理论的"课堂学习研究"基本流程

流程要点：
- 以变异学习理论为基础
- 聚焦于"学习内容"
- 学习是培养对事物的某种"见解"
- 强调三个不同层面的"变异"（Variation）

V1：学生对学习内容的不同见解
V2：教师对何谓适切学习内容的不同见解及处理方法
V3：将"变异"作为指导教学设计的工具

主要环节：V2选择研究的课题 → V2初拟学习内容 → V1前测/学生访谈及分析 → V3确认学习内容及关键特征 → V3教学设计 → 进行教学实践 → V2教学实践观课 → V1后测、学生访谈及分析 → 检讨整体教学成效 → 分享成果撰写报告 → 另一循环的课堂学习研究

流派三：中国内地基于教研制度的行动教育①。行动教育体现了重视教师群体行动智慧的理念，从早期的教学经验筛选，到构建"让教师在教育行动中成长"的模式（见图3-3），然后将此理念推广于校本研修活动，先后历经20余年。

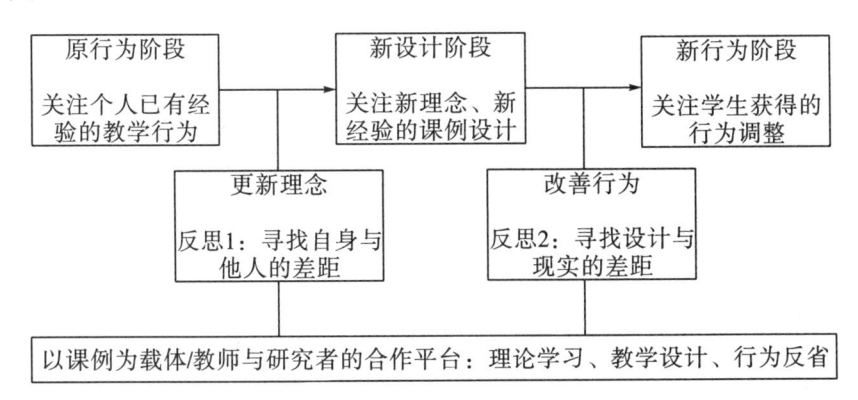

图3-3 中国内地基于教研制度的行动教育

原行为阶段：关注个人已有经验的教学行为
新设计阶段：关注新理念、新经验的课例设计
新行为阶段：关注学生获得的行为调整

更新理念——反思1：寻找自身与他人的差距
改善行为——反思2：寻找设计与现实的差距

以课例为载体/教师与研究者的合作平台：理论学习、教学设计、行为反省

行动教育的要点："主体悟性"——行动教育引入了科学认识（假说检验）

---

① 顾泠沅、王洁：《教师在教育行动中成长——以课例为载体的教师教育模式研究》，《全球教育展望》，2003年第1期，第45~46页。

的模式，使之与行为反馈机制同时进入工作流程，注重通过"改进自我"，把行为改善与理性思考联结起来，提高其教师教育的功能；"专业引领"——表现为来自实践层面的有经验教师、理论层面的专业研究人员和中介层面的教研员的多边合作的引领，不是单边的专家引领；"行为跟进"——注重把教师在实践和讨论后产生的新经验、新理念不断体现在课堂教学实践中，是一个持续改进的循环过程。

（二）课例研究的基本主张

1. 以课为例讲道理

课例研究不仅仅是研讨怎么上好一节课，而是"以课为例讲道理"，以一节课为载体，关注教学中的一个值得研究的问题，这个问题可能来自教学中的常见问题、困扰难点、课改理念……带着问题研究一节课，形成这一类课中的共通性问题的解决策略。

2. 通过课堂观察技术收集证据

课例研究强调围绕教学的关键点开发课堂观察工具，组织课堂观察，坚持教师之间、师生之间平等交流对话，坚持基于课堂观察取得的数据、证据发表自己的观点，促进课堂教学行为改进，而非简单的批评、指责。每个教师都是参与者，各自在所关注、观察、分析的领域有收获，平等交流，相互尊重。

3. 建立一种研修生态

课例研究的过程有主题、目标、方法、积淀，把聚焦的问题贯穿研讨和改进过程、把集体目标和个人目标结合（分工合作）、运用技术手段来突破经验的局限、提炼不同阶段的理性认识和观点，让全体参与课例研究的教师相互交流、学习，形成"教研—科研—培训"三位一体的研修生态。

4. 时刻关注教学的本质

教学有四个要素，包括教师、学生、内容和情境。在课例研究中，一是要关注教师和学生教与学的行为，特别是通过学生的学习行为反观课堂教学的有效性；二是关注教学情境、教学过程的组织实施；三是关注学科本质的体现，从本学科的特殊性出发，思考反映学科背后的基本观念、基本思想、基本方法。

二、四元分析法——课例研究的成都高新区经验

成都高新区构建的"四元分析法"，着眼于教师研究力的整体提升，构建

了基于课堂观察和学习本质的"目标—条件—过程—结果"四元分析法，建立的全套框架、规程、方法、工具，有效突破了原有基于经验的"课例研究"，抓住"使动、能动、主动、灵动"四个着力点，构建了由区域、教师、学校三个主体，对象层、行为层、目标层三个维度构成的区域推进模型；探索出推动四元分析课例研究的 SIP 远程联动研修模式、跨学段和学科的协作研修模式等 8 种组织实施模式。

（一）什么是四元分析法

四元分析法是基于传统的"重点、难点、关键点"分析，发展形成指向"教学目标、教学条件、教学过程、教学结果"四个凸显课堂本质的要素，以课堂观察技术作支持的课例研究方法（如图 3-4 所示）。

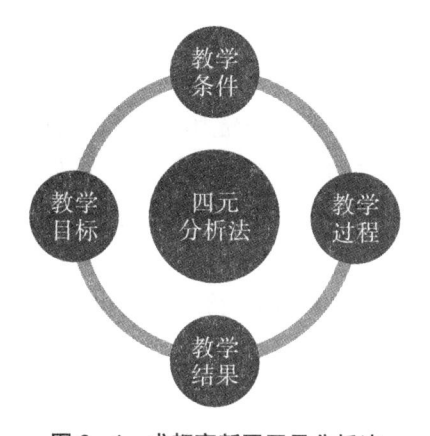

图 3-4 成都高新区四元分析法

从研究内容上看，本研究模式把目光聚焦于教学目标分析、教学条件分析、教学过程分析和教学结果分析四个方面。其中，教学目标分析和教学条件分析作为备课活动的准备阶段，放在上课前进行。教学目标分析主要从课例研究的主题设定、教学内容所对应课程体系分析、学习目标的设定、学习重点的设定四个角度进行研究与分析，科学、合理地设定课堂教学的目标；教学条件分析是对为了达成教学目标应该具备的条件和现实条件进行分析，以确定教学的起点、终点和难点，包括对班级和学生的基本学情、学生对达成教学目标已经具备的知识和能力、在学习过程中可能遇到的困难进行分析，以及教学重点内容在教学过程中可能的呈现方式和处理方式预设；教学过程分析主要根据课堂观察技术，对教学过程中的课堂结构、教学关键事件、教学任务的认知水平、学生行为等方面进行分析，以研究教学活动的组织和实施情况；教学结果分析体现以学论教，通过查阅学生学习工作单（课堂笔记、学案等）、组织前后测和学生访谈来进行。

从实施过程上看，该研究模式针对每一节课，把参与课例研究的教师分成教学目标分析组、教学条件分析组、教学过程观察与分析组、教学结果测试与分析组，根据每组的研究内容开展研究、观察、分析和形成教学改进意见。

从研究的聚焦点上看，重点在于科学地设定教学目标，并从学科本质上去看教学目标的达成过程与达成结果，特别关注教学中的重点、难点问题的认定是否准确、学科本质内容的教学逻辑是否科学、教学结果是否达成学生对学科本质问题的理解三个方面。

（二）四元分析法的基本主张与实践取向

1. 基本主张

（1）教师课堂研究力是由分析力、观察力、评估力、反思力构成的综合研究能力，课例研究是提升教师课堂研究力的关键突破口。

（2）基于课堂观察的"目标、条件、过程、结果"课堂要素的四元分析法，是突破原有基于经验的"课例研究"和基于互动次数等行为的课例研究有效途径。

（3）四元分析法突显学情和教学内容两个关键属性，能有效促进教学方式转型和教学行为改进。

2. 实践取向

四元分析法有三种实践取向，见图3-5。

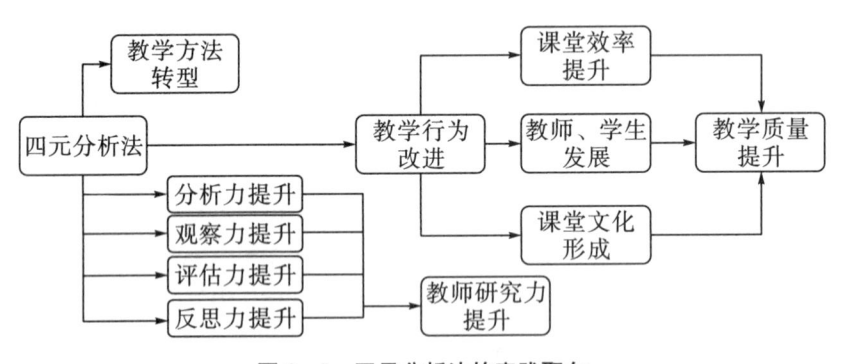

图3-5 四元分析法的实践取向

促进教师研究力提升取向：通过各种课堂观察技术的运用提升教师的观察力，通过对四个维度数据进行查阅、观察、归纳、综合提升教师的分析力，通过对观察数据进行对比、判断提升教师的评估力，通过观察别人反思自己提升教师的反思力，从而达成教师研究力的整体提升。

促进教学方式转型取向：通过关注学情、学生行为、师生的教学反馈、学生语言流动、学习结果等，促进教学方式从教师主体向学生主体转型；通过关注分析教学内容、科学设定教学目标，从学科本质上去看问题结构、关键事件、前后测等教学目标的达成过程和结果，促进教学方式向深度学习转型。

促进课堂教学行为改进取向：通过系统运用四元分析法，发现课堂教学中呈现的问题，准确、及时改进课堂教学行为，促进课堂教学效率提升、师生互动发展和良好课堂文化形成，从而带动教学质量整体提升。

（三）四元分析法的技术规程

四元分析法的技术规程如表3-1所示。

表3-1 四元分析法的技术规程

维度	项目	能力指向	分析要点
教学目标分析	课程及教材分析	（1）促进教师系统研读、分析课程标准、考试说明 （2）促进教师把握学科本质 （3）促进教师从宏观上把握教学内容，从微观上吃透教材	（1）从学科课程体系上分析教学内容在各学段的分布情况、在各年级的分布情况及具体要求，在本教学单元中去看它的地位和作用 （2）从学科本质上分析教学内容中包含哪些学科思想、方法、知识、相互关系 （3）重点指向的学科素养有哪些
	学习目标设定	（1）对教学起点、终点的把握能力 （2）科学设定教学目标 （3）远程教学目标设定的差异性	（1）以学生为主体进行学习目标的设定 （2）利用行为动词把课程目标转化为课堂目标，让学习目标具有层次性、可操作性、可检测性 （3）本地与互联网远端学生学习目标设定的差异性
	学习重点设定	对教学重难点的掌控能力	（1）根据课标和学生年段特点设定教学重点，保证在时间、流程、互动方式等方面突出重点 （2）根据学习重难点，预设在开放的课堂中对应关键事件的可能呈现方式

续表

维度	项目	能力指向	分析要点
教学条件分析	学情调查	(1) 树立以学定教的观念 (2) 与学生的交流能力 (3) 远程教学条件下远端学生的学情对教学的影响	(1) 通过访谈，了解班级学生个性特点、群体学习特征 (2) 了解学生成绩分布情况和座位表 (3) 了解个别学生的特殊情况 (4) 关注互联网远端学生学情
	媒体条件分析	常规媒体和现代信息技术的运用能力	5类媒体（板书与PPT、教具与学具、平板与手机、智慧教室、远程教学系统）的软硬件功能、特性分析与筛选
	达成目标的条件分析	(1) 坚持以学论教 (2) 教学起点、终点、重点、难点等教什么的问题 (3) 教法的选择能力	分析学生"五知"——已知、未知、能知、难知、想知。以能知的起点作为教学的起点，以难知的终点作为教学的终点，不能知的内容不在本节课中学习；对学生想知和不想知的，分析用什么方法让学生知道；教学中真正的难点在哪里
教学过程分析（教师）	课堂结构观察与分析	(1) 对课堂教学理念的体现能力 (2) 对课堂结构顺序、知识内容顺序、学生认知水平的调控能力 (3) 对时间、节奏的把握能力 (4) 突出重难点内容的能力	课堂结构是指一节课的组成部分及各部分之间的联系、顺序和时间分配 **观察**：按教学进程记录主要环节起止时间—总结各环节的名称—梳理各环节的层次关系—梳理环节间的逻辑关系，形成结构图 **分析**：分析课堂流程、教学内容顺序、学生认知水平、时间分配的合理性
	问题结构观察与分析	(1) 一级问题是否对应教学目标 (2) 二级问题逻辑是否清晰，能否促进一级问题的解决 (3) 三级问题是否有效突破难点	问题结构是指在问题驱动的教学中，各教学问题间的相互关系 **观察**：一级、二级、三级问题的记录—各级问题层次关系梳理 **分析与评估**：问题的总数、类别、层次、提出方式、内容，问题的相关关系
	媒体呈现观察与分析	常规媒体与现代信息技术与教学整合能力	媒体呈现是指5类媒体（板书与PPT、教具与学具、平板与手机、智慧教室、远程教学系统）的呈现 **观察**：呈现时间、时机、方式、内容 **分析与评估**：是否有效激发学习兴趣、突破难点、提升学习效率、完成常规教学无法完成的教学任务

续表

维度	项目	能力指向	分析要点
教学过程分析（学生）	语言流动观察与分析	（1）教师是否以学生为主体 （2）教师是否关注了全体学生 （3）教师是否调动了学生学习主动性	学生语言流动指在一节课中，学生回答问题的顺序、主动性、区域分布等情况 **观察**：座位表——学生答问记录 **分析与评估**：回答问题总数分析、主动回答与被动回答比例分析、回答问题的区域分布分析、重复回答问题学生分析
教学过程分析（学生）	学生行为观察与分析	（1）通过关键环节中学生行为反观课堂教学有效性 （2）发现学生学习过程中真正的难点和智慧闪光点 （3）了解学生真实的学习、思维过程	学生行为指学生围绕教学活动呈现的、可观察的肢体行为和语言行为 **观察**：群体行为观察—个体行为观察。观察点选择—观察环节选择—观察层面确定—观察与记录 **分析与评估**：参与度分析、参与深度与广度分析、思维过程分析、学科本质分析
教学过程分析（互动）	远程互动行为	通过远程教育技术，根据教学互动的触发和发展情况，反观教师远程教学能力	**观察**：①远端学生的学习行为；②本地学生与远端学生的互动行为；③教师与远端学生的互动与教学反馈行为 **分析与评估**：参与度、参与深度与广度
教学过程分析（互动）	教学反馈观察与分析	（1）教师应对学生回答的方式和能力 （2）课堂教学的应变能力 （3）调控课堂结构的走向能力	教学反馈是指学生回答问题后，教师回应的方式和内容 **观察**：提问的方式及内容—学生应答方式及内容—教师回应方式及内容—教学反馈的频次 **分析与评估**：教学反馈的频次分析、问题的层次分析、教学反馈的方式分析、教学反馈的内容分析
教学过程分析（互动）	关键事件观察与分析	（1）将教学目标与教学事件建立关联的能力 （2）教学关键事件的判断能力	教学关键事件是指决定着教学成败的教学事件，通常对应教学目标的达成、教学重点的突出、教学难点的突破 **观察**：学习目标记录——一对一关键事件记录——对多关键事件记录—关键事件中教学行为记录 **分析与评估**：教学事件与目标对应关系、教学事件间的关系、教学事件的学科本质、目标达成度

续表

维度	项目	能力指向	分析要点
教学结果分析	前后测策略及分析	(1) 通过前测确定教学起点，通过后测确定教学的增量 (2) 通过教学结果反观教学过程的有效性	前后测指在课前、后对学生具备的知识和能力进行测试，确定教学的增量 **测试**：试题的编制方法—测试方法 **分析与评估**：教学起点分析—学习目标的达成情况分析—教学增量分析—学生学习心理分析
	工作单观察与分析	让学生的思维过程可视化，基于证据，推理学生的思维过程	工作单指学生的课堂笔记、学案等在课堂完成的记录 **要点**：①通过学生学习过程中的记录、练习，反观教学的有效性；②关注学生的学习和思维过程
	教学结果的即时反馈	(1) 师生的信息素养 (2) 实施精准教学的能力	教学结果的即时反馈指在教学过程中加入测试，利用信息技术手段（如智慧教室、反馈器等），即时统计和分析教学结果 **要点**：群体学习结果监测、统计，个体学习结果监测、呈现；学习结果即时反馈；结果的即时运用
会议组织	会议组织策略	(1) 提高教研组活动的针对性和实效性 (2) 教学反思能力	**会议组织**：围绕研修主题组织和导向；坚持以课堂观察的事实发表观点，按"看到了什么—说明了什么—原因是什么—如何改进"的逻辑发表意见 **小组汇报**：教学设计组说课—前、后测组进行数据分析—教师行为组分析—学生行为组分析—课堂实录组汇报—专家点评 **形成改进意见**：综合各小组的分析，形成改进意见和研修主题的结论

（四）基于SOLO分类评价法的四元分析法技术规程

SOLO分类评价法是一种以等级描述为基本特征的质性评价方法，由澳大利亚学者约翰·比格斯教授创建。此方法把学生的认知水平划分为五个层次：前结构层次——学生基本上无法理解问题和解决问题，或者被材料中的无关内容误导，回答问题的逻辑混乱，或同义反复；单点结构层次——学生在回答问题时，只能涉及单一的要点，找到一个解决问题的线索就立即跳到结论上去；多点结构层次——学生在回答问题时，能联系多个孤立要点，但这些要点是相互孤立的，彼此之间并无关联，未形成相关问题的知识网络；关联结构层次——学生在回答问题时,能够联想问题的多个要点,并能将这多个要点联系起来,整合成一个连贯一致的整体,说明学生真正理解了这个问题;拓展抽象结构层次——学生在回答问题时,能够进行抽象概括,从理论的高度分析问题,而且能够深化问题,使问题本身的意义得到拓展。

我们把 SOLO 分类评价法应用于四元分析法的课例研究,基于如下构想:首先,建立 SOLO 分类评价法认知层次与认知领域行为动词之间的联系,并以此为依据把课程目标中知识与能力目标转化为可观察的、具有不同认知水平的课堂目标;其次,在课堂教学中对教师提出问题的认知水平进行认定,并对教学行为导致的学生认知水平的保持和下降情况进行观察与分析;最后,利用 SOLO 分类评价法编制的后测试题或访谈问题,对学生习得的知识、能力结果进行检测(见图 3—6)。

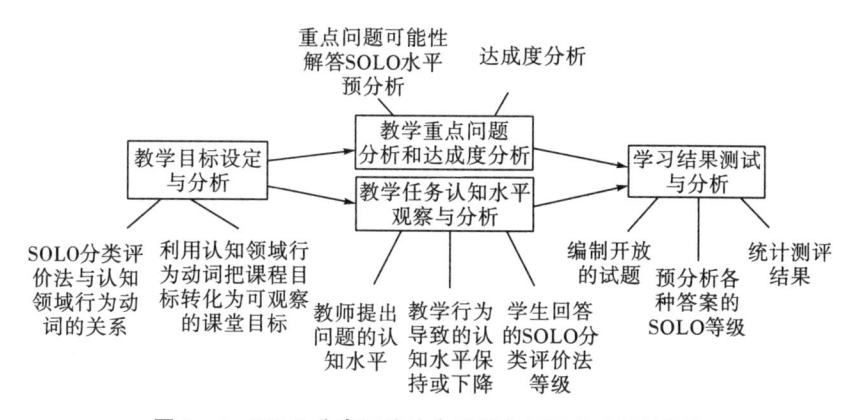

图 3—6 SOLO 分类评价法在四元分析法中应用的框架

1. 教学目标设定与分析要领

建立与 SOLO 分类评价等级与认知领域可观察的行为动词的对应关系,再通过这些行为动词把课程目标中的知识与能力目标转化为课堂目标,这样,我们就可以利用课堂观察技术在观课过程中,对这些可观察、可检测的课程目标的达成情况进行观察与分析,并以此来判断学生认知水平的高低及其变化。SOLO 分类评价法应用于教学目标设定如图 3—7 所示。

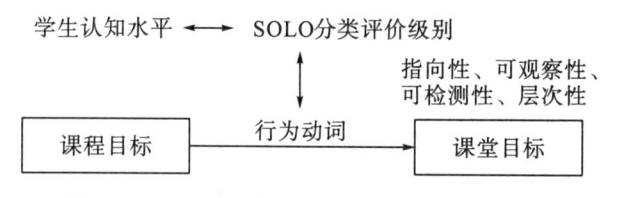

图 3—7 SOLO 分类评价法应用于教学目标设定

SOLO分类评价等级与认知领域可观察的行为动词（见表3-2）。

表3-2　SOLO分类评价等级与认知领域可观察的行为动词

SOLO分类	前结构层次	单点结构层次	多点结构层次	关联结构层次	拓展抽象结构层次
相关的行为动词	不能回答、不能说明原因、次序混乱、同义反复……	背诵、复述、回忆、默写、听写、画出、写出、指明……	罗列、总结、阐明、简述、归纳、解答……	描述、区分、区别、划分、解释、比较、判断、选择、筛选、找出、说明、证明、概括、质疑、审出、计算、运用……	创造、整合、撰写、试论、评价、拟定……

2. 教学任务认知水平观察与分析要领

（1）观察要点：其一是教师布置的任务是高认知水平的任务还是低认知水平的任务；其二是在完成这个教学任务的过程中，所用的教学手段导致了学生认知水平的保持还是下降。导致学生认知水平变化的教学行为观察与分析点如表3-3所示。

表3-3　导致学生认知水平变化的教学行为观察与分析点

认知水平	认知水平保持	认知水平下降
相关的教学行为	• 搭脚手架 • 提供监控方法 • 示范 • 维持强调 • 给予的任务在学生能力基础之上 • 频繁建立联系 • 适量时间	• 降低程度 • 包办 • 重点转移到答案的正确性与完整性 • 时间不足或时间过多 • 课堂管理问题 • 给予任务不恰当 • 使学生对结果或过程不必负责

（2）观察过程：教学设计中SOLO分类评价的预分析—实际呈现的教学事件中教学问题的SOLO等级水平记录—学生认知水平的变化记录。

利用课前提供的教学设计，进行SOLO分类评价的预分析，在观课过程根据实际呈现的教学事件，用简单的符号记录教师提出问题的SOLO等级水平，用一系列数字记录每个微教学片段中学生认知水平，并把这些数字连接起伏的折线，来判断学生认知水平的变化。

（3）应用要点：对教学任务认知水平的预分析、教学任务认知水平的保持分析、学生认知水平变化、导致学生认知水平变化的教学行为观察与分析点。

对教学任务认知水平的预分析：课前对教学设计中教师准备提出的问题进行预分析，根据SOLO分类评价法，确定该问题的认知水平等级；分析学生回应本问题的各种可能性，并用 SOLO 分类评价法对各种可能性进行认知水平等级认定。

教学任务认知水平的保持分析：在教学过程中，观察教师为解决这个问题所采用的教学手段，并记录这些教学手段呈现的顺序，以判断教学行为是保持了学生的认知水平，还是导致了学生的认知水平下降。

学生认知水平变化：根据预分析中对问题回答的可能性分析，教学过程中记录学生实际回答问题的结果，以及这些结果呈现的顺序，判断学生认知水平的变化，结合教师的教学行为认知水平的保持分析，判断教学行为的有效性。

3. 教学重点问题预分析和达成度分析要领

拟定 1～3 个教学中的核心教学问题，由教师在课前对学生可能作出的应答进行预估，并根据 SOLO 分类评价法对这些应答进行分类，在教学过程中观察学生的实际应答情况，判断通过教学活动后，学生的认知所达到的水平。

【案例】中学语文散文教学中重点问题的 SOLO 分析

SOLO 分析如表 3-4 所示。

表3-4 中学语文散文教学中重点问题的SOLO分析

班级人数：56人　　　　　　　　　　　　　　　　　　　　　　　日期：2013年12月18日

课题	《那树》					
问题	项目	学生问题回答SOLO分析				
		1.前结构层次	2.单点结构层次	3.多点结构层次	4.关联结构层次	5.抽象拓展结构层次
前测：1. 你对《那树》这篇散文还有无印象？你都了解些什么？你认为这篇散文主旨是什么？ 2. 你对《那树》这篇散文学习有哪些困惑和期盼？ 后测：1. 通过对《那树》这篇散文的再学习，①你又新了解了什么内容？②它们有何内在联系？③结合现实生活，你有何新感悟？ 2. 通过对《那树》这篇散文的再学习，①你有无新收获？②解决了哪些困惑？③实现了哪些期盼目标？	前测	11	45	0	0	0
	后测	0	56	56	22	15
	对比分析	-11 -19.6%	+11 19.6%	+56 100%	+22 39.3%	+15 26.8%
						+4 7.1%
结论	新收获：总体收获大 学生：通过对《那树》的再学习，56人都对文章主旨认识更深刻，价值观得到很好发展。其中22人文法掌握较好，学会了纵横关联分析；15人能联系思考，提高了运用所学知识解决问题能力。 老师：通过散文的成功教学，积累了丰富的文本解读策略经验，在第二轮教学中已能运用问题（SOLO分析法）引领教学。研究者：通过两轮研究对比（问题）的设计必须具有一致性才能对比分析。学会了SOLO结构分析法，了解了四元分析课例研究完全过程。	思维层次变化：感知→体会→拓展应用；主旨→文法→主旨以致用，现实思考、解决问题；局限在《那树》一文多点，由树及人、社会、文明→关联拓展抽象（树与人共存→自然与社会文明共存发展→保护与发展并重→可持续发展）				

备注：问题尽量开放，按项目统计人数与班级人数比例填写。

4. 学习结果测试与分析要领

学习结果分析主要使用三种方法：工作单分析、前后测及分析、访谈及分析。

课例研究中，前后测时间一般只有5~10分钟，如何用最少的试题测出学生的思维水平，并以此判断课堂教学的有效性？我们可以在前后测试题中设计一道试题，并对该试题学生可能作出的各种回答用SOLO分类评价法进行预分析，前后测完成之后进行对比分析并作出评判。

重点环节的应用要点：①选择的试题要具有开放性和适当的难度。开放性的试题才能产生开放性的答案，我们才可能通过SOLO分类评价法对答案所对应的学生认知水平进行分级；对有适当难度试题的不同解答过程和完成度的分析，才可能检测出学生可能达到的认知水平的层次。②用SOLO分类评价法进行前后测结果的统计。前后测均统计全班学生达到各层次的人数和百分比，判断学生在达成本节课各个教学目标时已经具备的认知水平。

【案例】利用SOLO分类评价法进行后测及分析

题目：不等式 $a \leqslant (x-1)^2 + (y-1)^2 \leqslant b$ 所表示的平面几何图形可能是？

答题分析：本题是一个综合性很强的开放性题，也是本次我们用来作SOLO分析的题。

分析报告如表3-5所示。

表3-5 后测题SOLO分析

层次	前结构层次	单点结构层次	多点结构层次	关联结构层次	抽象拓展结构层次
答案要点	1. 不相关 2. 空白	圆	圆环	圆环与"圆、单点、圆及圆内部、不存在"中的1~2项	圆环、圆、单点、圆及圆内部、不存在5种情况讨论完全
人数	12	4	12	9	5

从表3-5中看出本班最高思维层次已经达到了抽象拓展结构层次！

检测反思：本题只是SOLO分析的一个尝试，之前我们过分关注"量"的结果，其实SOLO分析结果是用来反映本堂课学生思维到达的最高层次。

第二节 课堂观察技术

一、课堂结构观察与分析技术

课堂结构是指一节课的组成部分，以及各部分之间的联系、顺序和时间分配。

（一）观察记录方法

（1）记录教学进程。按"034321"（表示3点43分21秒）的方式记录主要环节的起止时间。

（2）总结环节名称。按观课者对本环节意义的理解，总结各环节的名称。

（3）梳理层次关系。梳理一级环节、二级环节、三级环节，形成层次关系。

（4）梳理课堂结构。梳理各环节之间的逻辑关系，形成课堂结构图。

（二）分析技术

（1）分析课堂流程顺序：从整节课的教学方法的应用上分析课堂教学流程顺序及各环节时间分配上的合理性，以本节课为例进行教学建模。

（2）分析教学内容：教学内容的安排是序列方式呈现、并列方式呈现，还是交叉方式呈现；教学内容是否按学科知识能力由低到高、由已知到未知的顺序呈现。难点内容是先总后分，还是先分后总。

（3）分析学生认知水平：各大环节是否按学生的认知水平由低到高进行发展。一般要求按布鲁姆的认知学习领域六大目标层次顺序进行教学呈现，学习过程中学生的认知水平是保持还是下降。

（4）分析时间分配的合理性：教学重点是否突出，教学难点是否有充足的时间来突破，各教学目标是否有对应的教学环节支撑，是否有教学目标以外的教学行为大量占用了教学时间。

【案例】"圆的周长"课堂结构及分析

从课堂结构上看（见图3-8），该课采用了"导、学、评、练"的结构，这样的结构对于优等生而言可以轻松完成每个环节的认知目标，但学困生能否有效掌握知识，还有待进一步测评。

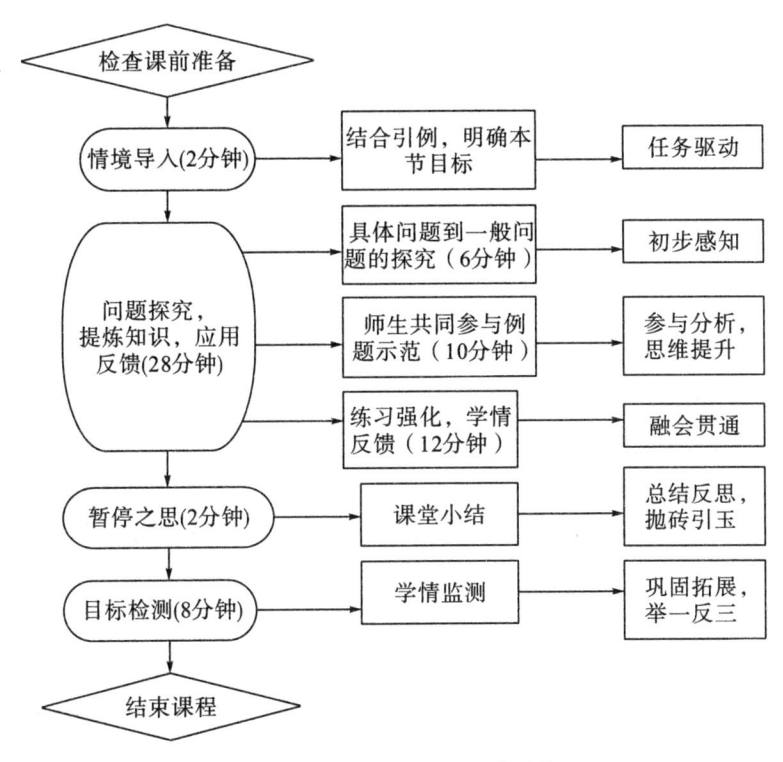

```
检查课前准备
   ↓
情境导入(2分钟) → 结合引例,明确本节目标 → 任务驱动
   ↓
问题探究,     → 具体问题到一般问题的探究(6分钟) → 初步感知
提炼知识,应用  → 师生共同参与例题示范(10分钟)   → 参与分析,思维提升
反馈(28分钟)   → 练习强化,学情反馈(12分钟)     → 融会贯通
   ↓
暂停之思(2分钟) → 课堂小结 → 总结反思,抛砖引玉
   ↓
目标检测(8分钟) → 学情监测 → 巩固拓展,举一反三
   ↓
结束课程
```

图 3-8　"圆的周长"课堂结构

从结构的时间分配来看,在第二个板块上用的时间是 28 分钟,完成了"从实例中抽象出二元一次不等式(组)——在坐标平面内表示二元一次不等式——在坐标平面内表示二元一次不等式组的平面区域"的学习过程,呈现了新课标中对知识认知的螺旋式上升。这一板块中教师通过"具体问题——一般问题"的方式对新知进行了探究,用时 6 分钟,得出探究结论后师生共同对例题进行分析,用时 10 分钟,然后学生进行练习强化,用时 12 分钟。

第三个板块主要完成的是小结本课的任务,用时 2 分钟;第四个板块是目标检测,用时 8 分钟。在本节课开始,教师给出本节课的学习目标,所以在最后教师利用"达标训练"对本节课的目标完成度进行检测,同时也给出思考题,为下节课埋下伏笔。

结合教学结构分析,建议板块划分保持原样,在每个板块时间分配上适当调整,特别是第二板块的"具体问题到一般问题的探究"可以适当给予学生较多的思考时间,以便改善"教师——学生"这种单一的问题流向状况。学习目标的检测需要依赖于练习,如果练习既能解决涉及本节知识点的问题,又能将这种"情境中的数学问题的转化与解决"能力延伸,就能减少学生模仿的痕迹。

二、问题结构观察与分析技术

大多数教学中，教学是以问题驱动的，一节课中各个教学问题（提问、反问）间的相互关系就是问题结构。

（一）观察记录方法

（1）一级问题与二级问题的记录。通过查阅教学设计，形成预设的一、二级问题，在观课活动中，根据实际呈现的问题，对一、二级问题进行修改。

（2）三级问题的记录。三级问题通常在教学活动中师生互动最激烈的环节上呈现，其内容指向教学的关键点和难点。由于互动过程通常很快，观课者只能记录三级问题呈现的时间、频次和问题要点，课后对照课堂实录进行重新整理。

（3）梳理问题间的逻辑关系。梳理一、二、三级问题的逻辑关系，包括并列关系、递进关系、矩阵关系、总分关系、维恩关系、对比关系、因果关系、层级关系、循环关系等。

（二）分析技术

（1）分析一节课呈现的问题总数。一节课合理的的问题总数以不超80个为宜，一级问题一般为3~5个，每个一级问题下的二级问题一般为3~6个，每个二级问题下的三级问题一般为0~6个。

（2）问题的类别分析。可以按教学组织问题、教学内容问题、教学任务问题、与教学无关的问题四类统计，也可以按事实性问题、经验性问题、创造性问题、评价性问题四类进行统计，还可以按肯尼斯·莫尔对问题的分类方式进行统计与分析。帮助教师减少教学中的无关问题、突出教学任务问题和教学内容问题。

【案例】肯尼斯·莫尔提问类型划分的实例分析

（1）2011年诺贝尔物理学奖由谁获得？（单一解答问题。只允许有一个正确答案。）

你认为谁是2011年最伟大的科学家？（多重解答问题。）

（2）上周我们学习了李白哪几首月亮诗？（事实性问题。靠学生回忆具体信息作答。）

上周我们学过的几首李白的诗中,哪一首是表达诗人思念家乡的?(经验性问题。要求学生融合和分析自己记住的或者别人提供的信息,然后提供具有预见性的答案。)

上周我们学过的几首李白的诗,分别表现了什么诗歌意境?(创造性问题。开放性的,并非拥有一个正确答案。它要求学生充分利用自己的想象,创造性地思考,然后得出独特的答案。)

你更喜欢上周所学李白的月亮诗中的哪一首诗表现的意境?为什么?(评价性问题。要求学生做出评判或者赋予某个事物以价值判断。它也是开放性的,比创造性问题更难回答。)

(3) 实验过程中,请注意沉淀的颜色和状态如何?(聚焦式问题。将学生的注意力集中在课程或正在讨论的问题上。)

钠投入硫酸铜溶液可能发生哪些反应?黑色沉淀的成分可能是什么?(提示性问题。使用暗示或者提示来帮助学生回答问题或者帮助他们找到正确的答案。)

你能把你的观点解释一下吗?你这样说的理由是什么?(探查性问题。帮助学生对初步的回答进行更深入彻底的思考。)

(3) 问题的层次分析。用不同层次的提问方式改变课堂结构及问题结构。

分析要点:一级问题是否直接指向教学目标或教学重、难点,是否有足够的难度,是否有足够的启发性。二级问题之间是否有递进关系,是否能用于相互比较,是否有助于学生思维的提升;二级问题中的各个问题连接起来,是否能有效地解决一级问题。对三级问题的分析重点放在提问的时机、方式上是否合适,是否有助于教学内容关键点突破的分析;问题本身的层次是如何影响课堂结构及问题结构的。

【案例】"圆的周长"问题结构分析(节选)

本节课一级问题1个,圆的周长与直径有什么关系?从一级问题的设置看,能针对目标,指向性强,统领这个课堂。二级问题有4个,能较好支撑一级问题,步步跟进,层层深入,为学生探究规律搭好脚手架,促进达成教学目标。三级问题有55个,相对而言问题数量较多,比较细,其中有的问题是无效的。三级问题的层次性不够明显,有时有重复,问题琐碎,学生不知道该怎么回答。

从问题封闭与开放来看,设计得比较好。有24个开放性问题,占40%;

有 36 个封闭性问题，占 60%。教学的问题设计注重培养学生的思维，经常问"你怎么想的""它的思路怎么样"。

从问题价值角度来看，设置得非常好。事实性问题有 22 个，约占 37.0%；经验性问题有 11 个，约占 18.0%；创造性问题有 14 个，约占 23.3%；评价性问题有 13 个，约占 21.7%。从中可以看出，教师关注了优、良、中、差各个层次的学生，让每个学生都有收获。

学生在课堂上相互补充、完善比较少，也没有看到学生提出合理的质疑。学生只是为了完成老师的任务，没有看到学生提出自己关心的问题，比如：圆周率为什么是 3.14？为什么研究周长与直径的关系，研究周长与半径的关系行不行？

三、教学关键事件观察与分析技术

教学关键事件是指决定着教学成败的教学事件，通常指对应教学目标的达成、教学重点的突出、教学难点的突破的教学事件。

（一）观察记录方法

课前确定准备观察的 1 条或多条学习目标（或学习重点、学习难点）。

尽可能完整地观察与记录教师为达成这个学习目标所呈现的一系列教学事件。记录内容主要包括每个教学事件的起止时间、提出的问题、教学反馈要点、师生互动情况、学生行为等内容。

（二）分析技术

（1）教学事件与目标对应关系分析。是否有对应的教学事件来达成本教学目标，是否有教学目标对应的教学事件呈现太多或太少、时间分配不当，是否有教学事件不针对任何教学目标。

（2）教学事件间的关系分析。为达成某教学目标如果呈现了多个在不同时段的教学事件，则需要分析这些教学事件间的相互关系是递进关系、平行关系，还是综合的关系，有无清晰的逻辑联系；这些教学事件之间是如何有效连接的。

（3）教学事件的学科本质分析。从学科思想、学科方法、学科知识三个维度分析几个教学事件，力求从学科本质找到这些教学事件与达成教学目标间的关系。

（4）目标达成度分析。根据学生行为观察、学生工作单完成情况，分析这些教学事件是否实现了学习目标。

【案例】"光的折射与反射"教学关键事件分析

本节课的"教学目标一——理解折射定律"对应有两个关键事件：复习旧知环节，用了3分钟达成折射定律的前两条（初中内容）；实验探究用了12分钟，达成了折射定律第三条。

"教学目标二——通过实验探究，理解折射率的概念"有四个关键事件与之对应，分别是：实验探究（12分钟），理论分析中定义折射率、分析定义式、分析为什么 $n>1$ 等（11分钟），讨论与交流（共5分钟），应用折射率进行计算（1分钟）。通过四个事件实现"理解折射率的概念"的目标明显太多，而教师并未设定折射率的应用及分析级别的教学目标。

"教学目标三——理解折射率与光速的关系，并能应用计算"的前一部分对应了9点16分到9点19分这3分钟的教学内容，而后一部分的应用计算却没有对应的教学关键事件。

由此可见，教学目标三的达成情况较差，建议删去"并能应用计算"；教学目标二的设定不良，建议修订为：通过实验探究，理解折射率的概念，并能进行初步应用和分析。

本案例聚焦本节课的三个学习目标，逐一列举针对每一个学习目标的教学事件，通过教师行为、学生行为、学生工作单完成情况等，分析这些教学事件是否实现了学习目标，最后提出教学改进意见。

在对教学关键事件的分析中，也可以只针对教学重点或教学难点进行分析，列举指向重点或难点的教学事件，分析其突破情况。

四、教学反馈观察与分析技术

教学反馈是指对课堂教学中学生对问题的回答、教师回应的方式和内容等内容进行观察、记录并反馈。

（一）观察记录方法

记录内容：教师提出问题的方式及内容、学生应答方式及内容、教师回应方式及内容。围绕同一问题的多次互动，按记录内容要求记录全过程，形成一组教学反馈观察记录，并统计教学反馈的频次。

(二) 分析技巧

(1) 教学反馈的频次分析。分析教师与学生之间围绕这个问题互动的次数。围绕同一个问题师生间互动反馈的次数少的原因可能有：教师提出的问题太简单、被提问的学生水平很高。互动反馈次数太多可能原因有：问题太难或被提问的学生知识和水平储备不够，也可能是教师的启发、引导方式不当或追问、反问的内容不当。

(2) 问题的层次分析。教师提出问题的难度反映了问题的层次，直接影响学生的应答和教师的回应。层次可按布鲁姆《学习、教学和评估的分类学》划分为知识、理解、运用、分析、综合和评价，也可按肯尼斯·莫尔对问题层次的分类方式分为九类：单一解答问题、多重解答问题、事实性问题、经验性问题、创造性问题、评价性问题、聚焦式问题、提示性问题、探查性问题。

(3) 教学反馈的方式分析。针对学生对问题的回答，教师用不同的应答方式可能引起课堂教学结构的改变，可以把课堂互动提升到不同的层次。①复述：简单重复，是最低级的应答方式。②修正：教师纠正学生回答中的错误。③推演：在学生回答问题的基础上，引申出新的结论或问题。④评论：分为简单评论、带理由的评论、拓展性的评论。

(4) 教学反馈的内容分析。主要从学科本质上去分析反馈的内容是否具有学科逻辑。

【案例】 "光的反射与折射"教学反馈分析（节选）

8点57分，教师提出问题：回顾光的反射定律。围绕这个问题，S31（编者注：在课堂观察中，S31表示座位为第3列第1行的学生，后同理）主动回答了光的反射定义。教师修正：这是光的反射定义，谁来说说定律？S35主动回答入射角等于反射角。接下来教师与学生个体之间进行继续互动，反馈共计12次，用时2分钟得出了两条光的反射定律。这是初中所学内容，要求学生进行回顾与复述，属于识记和理解层次，但由于教师普通话不标准，学生没听清教师的指令是"定律"还是"定义"，浪费了3次反馈；接下来教师主要采用了引导和提醒，通过4个同学先后发言，用了9次反馈才得到了两条反射定律，由此反映出学生对初中知识的遗忘程度较大，在教学中有必要进行相关的复习。

五、学生语言流动观察与分析技术

学生语言流动指在课中,学生回答问题的顺序、主动性、区域分布等情况。

(一)观察记录方法

课前绘制一张学生座位空白表和一张标注了成绩等级(A、B、C)的学生座位表,空白表用于记录,座位表用于对比分析。

记录学生回答问题情况:用"↑"表示学生举手并回答问题,用"↓"表示没有举手但被教师抽起来回答问题。如果观课教师精力充沛,可加注回答问题的时间、回答问题的要点。

(二)分析技巧

(1)个体回答问题总数分析。统计个体回答问题的总数,它反映了本节课的问题解决时,教师主要与学生整体互动为主还是教师与学生个体互动为主。教师与学生个体互动的优势在于可以针对有较高层次的问题进行反复交流。教师与学生个体互动分为三个层次:第一层次,学生回答问题让全体学生听到。第二层次,其他学生听懂了这位学生的回答。第三层次,其他学生对这位学生的回答作出回应。如果达到第三层次,容易把师生间的互动转化为学生与学生之间的互动。

(2)主动回答与被动回答比例分析。统计主动回答与被动回答的比例,目的是分析本节课学生学习积极性是否被有效调动,进而分析其原因。

(3)回答问题的区域分布分析。查看是否有箭头密集区和没有箭头的区域,同时可对比学生分层座位表,分析教师是否关注了全体,教学节奏是否被少数优等生带走,而忽视了少数学困生。

(4)重复回答问题的学生分析。对于一节课有多次回答问题的学生情况进行个体分析。

【案例】《那树》语言流动记录与分析

语言流动记录与分析如表3-6所示。

表 3-6 《那树》语言流动记录与分析

行数	第1列	第2列	第3列	第4列	第5列	第6列	第7列	第8列
第1行	A↑↓	B↑	A↑↓↑	A	A↓	A↓	C	B
第2行	B↓	A↑	B↑	B	B↑	A↑↓	A	C
第3行	A	B↑	C	A↑	A	B	C	B
第4行	C	A	B↑	B↓	C	C	B	A
第5行	A	B↑	C	C	C	B↑	C	B
第6行	空位	空位	C	A↑	空位	空位	空位	空位

注：↑表示主动举手发言，↓表示被老师点名发言，按学生平时成绩水平将学生分为 A、B、C 类。

分析：(1) 学生主动举手发言 14 次，被动发言 7 次，主动发言与被动发言比例为 2∶1；(2) 本节课教师共提问 40 个，记录到个体回答 21 次，其余 19 次为群体回答，群体回答与个体回答比例约为 1∶1；(3) A、B 两类学生回答问题较多，C 类学生回答问题少，应加以关注；(4) 有三位同学多次发言，特别是第 3 列第 1 行的学生发言 3 次，希望教师能提供发言机会给更多的学生；(5) 第 7、8 列学生未参与发言，应关注。

六、学生行为观察与分析技术

学生行为指在课堂教学中，学生围绕教学活动所呈现的、可观察的肢体行为和语言行为。观察与分析的内容包括群体行为和个体行为。

（一）观察记录方法

学生群体行为观察：观察与记录在重要的教学活动中，学生举手情况、听课情况、记笔记情况、实验参与情况、开小差情况等，并在课后进行统计；为了便于记录与统计，通常需要选用或设计对应的观察量表，用特定的符号进行记录。

学生个体行为观察：观察一个小组的几位学生在小组合作学习、教学关键点教学等重要的教学环节中的学习行为和学习过程。观课教师要在尽可能少干扰学生的前提下，到学生身边去看、听、记、摄（拍），力求真实地观察和记录学生的学习活动是如何展开、如何发展、如何形成结论、如何汇报的。

（二）观察要点的选择及分析技巧

选择一个教学中相对完整的教学片段，按学生学习的几大环节（学习准备、倾听、笔记、交流讨论、汇报或分享、练习），对学生的群体行为及个体行为进行观察与分析。

观察与分析分为三个层面：是否参与（参与面）、参与的深度与广度、学生思维与学科本质的结合度。学习活动各大环节中的学生行为观察要点如表3-7所示。

表3-7 学习活动各大环节中的学生行为观察要点

类别	学习环节（通过个体观察数据，统计群体参与数据）					
	学习准备	倾听	笔记	交流讨论	汇报分享	操作与演练
是否参与	坐姿、工具准备情况	在全程倾听吗	是否在记笔记	小组讨论是否发言	集体发言次数	是否主动完成实验或作业
参与的深度与广度	情绪准备情况	通过眼神、肢体、笔记等行为判断学生倾听专注度	笔记内容的数量。笔记的格式是否易于复习	分配的任务，讨论的问题，得到的结论	汇报分享的主动性，语言表达的准确性、流畅度	完成速度、完成的数量
学生思维与学科本质的结合度	注意力、兴奋点是否集中在需要解决的问题上	判断学生对倾听内容的理解程度	笔记是否记录到了要点	通过什么途径形成结论的？主要困惑与创新点	表达观点的准确性如何，是否引起共鸣或反对，能否解释、反驳别人的疑问	操作是否有错误，操作流程是否正确，结论是否正确

七、前测与后测、课后访谈和工作单观察与分析技术

前测与后测是指用测试题分别在课前与课后对学生所具备的知识和能力进行测试，以确定课堂教学产生的增量。课后访谈是指观课教师在课后通过与个别学生针对学生对本节课的感受、感悟进行语言交流，以获取学生对本节课的评价。工作单是指学生在课堂上的课堂笔记、学案等反映学生在课堂上围绕课堂教学完成的学习记录。

（一）测评方法

（1）试题的编制。前后测试题数量以5~10分钟能完成为标准，一般为

3~5 道题；访谈一般为 2~3 个问题。前后测试题内容：理科类以测试学生的知识和能力为主，文科类以测试学生的知识能力和情感态度来命题。前后测试题如果相同，可以方便地测试课堂教学的增量，但试题的难度不易兼顾学生课前与课后的知识与能力；前后测试题如果不同，在前测试题命制时可以充分考虑课前学生的学习起点，在后测试题命制时，按课堂学习目标进行命制，来直接测试教学的学习结果。前后测试题的难度要体现出明显的梯度，各试题要直接针对教学目标，以便区别不同学生的学习结果。访谈试题内容以测试学生对整节课和部分重点环节的评价、对部分重点知识内容的理解程度为主。

（2）测试方法。前测于课前 10 分钟，由前后测小组教师组织全班学生测评；后测于课后立即测评，按平常学生本学科成绩 A、B、C、D 类统计测评结果。课后立即请 A、B、C、D 类学生各 1~2 名进行访谈。

（二）分析内容及技巧

（1）教学起点分析。通过前测数据，结合课堂教学的实际，分析本节课教学起点设置的合理性。

（2）学习目标的达成情况分析。分析各试题全班整体得分情况，特别是得分偏低试题情况，对照该试题对应的教学目标，对照教学关键事件、教学的反馈等课堂观察与记录，分析该知识能力点达成情况较差的可能原因，并提出教学改进意见；分析各试题四类学生的得分情况，特别是某试题整体得分不错，但某一类学生得分偏低的试题，分析教师教学行为中学生语言流动、教学反馈、学生行为观察与记录，分析教师是否真正关注了全体学生。

（3）教学增量分析。前后测试题相同时，直接通过某试题前后测得分的差距分析课堂教学的增量；前后测试题不同时，对前后测试题中的相关内容难度进行整体评估，定性分析课堂教学的增量。

（4）学生学习心理分析。在访谈中了解学生对本学科、本教师、本节课的兴趣、喜好等，了解学生的学习心理，帮助观课教师寻找教学中的缺失。

八、教学视频切片分析技术

（一）什么是教学视频切片分析

切片本来指生物学中所应用的一种玻片标本，即将生物体的组织切成薄片，将其放在玻片上置于显微镜下观察，以此获得对该生物体组织最精确的认识。在教育学中，片段化的教学行为叫"教学切片"，我们可以将一节课分解成若干个教学片段，每一个教学切片都涵盖了指向教师教学技能的教学行为，研究者可以聚焦这些课堂教学片段，提出有针对性的课堂教学建议，从而推动有效教学的落地生根。

教学视频切片分析与常规课堂观察相比，具有如下优势：

一是从概略感知走向精细分析。一整堂课的教学行为较多，用宏观的视野去观课很难捕捉细节，教学视频切片分析能够聚焦具体的教学行为，并对其进行层层剖析，能发现和提取许多行之有效的教学经验。

二是不受时空限制。将教学视频上传于专用平台，即可在任何时间、任何可上网的地点，打开平台上的教学视频进行切片分析。

（二）教学视频切片分析策略

宏观上看，教学切片的操作流程包括课前准备、课中观察、课后诊断。

首先，课堂是教学切片的起点。观察者通过课堂观察先把握全貌，在脑海中提炼全景式评价，根据观察意向切片，为后续分析做好铺垫。

其次，选出典型的教学片段作为教学切片。对于教学亮点，我们可以通过归纳总结的方式对其进行提炼，从而丰富和完善普适性的教学实践理论。对于教学不足，我们可以针对教学过程中的共性问题进行分析并提供行之有效的改善办法，从而帮助一线教师在教学上少走弯路。

最后，对锁定的教学切片进行抽丝剥茧的分析。从教学设计的设计意图和教师的目标达成等角度入手，对这节课中的相关教学细节以及教学行为进行深度挖掘，总结出普适性的教学要点。具体的实操步骤如图3-9所示。

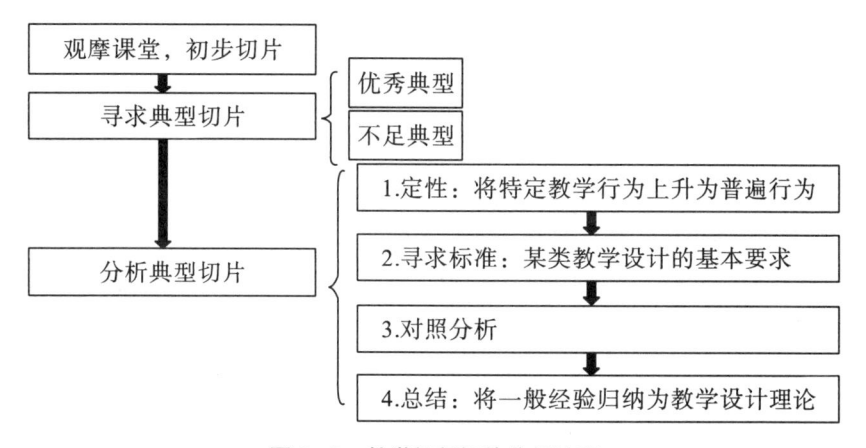

图3-9 教学视频切片分析流程

【案例】"青蛙卖泥塘"课堂切片分析

1. 教学切片

①揭示课题：孩子们，上节课我们认识了一个新朋友，它是？今天我们接着学习《青蛙卖泥塘》，齐读课题！

②字源识字认识"卖"：孩子们，你们读得真好！字宝宝"卖"都已经跳出来想要和你们做朋友啦！

③畅所欲言想象"烂"：青蛙要卖的泥塘是什么样的？（烂泥塘）想象一下，这个泥塘有多烂？

2. 切片分析

该环节的设计思路是让学生借助字源识字的方法，并结合形象思维从文化传承与理解的层面认识"卖"。在此基础上充分联想，联系生活实际以及大脑中的固有经验想象"烂"的样子，拓宽学生想象空间，了解烂泥塘最初的模样，为后文学习做好铺垫。

①教学亮点：在教学设计方面，该教师能够有意识地培养学生的形象思维和创造思维。在教学呈现方面，从学生的反馈来看，教师富有童趣的语言让课堂氛围一直处于活跃状态。

②教学不足：在设计层面未能设定好深入地培养学生形象思维和创造思维的策略，颇有蜻蜓点水的味道。由于该教师是教龄不足两年的年轻教师，缺乏公开课的临场应变能力，比较依赖固有的流程和预设，缺乏一定的灵活性，所以学生思维训练的效果得不到质量保证。

九、基于数字平台的量表诊断技术

（一）量表诊断技术简介

随着信息技术的发展，依托智能研修平台开展量表诊断呈现出评价便捷化、数据分析结构化、数据呈现可视化的特点。

在基于智能教研平台的量表诊断中，常见的数据量表分析方式有能力矩阵和雷达图两种方式。能力矩阵是将量表的每一个指标维度类比为课堂教师能力指标，通过得分与等级标注，呈现每一个能力的水平情况。等级标注一般是对每一个能力的水平进行评价，并用不同颜色进行标注。如红色的表示有待提高（≤60%），橙色的表示良好（60%~80%），绿色的表示优秀（>80%）。雷达图呈现的是课例在量表多个一级指标维度上的分项和整体强弱程度。智能教研平台上量表分析数据的可视化呈现如图3-10所示。值得注意的是，基于智能教研平台的量表诊断的主体仍是教师，是参与课堂诊断的教师借助课堂量表对课堂进行打分，智能教研平台自动将诊断数据汇总，让计算自动化、分析结构化、呈现可视化。

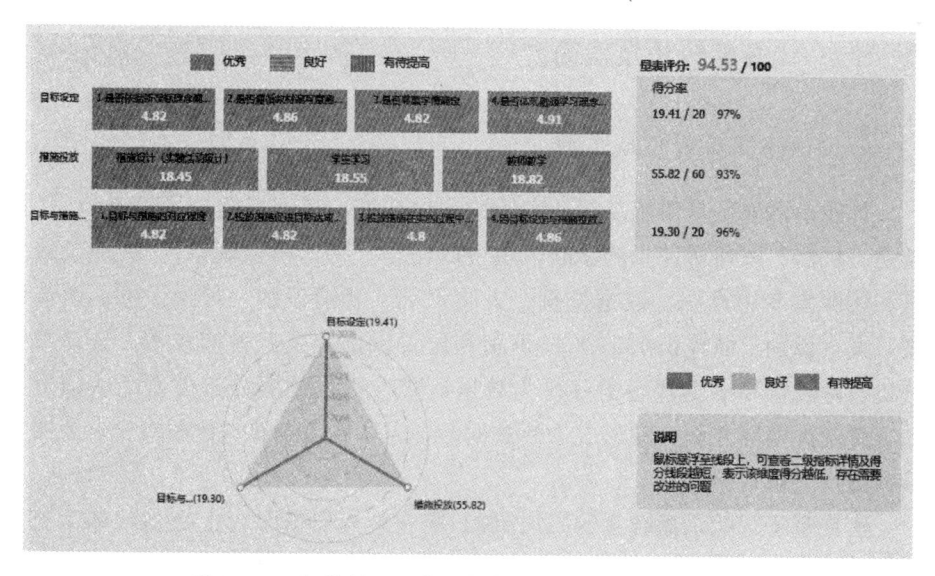

图3-10　智能教研平台上量表分析数据的可视化呈现

基于智能教研平台的量表诊断主要流程如下：
（1）在智能教研平台创建量表，包括量表名称、指标及分值等信息。
（2）在创建活动时调用已创建的量表，并设置评价形式。常见的评价形式为分值评价，除此之外还有星级评价、文字评价、等级评价。
（3）组织教师在教研平台进行观课与评价。
（4）获取平台自动生成的能力矩阵图与雷达图。
（5）解读能力矩阵图与雷达图，获取关键信息，结合教学过程改进课堂。

（二）分析内容与方法

在基于智能教研平台的量表诊断数据分析中，分析内容是由课堂全貌到课堂局部的逐步聚焦，可以重点分析三方面的内容。

一是由量表得分、雷达图的整体强弱程度看本节课整体教学质量，得分越高，说明本节课整体教学质量越高。

二是由量表得分率、雷达图分项强弱程度看本节课不同观察维度下的教学质量，得分越高，说明本维度教学质量越高。

三是由能力条等级及具体得分看每一个指标上的表现情况。从得分来看，得分越高，说明这一指标上表现越好、教学质量越高；从等级来看，红色表示这一指标表现有待提高，橙色表示这一指标表现良好，绿色表示这一指标表现优秀。

十、AI智能分析技术简介

（一）AI智能分析技术简介

智能录播教室是传统录播教室的智能化升级，基于智能录播教室的AI诊断是"机器"视角对课堂的诊断，也可以说是一种"机器观察"。智能录播教室利用课堂专用算法、数据挖掘、人脸识别、表情识别、行为识别、语音识别、文本识别、肢体识别、OCR识别和位置识别等人工智能技术，自动采集分析教师教学和学生常态学习行为数据，同时建立数据分析模型，从师生互动、课堂类型等方面自动形成诊断数据，生成可视化的课堂诊断报告，为课堂诊断提供客观数据。

实现基于智能录播教室的AI诊断只需在智能研修平台上提前约课，预约成功后，教师在预约时间前往智能录播教室上课即可。上完课平台会自动生成报告，同时录制的课例与报告会同时在智能研修平台呈现，方便教师随时查看和调用。

（二）分析内容与方法

以中央电教馆智能研修平台与中庆智能录播教室为例，AI诊断数据主要包括教师与学生行为、教学行为时序、课堂互动S-T曲线、教学模式Rt-Ch分析图及课堂关注度、参与度、表现度曲线等。需要注意的是，AI诊断数据围绕师生行为数据进行分析，并不具有教与学的解释意义，对课堂质量的诊断还需进一步结合课堂诊断量规开展的量表诊断与切片诊断。

（1）教师与学生行为。机器通过多种技术，对一个时间片段内的教师、学生行为做出判断预定义，最终分别呈现教师、学生不同行为占比。教师行为主要包括讲授（教师的授课、讲解、演示行为，课件播放）、板书（教师在介质上进行书写）、巡视（学生练习或活动场景下，教师的走动、观察行为，且无明显语音）、师生互动（教师与学生的交互行为，如教师提问，学生回答）四种。学生行为主要包括听讲（教师讲授或课件播放场景下，大部分学生端坐、抬头听课）、读写（练习或其他场景下，大部分学生的阅读或书写行为，且无明显教师声音和学生单人声音)、举手(学生举手)、应答(学生站立或未站立、单个学生或学生集体的应答行为)、生生互动(学生合作或小组讨论行为)五种行为。AI诊断数据显示,生生互动占比20.27%,巡视占比24.93%,说明本节课是以学生自主探究、教师巡视指导为主的学为中心的课堂,如图3-11所示。

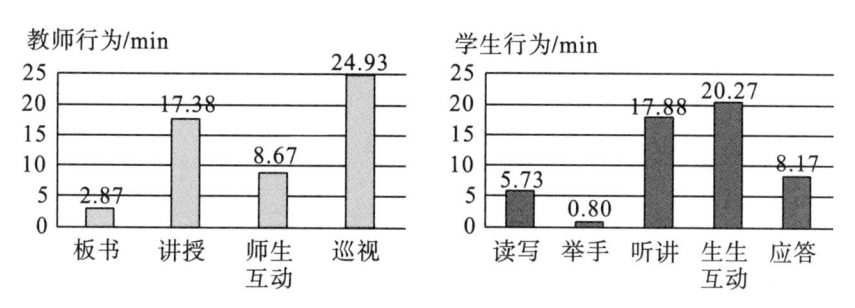

图3-11 教师与学生行为可视化

(2)教学行为时序。机器每6秒对课堂教学视频打一次点,每2分钟记录一次教学行为数据,并将数据呈现在课堂时间序列上。教学行为时序能帮助观课教师快速回顾课堂,更侧重通过同一时间段内师生各种行为的对比分析来诊断课堂质量。例如,结合同一时间段学生举手、应答时间,分析教师问题设计的有效性;如果应答时间短,说明问题为简单问题,如果应答时间远远长于举手时间,说明问题为复杂问题。图3-12中显示举手时间大于应答时间,可以初步判断本节课问题设置过于简单。

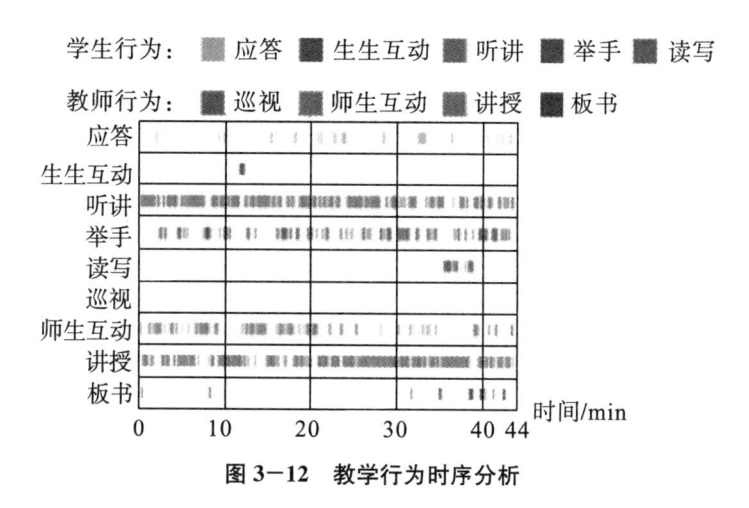

图3-12 教学行为时序分析

(3)课堂互动S-T曲线。S-T曲线是一种针对教学过程的定量分析方法，将课堂教学行为分为学生行为和教师行为两类，学生行为用"S"（student）表示，教师行为用"T"（teacher）表示，直观地显示出整个教学过程中师生行为随时间的变化及师生互动的情况，如图3-13所示。T行为指教师视觉的、听觉的信息传递行为，S行为指T行为以外的所有行为。教学过程中，T行为主要有：教师的讲话行为（听觉的），教师的板书、演示等行为（视觉的）。教学过程中，这些行为具体表现为解说、示范、板书、提问、点名、评价与反馈等。S行为包括学生的发言、思考、计算、记笔记、做实验或完成作业、沉默等。

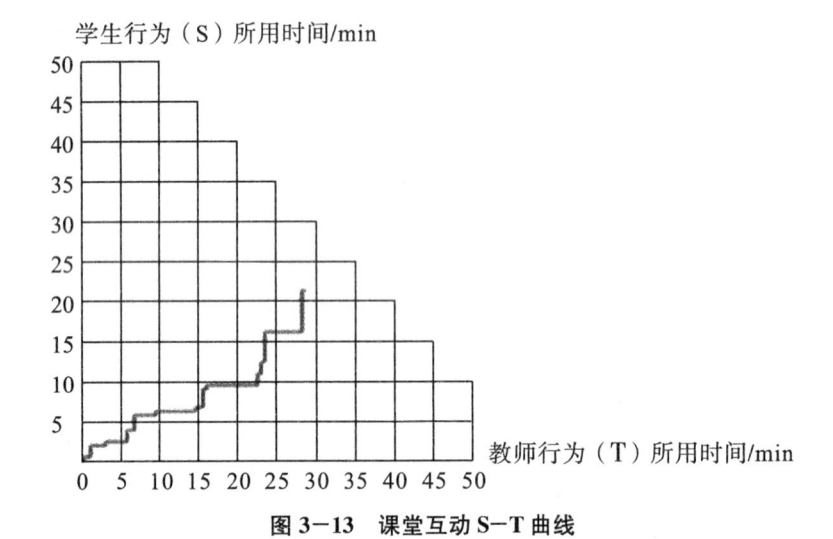

图3-13 课堂互动S-T曲线

S-T曲线分析的一般流程如下：①获取S-T曲线图。②标注关键信息。一是断崖式竖直线段（表示以学生为主的教学过程，包括学生思考、动手操作、小组探究等），二是平铺式水平线段（表示以教师为主的教学过程，包括讲授、提问、展示、指导和巡视等），三是交替式线段切换区间（表示该阶段是师生频繁互动交流的教学过程）。③分析具体数据。一是从S-T曲线交替切换角度看师生互动的频率，二是从S-T曲线断崖竖线看学生活动的师生互动有效性，三是从S-T曲线平铺横线看教师活动的师生互动有效性。

（4）教学模式Rt-Ch分析图。Rt-Ch分析是S-T分析法的另一种表现方式（表现教学形态），其对于教学模式与教学风格的描述、教学过程的分析具有重要意义。其中，Rt表示教师T行为占有率，表示教学过程中的T行为所占的比例。Ch表示师生行为转换率，表示教学过程中T行为、S行为间的相互转换次数与总的行为采样数之比。横轴Rt表示教师的讲授与演示，纵轴

Ch 表示教学中的对话性。三角形区域为 (Rt，Ch) 点存在的逻辑范围，通过分析两个轴的关联，将教学分为四种教学模式：练习型 ($Rt \leqslant 0.3$)、讲授型 ($Rt \geqslant 0.7$)、对话型 ($Ch \geqslant 0.4$)、混合型 ($0.3 < Rt < 0.7$，$Ch < 0.4$)。可根据 Rt、Ch 数值判断课堂类型。图 3-14 中，本节课 Rt 大于 0.7，是一节典型的以讲授为主的课堂，可进一步根据教学目标优化教与学的活动设计。

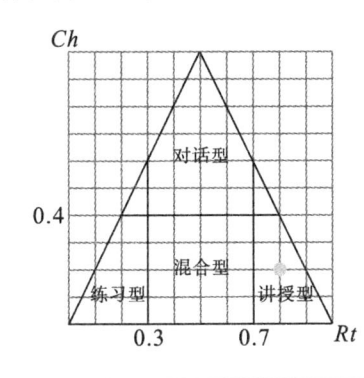

讲授型

教师行为占有率 Rt：80.00%

学生行为占有率：20.00%

行为转化率 Ch：19.00%

教学模式	练习型	讲授型	对话型	混合型
标准模式	$Rt \leqslant 0.3$	$Rt \geqslant 0.7$	$Ch \geqslant 0.4$	$0.3 < Rt < 0.7$，$Ch < 0.4$

图 3-14 教学模式 Rt-Ch 分析

(5) 课堂曲线。常见的课堂曲线主要包括课堂关注度、参与度、表现度曲线。

①课堂关注度曲线。关注度曲线用于表示在一节完整的课堂教学中，学生关注度的变化轨迹，指向以学生为中心活动，如图 3-15 所示。课堂中的教学活动可以分为两类，以教师为中心的活动以及以学生为中心的活动。关注度曲线描述了当前教学活动是以教师为中心活动的比例。如果关注度越高，说明当前教学行为是一种以教师为中心的活动，比如教师正在讲授、板书或师生互动；如果关注度较低，说明当前活动主要以学生为中心，比如生生互动或者小组活动。

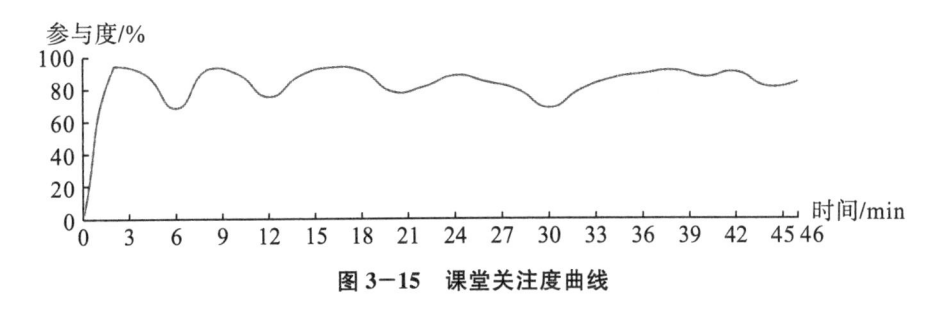

图 3-15 课堂关注度曲线

②课堂参与度曲线。参与度曲线用于表示在一节完整的课堂教学中，学生参与课堂活动积极性的变化轨迹，指向师生行为匹配度，如图3-16所示。参与度反映了在课堂中参与教学活动焦点行为的比率。所谓焦点行为指的是在教师的行为指导下，学生应该表现出来的行为。例如，教师提问时"学生站立"是焦点行为，教师讲授时"学生听讲"是焦点行为。参与度描述了课堂师生行为的匹配度，同时反映了教师活动开展的有效性。参与度越高，表示学生参与课堂活动的积极性越高。

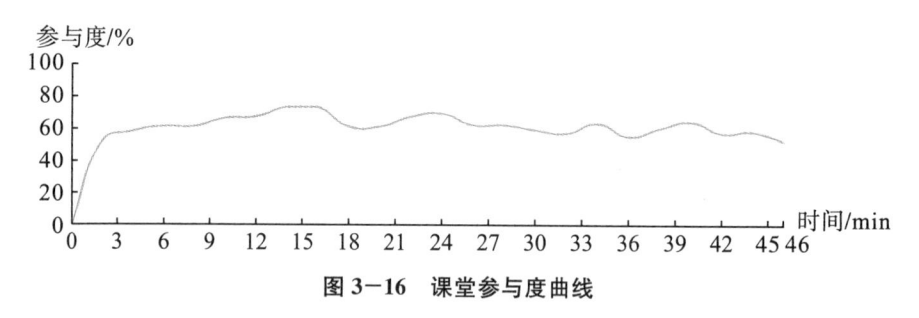

图3-16 课堂参与度曲线

③课堂表现度曲线。表现度曲线用于表示在一节完整的课堂教学中，学生整体行为一致性的变化轨迹，指向学生行为的一致性，如图3-17所示。课堂活动中，如果要求所有学生都参与完成一个同质任务，就需要他们的行为具有高度的一致性。这就说明课堂活动是群体一致性活动，而不是个体活动。如果一致性越高，表现度就越高，说明群体一致性活动的开展越有效。以教师为主的教学行为对应的学生行为一致性普遍呈现"较高"特征，因为学生以集体听讲、记录、思考、观看等为主；以学生为主的教学行为对应的学生行为一致性则呈现"高低参半"的特征，当学生集体思考、阅读、书写、齐声回答问题，或学生代表向全班做汇报、展示、提问时，全班学生的行为一致性普遍较高；当学生进行分组活动、动手操作、争论的时候，学生行为一致性普遍较低。

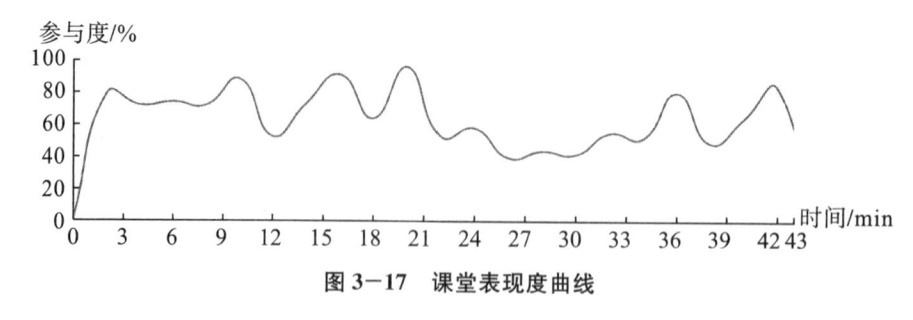

图3-17 课堂表现度曲线

三种曲线均可以通过如下步骤具体分析：

①获取曲线，匹配课堂。获取曲线后，需要将曲线与课堂具体活动进行匹配。为了精准匹配，可以将课堂结构进行多层级分解。

②标注信息，具体分析。借助辅助线在曲线上标记曲线的波峰拐点、波谷拐点、下降曲线等信息，结合课堂具体活动，分析数据波动与变化的原因。

图 3-18 中首先通过添加辅助线，标注课堂环节、教与学的活动，使曲线与课堂教学过程匹配，接着可以根据课堂诊断需求，进一步标注关键信息，如波峰、波谷或下降曲线，本节课重点诊断小组合作学习，重点标注了下降曲线，并进一步分析四个小组活动设计是否合理、有效。

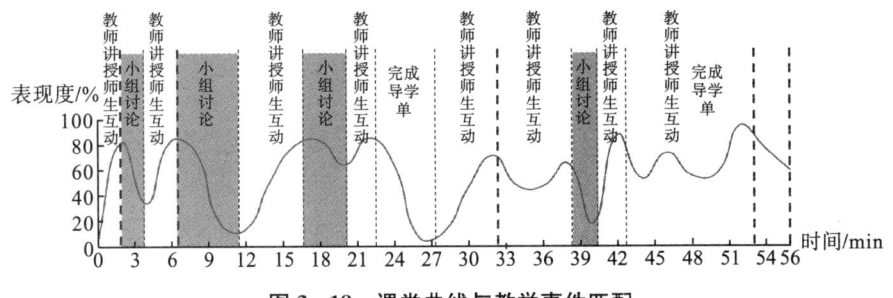

图 3-18 课堂曲线与教学事件匹配

第四章　从文献中寻找研究的支点

第一节　寻找研究热点

文献研究法是一线教师进行教育科学研究的基本方法。文献研究法是指对文献资料的检索、搜集、鉴别、整理、分析，以形成对事实的科学认识的方法。文献研究法不仅仅指资料收集，更加侧重对这些资料的分析。

文献研究法一般包括五个环节：提出课题或假设—研究设计—搜集文献—整理文献—进行文献综述。通过互联网相关平台进行文献搜索，是获取文献资料最为便捷和重要的途径；通过对文献资料的整理和分析，可以发现研究热点，指引研究方向；也可以直接应用已有成熟研究成果，破解教育教学难题，改进教育教学实践。

一、通过年度论文发表趋势判定热点

进入中国知网（CNKI），点击"高级检索"，在高级检索页面，将"时间范围"里的"发表时间"设为2020—2022年，点击"检索"。检索出发表文献986万多篇，其中按"主要主题"分类，可检索出该时段内研究的主要类别，点击"年度"可看到在2020年度共发表文献247万多篇，"学科"选中"初等教育"，可看到2020年"初等教育"相关文献共15.9万篇。

点击"导出与分析—可视化分析—全部检索结果分析"，可看到2020年度发表文献总体趋势（如图4-1所示）。可以看出，2020年度，"初等教育"相关文献的发表量达到顶峰，后呈逐步下降趋势。其中，主题主要集中在小学语文、小学数学、小学数学教学、核心素养、小学语文教学等方面。

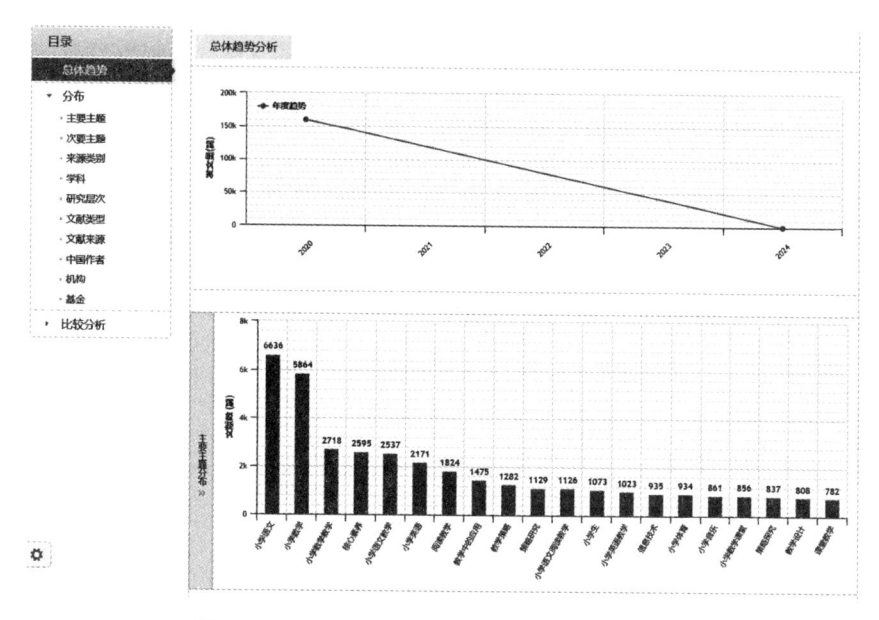

图 4-1　2020 年初高等教育研究热点与发文趋势

二、通过可视化分析发现时段热点

通过一些检索技巧快速找到研究热点、各类研究方向，形成可视化数据，根据数据得出研究热点的发表年度趋势和热点时段。

（一）指数检索

以"核心素养"为例，打开中国知网，点击"旧版入口—知识元检索"，勾选"指数"复选框，在检索栏输入"核心素养"进入检索，即可打开指数分析页面。

选择"学术关注度"，可以看到检索词对应时段的中文相关文献量、中文环比增长率、外文相关文献量、外文环比增长率，见图 4-2。

选择"媒体关注度"，可以看到检索词对应时段的媒体相关文献量和环比增长率。

选择"学术传播度"，可以看到检索词对应时段的文献被引量和环比增长率。

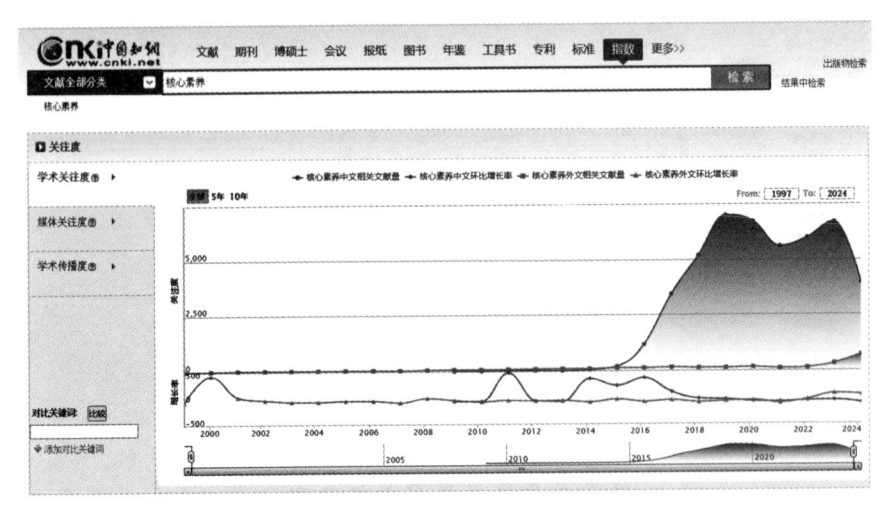

指向 教学问题解决的实证研究方法

图 4-2 学术关注度

（二）计量可视化分析

以"核心素养"为主题进行的知网搜索，显示有 78811 条结果，找到"计量可视化分析"，分析所选范围内的文献。可以进行简单的计量可视化分析操作（见图 4-3），也可以根据主题、发表年度、研究层次、作者、机构、基金进行不同维度的分析。

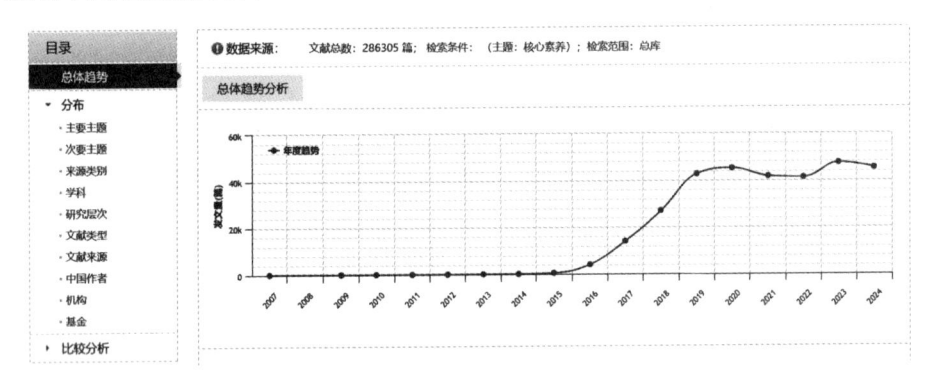

图 4-3 计量可视化分析

（三）研究该热点的权威作者和机构

进入中国知网首页，输入关键词"核心素养"，点击"检索"，搜索出 7.88 万条结果，选中搜索出来的文献，选中"导出与分析"里面的"可视化分析"。点击"全部检索结果分析"，可以直观看出以"核心素养"为主题的文章总体发布趋势，在文献分布之中，可以查看"主要主题""次要主题""学科""研究层次""文献类型""文献来源""作者""机构""基金"等柱状图，见图4—4。点击"作者分布"可以找出该研究热点的权威作者的发文量。

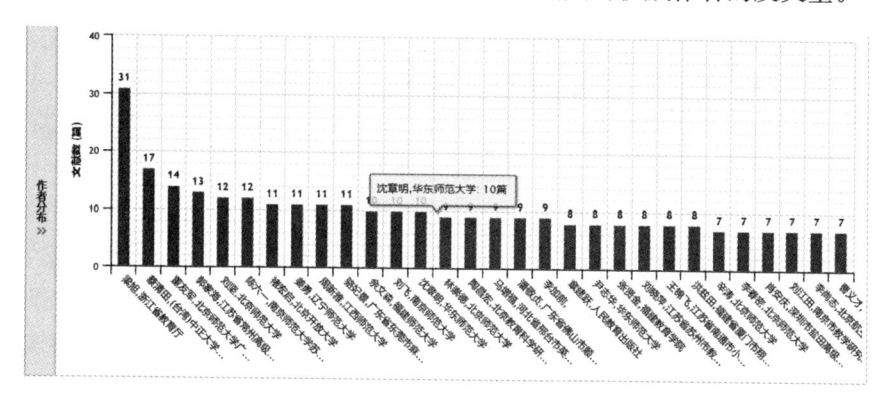

图4—4 权威作者的发文量

（四）找到关于该热点最有价值的文献

文献的内容、阅读人数、下载次数、引用数量、相关作者的影响力以及相关期刊会议的影响力都会影响学术热点。学术热点也存在反复出现的情况。利用数据把握研究方向需要关注以下三点：

（1）时效性。信息化教育前沿技术更新换代非常快，在文献检索过程中应注意设置选择年限，除了一些极具代表性和具有里程碑意义的文章外，一般选择近五年内发表的文章作为参考，这样才能更为准确、精准地了解研究的前沿动态，加深对研究主题的认识理解，并从中找出更多有价值的信息，这样的文献才能为研究提供有价值的理论支撑。例如，在"核心素养"这一主题的英文文献的检索过程中，设置筛选的目标文献都是近五年内发表的文献。

（2）含金量。发表文章的含金量可以从三个方面体现：相关度、引用量和下载量。相关度是指搜索出的文献与研究主题是否契合、有联系，只有具有相关度的参考文献才具有研究价值，否则，检索出的结果没有参考意义。引用量是文献检索过程中重要的参考因素，文献的引用量可能会受时间年限的限制，而引用量较高的文献往往代表其研究成果极具参考价值。相较于引用量，下载量的科学性与信服度要差一些，下载量在某种程度上能够代表文献研究符合当前研究前沿动态或者发展趋势，不能体现文献质量的好坏。

（3）筛选热点。教育科研成果转化以改变教育观念、影响教育决策、实现教育价值、推动社会发展为目标。将前沿科研成果向实践教学一线转化，接触并思考前沿热点问题，能够有效拓宽科研视野，增强攻克科研难题的恒心毅力和提高挑战困难的实战能力。中国知网数据库简述并举例说明了依托其"学术热点研究"和"知识元检索（指数）"，有助于科研人员快速有效地确定学科专业的研究热点和发展趋势，为科研人员提供了一个方便快速的研究指引。

　　进入中国知网，点击大数据研究平台下面的"学术热点"，即可进入其检索页面。它的热点数据是通过对学术文献总库中的文章进行热点主题的监测，采用内容聚类、引用链接分析、同下载分析等技术得到的热点主题集合。根据学术热点的特征，它提供了符合其特征的一系列检索方式：可以按热点主题名称、主要知识点等字段来检索，还可以在结果中进行二次检索；也可以按学科领域分为10大专辑和168个专题。用户可以通过学科导航进行热点系统调研和热点精准查询。其检索查询所得的概览信息包括热点主题名称、主要知识点、主题所属学科名称、热度值、主要文献数、相关国家课题数、主要研究人员数、主要研究机构数等。这些信息可按热度值、主要文献数、相关国家课题数等进行排序。其热度值排序反映了主题的研究热门程度，越热门的主题越排前，通过热度值排序可找到与当前输入的关键词相关的最热门的研究方向。

　　若要详细了解该"热点主题"的具体情况，可以直接点击其链接进入分析页面。例如，以"初等教育"的学科热点"课堂教学；动态生成；教师；"为例，点击其链接，直接进入其分析页面，我们可以看到，从上到下列出的各分项，诸如"热点名称、知识点、所属学科内热度排名、热度"，以及该热点主题不同年度的相关学术分析，如"相关学术文献、相关学术文献被引情况、相关学术文献下载统计、相关研究人员、相关研究机构、相关国家科研项目"等，见图4—5。

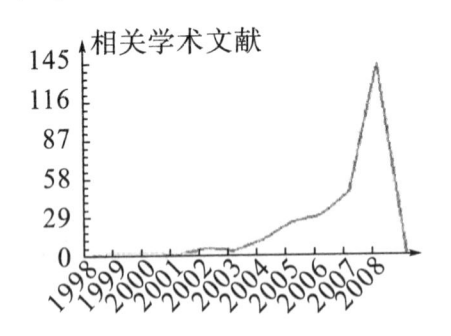

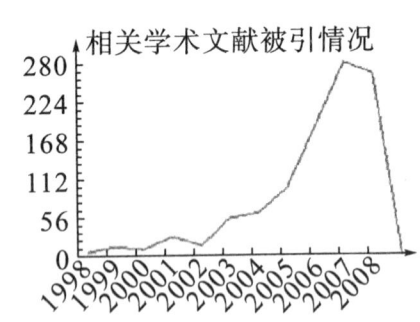

图 4-5 热点主题分布

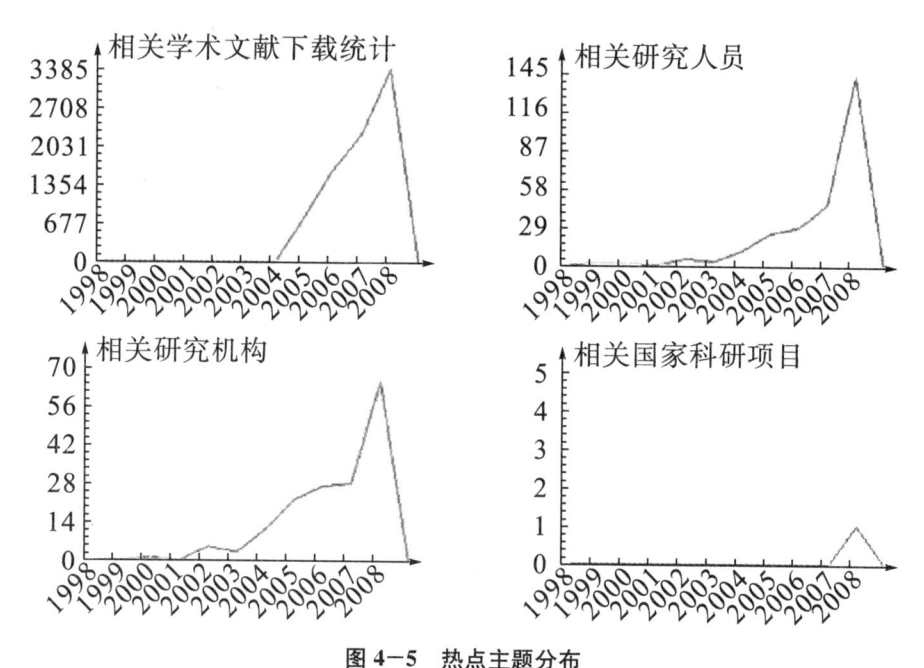

第二节　找到理论支撑

一、基础教育研究中常用的理论概述

基础教育研究常用的理论包括发展理论、行为主义理论、认知理论、建构主义理论、社会学习理论等。这些理论对基础教育研究有重要支撑作用。

发展理论主要关注个体从出生到死亡的发展过程。例如，皮亚杰的认知发展理论描述了儿童如何通过与环境的互动，逐渐发展出不同的认知能力。另一个例子是埃里克·埃里克森的心理社会发展理论，描述了个体在生命的八个阶段中经历的心理和社会发展。

行为主义理论强调环境对行为的影响，认为行为可以通过奖励和惩罚来塑造。例如，巴甫洛夫的经典条件反射理论，解释了如何通过刺激-反应模式来形成新的行为。另一个例子是斯金纳的操作条件反射理论，描述了如何通过强化（例如奖励或惩罚）来塑造行为。

认知理论关注个体如何组织和理解环境中的信息。例如，布鲁纳的认知-发现理论强调了学习过程中的主动性和发现性。另一个例子是奥苏贝尔的有意义学习理论，描述了如何将新信息与现有知识联系起来，从而产生有意义的学习。

建构主义理论强调学习是学习者主动建构知识的过程，而不是被动接受信息的过程。例如，皮亚杰的建构主义理论强调了儿童如何通过与环境的互动来理解世界。另一个例子是维果茨基的社会建构主义理论，认为社会文化对个体的知识构建有重要影响。

社会学习理论强调社会环境对个体行为和态度的影响。例如，阿尔伯特·班杜拉的社会学习理论描述了如何通过观察和模仿他人行为来学习。另一个例子是米德的角色扮演理论，认为社会角色对个体的行为和态度有重要影响。

多元智能理论由霍华德·加德纳提出，认为人类的智能是多元化的，包括语言、逻辑、空间、音乐、身体、人际交往、自我认知等多种智能。该理论强调了教育应该尊重每个学生的智能类型和特长，通过个性化的教学来促进学生的全面发展。

合作学习理论指出合作学习是一种以小组为单位，通过合作、互助、交流等方式来完成学习任务的教学方法。该理论强调了学生在学习过程中的互动和合作，有助于培养学生的合作精神和沟通能力。

成功教育理论认为，成功教育是一种以培养学生的自信心和成功意识为目标的教学方法。这种理论强调了学生在学习过程中的成功体验，通过肯定和鼓励来增强学生的自信心和动力。

自主学习理论强调自主学习是一种以学生为中心，通过自我管理、自我驱动、自我评价等方式来完成学习任务的教学方法。该理论强调了学生在学习过程中的主动性和自主性，有助于培养学生的自主学习能力和终身学习的意识。

掌握学习理论由布鲁姆提出，认为每个学生都有能力掌握学习内容，只要给予他们足够的时间和适当的教学。该理论强调教师在教学过程中应关注学生的学习进度和理解程度，及时调整教学策略，以确保学生能够掌握学习内容。

范例教学理论由瓦根舍因提出，认为教师应该通过示范和范例来帮助学生理解和掌握学习内容。该理论强调了教师在教学过程中应选择具有代表性的例子，让学生通过模仿和实践来学习，从而更好地掌握学习内容。

发现教学理论由布鲁纳提出，认为教师应该引导学生主动探索和发现知识。该理论强调了教师在教学过程中应创设问题情境，引导学生通过思考、观察、实验等方式来发现规律和解决问题，从而培养学生的创新能力和问题解决能力。

合作课堂理论提倡一种以学生为中心，通过小组合作、互动交流等方式来完成学习任务的教学方法。该理论强调了学生在学习过程中的互动和合作，有助于培养学生的合作精神和沟通能力，同时有助于提高学生的学习效果和成绩。

人本主义学习理论强调以学生为中心，关注学生的情感、态度、价值观等方面的全面发展。该理论认为学生是学习的主体，教师应该尊重学生的个性和差异，提供个性化的教学支持，帮助学生实现自我价值。

二、理论挖掘的要素与步骤

（一）理论挖掘的要素

理论挖掘的文献检索是从选定的研究中提炼和综合理论概念的过程。具体来说，理论挖掘的文献检索需要提炼和呈现不同概念之间的关系、这些概念之间关系的解释、相互关系的影响条件、从文献中提炼相关概念等，这些要点有助于研究者更好地理解和应用相关理论和研究结果。

不同概念之间的关系。在文献检索中，理论挖掘首先需要关注不同概念之间的关系。这些关系可以是直接联系，也可以是间接联系。例如，在心理学研究中，压力和焦虑之间可能存在直接关系，而压力和抑郁之间可能存在间接关系。理解这些关系有助于研究者更好地理解研究领域，并找到更有效的检索策略。

对概念之间关系的解释。除了理解不同概念之间的关系外，理论挖掘还需要解释概念之间的关系。例如，在对学生身体素质的研究中，运动习惯与身体素质之间的关系可能受到许多因素的影响，如学生性格、家庭环境等。理论挖掘需要解释这些因素如何影响运动习惯和身体素质之间的关系，从而为研究者提供更深入的理解。

相互关系的影响条件。理论挖掘还需要关注这些相互关系的影响条件。例如，在班级管理研究中，班级文化可能受到多种因素的影响，如班主任的年龄、性别、学历等，在什么条件下产生影响、影响的程度如何。理论挖掘需要明确这些条件对班级文化形成过程与结果的影响，从而为研究者提供更准确的检索结果。

从文献中提炼相关概念。这些概念可以是研究领域的基本概念，也可以是特定研究的独特概念。例如，在人工智能研究中，机器学习、深度学习等概念是基本概念，而特定研究中的特定算法、模型等则是独特概念。理论挖掘需要从文献中提炼这些概念，并对其进行深入的分析和解释。

（二）理论挖掘的基本步骤

满足以上条件的文献检索被称为基于理论挖掘的文献检索。如果文献综述没有系统地从其主要研究中提取理论概念，则被称为非基于理论挖掘的文献检索。系统的文献检索结构程序可以采用以下的操作步骤：

（1）目的识别。明确课题研究的目的和主题，确定文献检索的范围和重点。例如，如果研究主题是"小学英语教学中学生口语能力的培养"，那么文献检索的重点将集中在小学英语教学、口语能力培养等相关领域。

（2）制订规范及研究计划。根据课题研究的需要，制定文献检索的规范和研究计划。规范包括文献检索的关键词、检索工具、检索方法等，研究计划包括文献检索的时间安排、人员分工、预期成果等。

（3）查找图书馆和在线数据库。图书馆和在线数据库是获取理论文献的主要途径。研究者可以访问学校、公共学术图书馆的网站，使用在线数据库如 Google Scholar、ACM Digital Library 等来查找相关文献。这些平台可以提供大量的论文、书籍、报告等文献，但需要研究者具备一定的信息检索技巧，以便从大量文献中筛选出有用的信息。

（4）引用追踪。当找到一篇感兴趣的文献时，研究者可以通过查看该文献的参考文献来找到其他相关的文献。这种方法可以帮助研究者深入了解特定主题的研究现状和背景，但需要注意的是，引用的文献可能存在质量和可靠性的问题，需要进行评估。

（5）文章筛选。通过检索工具搜索相关学术文章，并根据研究目的和主题筛选出符合要求的文章。筛选标准可以包括文章的质量、相关性、时效性等因素。例如，在"小学英语教学中学生口语能力的培养"课题中，可以筛选出与小学英语教学、口语能力培养等主题相关的学术文章。

（6）搜索相关学术文章。使用各种学术搜索引擎和数据库（如维普、万方等）进行搜索。在搜索过程中，要注意使用准确的关键词和适当的检索策略，以提高搜索效率和准确性。

（7）提炼不同种类的数据。从筛选出的学术文章中提炼出与课题研究相关的数据和信息，包括研究方法、实验结果、数据统计等。例如，在"小学英语教学中学生口语能力的培养"课题中，可以提炼出不同教学方法对学生口语能力的影响数据。

（8）搜索文章的质量评估及选择。对搜索到的学术文章进行质量评估和选择，选择高质量、相关性强的文章作为研究参考。评估标准可以包括文章的研究方法、数据可靠性、结论等。

（9）集成汇总检索结果。将搜索到的学术文章进行集成汇总，整理出与课题研究相关的数据和信息，为后续的文献综述和课题研究提供参考。

（10）建立文献综述和分析框架。在查阅文献的过程中，研究者需要建立文献综述和分析框架，以便对收集到的文献进行分类、比较和分析。这可以帮助研究者发现研究领域的空白和问题，为后续的研究提供方向。

（11）撰写文献综述。根据整理好的数据和信息，撰写课题研究的文献综述。文献综述应包括研究目的、研究方法、研究结果和结论等内容，并对前人研究成果进行评述和展望。例如，在"小学英语教学中学生口语能力的培养"课题中，可以撰写一篇关于小学英语教学对学生口语能力影响的文献综述。

此外，还可以通过以下路径寻找并挖掘理论：

参加学术会议和研讨会。参加学术会议和研讨会可以获得与同行交流的机会，了解最新的研究进展和趋势。会议上的论文和报告通常会提供一些未公开发表的最新研究成果，对于研究者来说具有很高的参考价值。

社交媒体和学术网络。研究者可以利用社交媒体平台和学术网络来获取最新的研究动态和文献信息。例如，关注领域内的专家、学者或研究机构的社交媒体账号，订阅学术期刊的电子通知等。这些渠道可以帮助研究者及时了解最新的研究成果和前沿动态。

合作与讨论。与其他研究者进行合作和讨论也是获取理论文献的重要途径。与同行交流可以了解他们的研究方向和正在关注的问题，并获得他们的文献资源。此外，参加研究小组、学术研讨会或研究项目也能获得更多的文献资源和合作机会。

（三）影响理论质量的可能因素

理论文献的查阅并不仅仅是寻找和阅读文献的过程，它涉及研究者的专业知识、研究技能、信息素养等多方面的因素。在这个过程中，研究者需要处理大量的信息，包括不同领域、不同观点、不同方法的文献，这是一个复杂的信息处理过程。

研究领域的复杂性也会影响文献的查阅。在某些领域，如生物学、物理学等学科研究的问题往往具有高度的复杂性，需要研究者具备深厚的专业知识和高级的研究技能。而在其他领域，如经济学等研究的问题可能更加复杂，涉及社会、文化、经济等多方面的因素。这种复杂性要求研究者在进行文献查阅时，要有针对性地选择文献，同时要具备跨学科的思维能力。

随着互联网和信息技术的发展，理论文献的查阅方式也在不断变化。研究者可以利用各种在线数据库、学术搜索引擎、社交媒体等工具来查找和获取文献。这些工具的使用，不仅可提高文献查阅的效率，也有助于研究者更方便地与同行交流、分享研究成果。

在面对大量的文献时，研究者需要具备一定的信息素养，包括信息检索、信息评估、信息管理等方面的能力。同时，研究者还需要建立自己的文献综述和分析框架，对收集到的文献进行分类、比较和分析，以便发现研究领域的空白和问题，为后续的研究提供方向。

理论文献的查阅是一个持续不断的过程。随着研究的深入和研究领域的不断拓展，研究者需要不断地更新自己的知识库，查找新的文献。同时，研究者还需要不断地反思和总结自己的研究过程和方法，以便更好地进行后续的研究。

三、基础教育研究中理论引用的策略

理论引用可以帮助研究者更深入地理解教育现象的本质和规律，从而更准确地解释和预测教育现象的发展趋势。理论也可以指导实践，通过理论引用，中小学教师可以借鉴先进的教育理念和方法，更好地进行教育教学实践。理论是推动教育改革的重要动力，理论引用可以激发教育工作者对教育改革的思考和探索，推动教育改革的深入发展。

（一）基础教育研究中理论引用的原则

（1）准确性和可靠性。引用理论时，必须确保所引用的理论是准确和可靠的。这要求研究者对所引用的理论进行充分的验证和确认，确保其真实性和可信度。例如，在引用某个心理学理论时，研究者需要确保该理论已经被实验验证过，并且被广泛接受和应用。

（2）相关性和针对性。引用的理论必须与中小学教育实践和研究问题密切相关。只有当所引用的理论能够直接解释和解决教育实践中的问题时，才能确保其有效性。例如，在研究学生自主学习能力时，可以引用自主学习理论，该理论能够直接解释和解决学生自主学习能力提升的问题。

（3）完整性和系统性。引用的理论必须完整、系统地呈现出来。这要求研究者不仅要提供理论的名称和核心观点，还要详细介绍该理论的形成背景、研究基础、应用领域等方面的信息。例如，在引用建构主义学习理论时，研究者需要详细介绍该理论的形成背景、研究基础、应用领域等方面的信息，以便读

者对该理论有全面的了解。

（4）恰当性和适度性。理论必须被恰当地引用和使用。这要求研究者在使用所引用的理论时，要结合实际情况进行适当的调整和修改，确保其能够适应中小学教育的实际情况。同时，理论引用也要适度，不要过多或过少地引用，以免影响研究的准确性和可信度。

（5）原创性和创新性。引用的理论必须是原创的或创新的。这要求研究者在引用理论时，要结合实际情况进行适当的创新和发展，提出新的观点和见解。例如，在研究学生自主学习能力时，可以结合自主学习理论和合作学习理论，提出新的自主学习合作学习模型，以更好地提升学生的自主学习能力。

以上是中小学教育研究中理论引用的原则，这些原则可以帮助研究者更好地引用和使用相关理论，提高研究的准确性和可信度。同时，这些原则也可以帮助研究者更好地理解和应用相关理论，促进中小学教育的改进和发展。

（二）基础教育研究中理论引用的一般方法

在中小学教育研究中，理论引用的方法对于确保研究的科学性和有效性至关重要。以下是几种常见的理论引用的方法以及相应的论证和案例说明。

（1）直接引用。直接引用是最常见的理论引用方法。它涉及直接引用他人的研究成果、理论或观点，以支持自己的研究。例如，在研究"学生自主学习能力培养"时，可以引用国内外教育专家的观点，如"学生自主学习能力的培养是教育改革的核心目标之一"等。

（2）间接引用。间接引用是指通过间接的方式引用他人的研究成果、理论或观点，而不是直接引用原文。这种方式通常用于无法直接引用原文的情况，或者需要进一步阐述或解释原文的情况。例如，在研究"学生心理健康与学习成绩的关系"时，可以间接引用国内外心理学家的研究成果，如"心理健康与学习成绩之间存在正相关关系"等。

（3）融合引用。融合引用是指将不同理论或观点进行融合，形成新的理论或观点。这种方式通常用于需要整合不同理论或观点的情况，或者需要进一步发展现有理论或观点的情况。例如，在研究"学生自主学习能力培养"时，可以将自主学习、合作学习、探究学习等不同理论进行融合，形成新的自主学习理论。

（4）创新引用。创新引用是指将现有理论或观点进行创新性的应用或解释。这种方式通常用于需要进一步拓展现有理论或观点的情况，或者需要将现有理论或观点应用于新领域的情况。例如，在研究"学生心理健康与学习成绩的关系"时,可以将心理健康与学习成绩的关系应用于不同年级、不同学科等领域,以进一步拓展该领域的研究。

(5) 批判性引用。批判性引用是指对所引用的理论或观点进行批判性的分析和评价。这种方式有助于对现有理论或观点进行深入思考和反思,发现其中的不足之处,并提出改进或完善的建议。例如,在研究"学生自主学习能力培养"时,可以对现有的自主学习理论进行批判性分析,指出其中的不足之处,并提出新的理论或观点。

(6) 拓展性引用。拓展性引用是指对所引用的理论或观点进行拓展和延伸。这种方式有助于将现有理论或观点应用于更广泛的领域或情境,或者提出新的理论或观点。例如,在研究"学生心理健康与学习成绩的关系"时,可以对现有的心理健康理论进行拓展,将其应用于不同年级、不同学科等领域,以进一步拓展该领域的研究。

(7) 跨学科引用。跨学科引用是指将不同学科的理论或观点进行引用和融合。这种方式有助于打破学科之间的壁垒,促进不同学科之间的交流和合作。例如,在研究"学生自主学习能力培养"时,可以将教育学、心理学、社会学等不同学科的理论进行融合,形成新的自主学习理论。

理论引用的策略多种多样,需要根据具体情况选择合适的策略。同时,需要注意引用的准确性和规范性,确保引用的理论或观点与自己的研究密切相关,并能够为研究提供有力的支持和论证。

第三节　凝练逻辑框架

从文献中凝练研究的逻辑框架,就是通过对相关文献的阅读和分析,提取其中的关键信息、观点和理论,进而构建一个逻辑清晰、结构完整的研究框架。这个框架可以指导后续的研究工作,确保研究的方向和目标明确,并且能够有效地整合已有的研究成果,为新的研究提供有力的支持。

从文献中凝练研究逻辑框架的意义在于:第一,避免重复研究。通过阅读文献,可以了解前人已经做了哪些研究,哪些问题已经得到了解决,哪些问题还有待进一步探讨,以避免重复别人的工作,提高研究的效率,并让研究更有意义。第二,建立研究基础。通过对文献的凝练和分析,可以了解相关领域的研究现状和前沿动态,为后续的研究提供坚实的基础。第三,指导研究方向。通过构建逻辑框架,可以为后续的研究提供明确的方向和目标,确保研究工作能够有序、高效地进行。第四，促进学术转化。通过对文献的凝练和分析，可以促进学术向有利于课题研究的方向转化，以更加高效地应用已有研究成果。

一般说来，借助文献中对要素与关系、条件与因素、结构与功能、类型与层次、性质与特征、原因与根据、规律与机制、瓶颈与路径等的理性思考，更利于寻求有效的课题框架、模式、策略、方法、工具、标准、机制、资源等策略。本节主要对归类比较法、观点提炼法、概括总结法三种方法加以阐释。

一、归类比较法

归类比较法指对与课题研究对象相互关联的概念，根据一定的标准，从不同的角度进行比较，鉴别和把握研究对象的本质，寻找其异同，并分类归档，探求普遍规律与特殊规律的方法。

"比较法"是对研究对象的相似性或相异程度的研究与判断，具体指对材料或对事物的认识进行整理和系统分类，把事物和知识的个别部分、个别方面或个别特征以及事物整体之间进行比较，判断它们之间的同或异，以及它们之间的关系，抓住事物的本质特点，获得对研究对象的准确认识。比较法按属性的数量，可分为单向比较和综合比较；按时空的区别，可分为横向比较与纵向比较；按目标的指向，可分成求同比较和求异比较；按比较的性质，可分成定性比较与定量比较；按比较的范围，可分为宏观比较和微观比较。"归类法"是根据共同点和差异点，把事物对象一类一类分开，具体指按照一定的标准，依据事物的特性，把事物或知识划分组合成不同的类别。归类的目标就是在相似的基础上收集数据来分类，衡量不同数据源间的相似性，把数据源分类到不同的簇中。

比较是归类的基础，而比较又是以分析为基础的，只有把事物分解为各个部分、各个方面，才能对其进行比较，区别事物。只有通过比较才能认识事物，比较是一切理解和思维的基础，是认识事物的必由之路。只有认识了事物共同的一般属性和本质属性之后，才能通过比较对事物进行归类。在课题研究中采用归类法，能使文献资料更加趋于系统化、条理化，能够更好地理清其间的层次和关系，变复杂为简单；从横向上可以更好地把握事物的区别与联系，在纵向上可以用发展线索的方式比较研究对象发展的不同阶段，更好地把握研究对象的来龙去脉。

【案例】孙祯祥著《教育信息化进程中的教师领导力》

以下是"教育信息化进程中的教师领导力"研究中逻辑框架建立的过程。

围绕"教师信息化领导力的构建",在广泛收集文献资料的基础上,梳理出学界对教师信息化能力研究的已有结论,从国内外关于该领域的理论研究现状、理论内涵及模型和实际应用调查等多个角度进行研究。

第一,通过对国内外 80 余名学者关于"领导力""教师领导力"等内容的研究现状进行梳理汇总,提出教师领导力是专业、综合性的领导力,通过教师的知识储备、教学行为和师生互动具体呈现。

第二,通过比较、归类,综合论述了理论定义,并从功能价值与作用维度,提出了详细的理论模型——教师信息化领导力是教师领导力的延伸,是教育信息化背景下的全新体现,其中主要包含了教师对信息技术的应用能力、信息化教学能力、信息化文化领导力和信息化发展能力等维度。其中既反映了教育信息化环境对教师的要求,也从技术应用、教学和文化构建等视角表达了教师在推动教育信息化进程中的多元优势。明确的发展愿景是推动教育信息化的必要基础,对信息化教学进行科学管理是关键核心,学校应营造良好的支持氛围。

第三,从文献中寻找研究的支点,明确培养提升教师信息化领导力的两个视角:一个是从教师自愿、自发角度出发,重点培养教师掌握必备的信息技术能力,形成必要思维,属于个人认知研究;另一个是从建设学校信息化环境、培训和提升教师信息化素养等外部角度出发,属于多元支持研究。

第四,形成教师信息化领导力培养与提升的实施策略,包含 5 项二级指标、36 项三级指标的领导力评价体系,完善教师信息化技能培训体系、深化教学反思、凝聚校内共识和组建学术共同体等教师信息化领导力提升的具体策略等。从教师主体、外在动力和学校管理架构等视角提出了教师信息化领导力的培养建议,提出变革学校管理结构、引入柔性化管理理念、建立共同的信息化教学愿景等多种策略,使读者进一步了解教师信息化领导力培养的价值意义与应对策略。

以上案例通过文献研究,提炼出了关于"教育信息化进程中的教师领导力"的研究逻辑框架。而且,通过文献比较研究清晰地展示逻辑框架形成的过程。

首先,通过对国内外学者的研究成果进行梳理,形成了对教师领导力的一般认识。其次,从理论定义和模型的角度,进一步阐述了教师信息化领导力的内涵。再次,从文献中寻找研究的支点,明确了培养提升教师信息化领导力的两个视角。最后,基于文献研究,形成了教师信息化领导力培养与提升的实施策略。整个逻辑框架的建立过程体现了文献研究在教育研究中的重要地位,帮助研究者系统梳理已有研究成果，明确研究问题和方向，为后续研究提供理论支持和实施策略。

二、观点提炼法

爱因斯坦说:"提出一个问题往往比解决一个问题更重要，因为解决问题也许仅是一个数学上或实验上的技能而已。而提出新的问题、新的可能性，从新的角度去看旧的问题，都需要有创造性的想象力，而且标志着科学的真正进步。"[1] 问题是研究的起点，研究者应学会借助文献来提炼观点。

何为观点？即文章的立场、看法或出发点。观点提炼法是指在全面学习文献资料的基础上，确定研究问题，弄清本课题的研究问题所涉及的各种相关概念和研究状况，围绕课题研究的目标与假设，对变量、内容、方法、步骤、资源、条件及预期成果等各个方面进行充分、合理和明确的论证或设想，最终提炼并形成关于研究课题的有独特价值的新观点的方法。如何从文献研究中提炼课题观点？

（一）从文献中梳理观点的方向

对搜索到的文献作初步统计分析。将搜索到的研究列成分析简表，进行初步的统计分析。简表内容包括：参考文献格式、原文观点、内容提炼与深度挖掘、论文题目、研究领域或关键词。列表之后首先是数量统计，即该课题已有多少人、多少论著对此进行过专门研究，数量统计的结果表明研究界对该问题的关注热度；其次是观点统计，即这些数量的研究成果各从哪些角度研究了该问题的哪些方面，取得了哪些结论；最后是对研究未尽之处的归纳与对研究趋势的分析，只有分析出未尽之处与未来可能的研究趋势，才能为自己介入该问题的研究提供落脚点。具体统计形式如表 4-1 所示。

表 4-1 文献梳理简表

序号	参考文献格式	原文观点	内容提炼与深度挖掘（重要）	论文题目	研究领域或关键词
1					
2					

---

[1] 爱因斯坦：《爱因斯坦文集（第 1 卷）》，许良英、李宝恒、赵中立等编译，商务印书馆，2011 年，第 228 页。

在对文献进行梳理与探究时，重点关注以下内容：

第一，关注文献中的矛盾点。对不同的观点和方法进行分析比较有利于我们找到研究中存在的矛盾。我们在阅读文献时，经常会发现不同的研究者在分析同一问题时有不同的观点，它们甚至彼此矛盾，互不相容。发现现有研究的矛盾是文献分析的一个重要方面，关注矛盾，思考矛盾，往往会给我们带来一次好的研究机遇。

第二，关注现有研究的局限性。这种局限性可能是方法论的局限性、理论观点的不成熟，也可能表现在研究方法方面。这些局限性必然会影响研究结果的正确性和普遍性。找到现有研究的局限性可以让我们的研究一开始就有一个高的起点。发现这些局限性一般需要研究者有新的视角，而解决它们则往往需要研究者有新的知识结构或新的研究手段。

第三，关注课题研究的空白点。每一领域在得到充分研究之前，总会存在一些空白点，抓住空白点进行研究，可以避免重复别人的研究，在选题上保证研究的创新性。在寻找课题研究空白点时可以进行以下追问：原研究者重点关注的问题有哪些，原研究者已经注意但由于理论或技术困难而没有解决的问题有哪些，原研究者没有关注到的问题有哪些，原研究者由于缺乏全面的知识结构而未能解决的问题有哪些？

第四，关注课题新的生长点。分析课题研究的发展方向有利于寻找课题新的生长点。我们在查阅、研究文献时，注意课题研究中出现的新方向、新思路、新领域，对深入该课题研究和拓展研究领域，追踪研究方向与水平都是很有意义的。

需要注意的是，对现有的文献进行理论批判与整合，需要我们在钻研文献的基础上，保持思维的自主性和独立性，选择合适的角度，突破思维定式，扩大思维空间，引进新的理论模型。如何从研究策略上突破研究者的思维定式？著名心理学家皮亚杰的观点值得推荐。他说，当我们着手研究一项课题时，先不要去看这一课题的直接文献，而是去看与这一课题有些关系但又好像关系不密切的文献，在阅读中就所要研究的课题进行思考，等形成了一些初步的观点之后，再去看那些直接相关的文献，在两者的比较分析中，就会得到新的收获，而不致于迷失在文献中。

（二）从文献中梳理观点的方法

从文献中梳理观点一般有以下几种方法：

（1）主题分类法。按照文献的主题对观点进行分类。先确定文献的主题，然后将文献中的观点与该主题相关联,将相同主题的观点归类在一起。这种方法能够清晰地展现不同主题下的观点及其关联。

(2) 时间顺序法。按照文献发表时间的顺序对观点进行梳理。先整理出文献的发表时间,然后按照时间顺序对观点进行排列。这种方法能够展现观点的发展历程和演变。

(3) 观点对比法。将不同文献中的观点进行对比和对照。找出不同文献中针对同一问题的观点,分析它们的异同点,从而更全面地理解问题。这种方法能够突出不同观点之间的冲突和融合。

(4) 归纳总结法。对文献中的观点进行归纳和总结。先对文献中的观点进行逐一分析,然后将它们归纳为几个核心观点,并对其进行总结和解释。这种方法能够概括出文献中的主要观点,便于理解和记忆。

(5) 主题关联法。这种方法是通过找出文献中不同观点之间的关联,从而形成对问题的全面理解。例如,一篇文献中可能提到了多个与某一主题相关的观点,这些观点之间可能存在某种联系或共同点,通过找出这些关联,我们可以更深入地理解这一主题。

(6) 关键信息提取法。这种方法是通过提取文献中的关键信息,如作者的观点、研究结果、数据等,来梳理出文献的主要观点。这种方法可以帮助我们快速了解文献的核心内容。但需要注意的是,关键信息的提取需要具备一定的阅读和理解能力。

这些方法具有以下的特点:针对性强,不同的方法适用于不同的文献类型和问题,需要根据具体情况选择合适的方法;系统性,这些方法能够帮助我们从文献中系统地梳理出观点,使我们对问题的理解更加全面和深入;客观性,这些方法能够减少主观偏见,使我们更客观地看待文献中的观点,从而更准确地理解问题;灵活性,这些方法可以根据具体情况进行灵活运用,既可以单独使用,也可以结合使用,以适应不同需求;可操作性,这些方法都相对简单易行,不需要复杂的操作技巧,便于我们快速上手并应用。除了以上提到的几种方法,还有一些其他的方法可以帮助我们从文献中梳理观点。

从文献中梳理观点需要掌握一定的方法和技巧,同时也需要具备一定的阅读和理解能力。通过运用合适的方法,我们可以更全面、深入地理解文献中的观点,为我们的研究和决策提供有力的支持。

需要强调的是,为了获得值得研究的线索和问题,在阅读文献过程中要重点关注论文的引言和讨论部分。因为在这些论述中,一是作者总结了某一学科领域所存在的尚未解决的问题和难题;二是作者根据自己的理解和观点,提出了下一步要研究的内容或课题，这对提炼课题是十分有帮助的。研究者应在阅读大量相关资料的基础上，结合自身的具体情况，提出适合自己的新课题，并抓紧实施。

【案例】从文献中梳理观点

通过调研国内外所报道的有关高中语文思辨读写方面的文献，发现绝大多数研究主要集中在零散的阅读或写作的碎片研究，而缺乏从区域层面进行系统的课程建构和大面积推广。经过分析论证后，确定将"高中语文思辨读写课程高质量建设的区域实践"作为选题。事实证明，这是一种有效的提炼课题的方法。然而应当注意的是：你所想到的别人也可能会想到。这就要求研究者不仅要思路敏捷，还要动手快，即早做试验、早写论文、早发表论文或课题申请，才能获得创新性结果。

需要进一步强调的是，研究者一定要静下心来将通过各种渠道获得的信息资料进行分类、整理，并详细、系统地记下众多文献中研究的问题、目标、方法、结果和结论，尤其是存在的问题、观点的不足与尚未提出的问题，然后将相关的、类似的内容分别归类；更要关注结论不一致的文献，要对比分析，按一定的评价原则和科学的态度，客观地作出是非的判断，最后通过创造性思维得出自己的见解，从而提出新的研究设想、研究内容，即课题。

此外，也可以通过研讨的方式对一些热点问题进行讨论，引出有价值的问题。

【案例】引出有价值的问题

通过对国内生物多样性研究、保护与利用现状的讨论，可以引出很多值得思考的问题，如生物多样性与农林牧业生产、生物多样性与可持续发展、分子生物学技术与生物多样性等不同主题，各个主题下还可以派生更多问题，最后确定成课题。

（三）对提炼出的观点进行分析

对从文献中提炼出的观点进行分析，可对以下几个要素进行论证：

（1）明确文献观点。要确保准确理解文献中的主要观点或建议。这可能涉及重新阅读相关段落，或与同事、专家进行讨论，以确保深入理解。

（2）确定研究方法。文献的观点通常是基于特定的研究方法得出的。评估观点的可行性时，需要理解这些研究方法是否适当、可靠，以及是否可以复制。

（3）考虑样本大小和代表性。如果文献中的观点是基于小样本或特定群体的研究，那么这些观点可能不具有普适性。因此，需要考虑样本是否足够大，以及样本是否具有代表性。

（4）考虑外部效度。外部效度是指研究结果是否可以推广到其他人群或情境。如果文献中的观点仅基于特定情境下的研究，那么其外部效度可能较低。因此，需要考虑这些观点是否适用于其他情境或人群。

（5）考虑内部效度。内部效度是指研究结果是否准确反映了研究变量之间的关系。如果文献中的观点是基于内部效度较低的研究，那么这些观点可能不准确或不可靠。因此，需要考虑这些观点是否基于内部效度较高的研究。

（6）考虑伦理和道德问题。如果文献中的观点涉及伦理或道德问题，那么需要考虑这些观点是否符合伦理和道德标准。例如，如果观点涉及对人类或动物的伤害或侵犯，那么可能需要进一步评估其可行性。

对文献提炼出的观点进行分析需要综合考虑多个因素，包括研究方法、样本大小和代表性、外部效度和内部效度、伦理和道德问题以及实施成本和资源等。综合考虑这些因素，可以更准确地评估观点的可行性，并做出明智的决策。

【案例】分析论述观点

在对作业的设计与实施的课题研究中发现一批新的观点。试用上面的几个要素对这些观点进行分析论述。

（1）明确文献观点。文献观点：应用课程的视角进行作业的设计与实施，作业的本质是一种学习，作业的功能与作用应该多元化。论证方法：通过总结、归纳、抽象等方式明确文献中阐述的各种观点，识别各个观点的核心要点。

（2）确定研究方法。文献观点：应用课程的视角进行作业的设计与实施。论证方法：可以采用案例研究、比较研究等方法，分析课程视角下作业设计与实施的实际效果，通过实证数据来支持这一观点。

（3）考虑样本大小和代表性。文献观点：作业的本质是一种学习。论证方法：选择不同年级、不同学科的多个样本，进行实证研究，通过收集学生的学习数据，分析作业如何促进学生的学习，从而支持这一观点。

（4）考虑外部效度。文献观点：作业的功能与作用应该多元化。论证方法：采用问卷调查、访谈等方法，收集教师、学生、家长等多方面的意见，评估作业多元化对不同群体的影响，以确定这一观点的普适性。

（5）考虑内部效度。文献观点：应用课程的视角进行作业的设计与实施。论证方法：在设计和实施作业的过程中，要确保各环节之间的逻辑性和连贯性，以增强内部效度。

（6）考虑伦理和道德问题。文献观点：作业的本质是一种学习。论证方法：在进行实证研究时，要尊重学生的隐私和权益，确保研究过程符合伦理道德标准。例如，收集数据前要获得学生的知情同意，并告知他们有权随时退出研究。

通过以上六个要素的论证，我们可以更全面地评估文献中的各种观点，为作业设计和实施提供有力的支持。

三、概括总结法

概括总结法，就是针对所选的研究对象，以及参考的研究数据，包括该领域前人的研究现状等，通过分析、抽象等方法，根据具体经验抽取研究对象的共同特征或联系，总结出该对象的共同属性，把握研究对象的本质特征。

在课题的推进过程中，借助概括总结法，适时反思问题，梳理成果。如本课题已解决了教育实践、教育理论中的哪些问题？本课题与别人研究的课题在目标、对象、方法等方面有什么不同？还可提炼出哪些创新点？还有哪些具体可行的策略没有概括到？对选定的主题不断进行概括总结，才能形成有意义的、提法准确的、切实可行的课题。

【案例】北京师范大学《基于核心素养的学科能力诊断评价和教学改进系统——九学科协同研究与实践》

（1）确定研究类型：明确研究的应用型、研究的目的和研究的方向，从理论性研究，到应用型研究。

（2）明确研究思路：对检索课题的主题进行全面、正确的逻辑分析，围绕主题词进行文献检索，将信息需求转化为可检索的概念术语。借助检索策略的动态构造及反馈调整，优化课题研究方案——开展系列探索性研究、描述性研究、解释性研究、相关性研究，通过量化研究和实化研究，确定本课题研究思路为"选择研究问题—形成假设—概念的操作化与测量—选择资料收集方法—分析资料—提出发现"。

(3) 概括总结实践中形成的系列成果：

①构建了基于核心素养的学科能力构成及其表现的理论模型和指标体系；

②研发了学科能力表现系列测评工具，基于大数据建立了学生学科能力表现的水平及影响因素模型，并诊断了学生的现状；

③构建了促进核心素养学科能力发展的教学改进理论和方法体系，取得丰富的实践成果；

④建设了核心素养学科能力评学教一体化的互联网平台，应用于区域整体教育质量提升。

成果体现出"学科共通性与特征性融合""知识、能力、素养相统一""理论指导—问题导向—证据为基—精准教学""评学教研一体化""高校引领、多学科、跨区域、大学—区域—学校协同"等突出特点，应用于全国多地区百余所学校改革实践，在国内外顶级期刊和学术会议上发表，出版《基于核心素养的学科能力研究》丛书，产生了积极和广泛的影响。

第四节 评估文献质量

剖析文献优劣、建构研究骨架、表明研究立场，是文献综述的重要组成部分，三者之间存在着一定的内在逻辑关系。剖析文献优劣，是提出研究理念、表明研究立场的前提和基础，研究理念的提出和研究立场的确立则是开展文献研究、剖析文献优劣的成果指向和价值追求。

一、紧抓四点，剖析文献优劣

研究者基于对大量相关文献的阅读与思考，特别是在全面了解、分类梳理与该项研究相关的概念内核、发展脉络、典型经验等的基础上，对当前文献研究成果的优劣进行基本评判，吸纳优秀成果精髓，加以借鉴和使用，找出当前研究的不足，明确研究可能的创新点和增长点。

（一）研究的文献中是否有不同观点

文献研究是一种通过查阅和分析已有文献来获取某一领域的知识和信息的方法。在这个过程中，研究者需要收集、整理、分析和评价大量的文献资料，以形成对该领域全面而深入的理解。研究的文献中是否有不同观点是指研究者需要关注所研究的文献中是否存在不同的观点或看法，这涉及文献的多样性和复杂性，以及不同文献之间的相互关系和影响。

"研究的文献中是否有不同观点"是文献研究中一个非常重要的方面，它涉及研究的多样性和复杂性、批判性思维的发展、研究的深入和发展，以及研究的可靠性和可信度等方面。

研究的文献中是否有不同观点的意义如下：

第一，揭示研究的多样性和复杂性。不同的文献可能基于不同的研究方法、数据来源、理论框架等，因此可能得出不同的结论或观点。这种多样性和复杂性是科学研究的重要特征，研究者需要充分考虑并分析这些不同观点，以形成全面而深入的理解。

第二，促进研究者批判性思维的发展。关注不同观点可以促进研究者的批判性思维的发展。通过对不同观点的比较和分析，研究者可以评估各种观点的合理性和局限性，从而形成自己的独立判断和思考。

第三，推动研究的深入和发展。不同观点之间的讨论和争鸣可以推动研究的深入和发展。通过对比不同观点，研究者可以发现新的研究问题和领域，或者提出新的理论和方法来解释现有现象。

第四，提高研究的可靠性和可信度。关注不同观点可以确保研究结果的可靠性和可信度。通过比较和分析不同观点，研究者可以评估各种观点的优劣和可靠性，从而选择合适的研究方法和结论。

【案例】《回归知识脉络的问题情境教学研究》（节选）

"情境"一词在《现代汉语词典（第7版）》中的解释为情景，境地。美国的教育学家约翰·杜威是第一个将"情境"与教学过程相联系的人，他将情境教学定义为"特定的环境或氛围中进行教学的过程"，此环境与人的心理发生映射，相互影响，激励学生自主学习，使其能在短时间内学习大量的知识内容。

布朗柯林斯和杜基在1989年首次提出了情境性学习的方法，强调了知识与情境有着密不可分的联系。我国江苏省特级语文教师李吉林老师是第一个将"情境"与语文教学相联系的人，她所定义的"情境"为："教师为促进学生身心发展而创造的良好的教学场所与氛围。"教育界的许多教师对情境教学的定义作出了解释，虽表述方式有差异，但是其核心本质有着共同点，即创设学生获取知识所需的情境，给予学生适当的引导，促使学生完成知识内化。

（二）研究的文献中是否有盲点

在研究过程中，对所收集和阅读的文献进行评估，以确定其是否存在未被涵盖或未被充分讨论的领域或主题。盲点在这里指的是研究文献中可能存在的缺陷或不足，这些缺陷或不足可能是文献的作者没有考虑到、没有涉及的，或者没有充分讨论的问题。

关注研究的文献中是否有盲点，提醒研究者要保持批判性思维，对所阅读的文献进行全面的评估。识别盲点，可以发现可能被忽视的问题或领域，从而进一步完善自己的研究；同时，也提醒研究者要保持开放的心态，接受不同的观点和证据，以更全面地了解研究领域。

【案例】《中小学生创新能力培养模式与途径研究》（节选）
当前研究仍存在如下的问题：

缺乏以创新能力为目标导向的理论与实践探索。创新能力是现代科技迅速发展的需要，是社会主义市场经济发展的需要，也是教育改革的需要。然而，研究者对目前基础教育中学生创新能力的评价不高，许多的研究者认为，我国的教育尤其是基础教育不仅没有培养学生的创新能力，甚至扼杀了学生的创新精神，"创造力缺失在基础教育中"成了一种普遍的忧思。当然，研究者对中学生创新能力水平不高的原因分析有很多种，对如何培养创新能力也是见解颇多。

理论性不足，对创新能力的内涵认识不够清楚。正确理解创新能力是讨论创新能力培养的基础。创新能力是多种因素共同作用的结果，不能将创新能力的培养脱离学校的各种教育教学活动，另起炉灶开设专门性的创新课程。同时，创新能力培养也绝不等于是创新思维的训练，必须加强对学生思维等综合素质的培养。

研究者通过文献研读，发现研究"缺乏以创新能力为目标导向的理论与实践探索""对创新能力的内涵认识不够清楚"等，进而在研究中尝试"以创新教育心理学为基础性工作，明确创新能力的内涵和构成要素"。

（三）研究的文献中是否有空白点

每一领域在得到充分研究之前，总会存在一些空白点，抓住空白点进行研究，可以避免重复别人的研究，在选题上保证研究的创新性。如何寻找课题研究的空白点？一是关注其他研究者未关注的问题，二是关注那些研究者已经注意但由于理论或技术困难而没有解决的问题，三是关注其他研究者由于缺乏全面的知识结构而未能解决的问题。

【案例】《回归知识脉络的问题情境教学研究》（节选）

（1）对问题情境教学的导向性和动态性不够重视。笔者发现，在这些研究中，研究者对于知识习得的认知多持一种静态的观念，即认为情境更多的是作为一种载体或学习环境出现，似乎给出一个情境学生就能够提出问题、解决问题，而对情境的导向性和情境教学的动态性并不重视。

（2）问题情境教学中知识生产脉络原初情境研究缺乏。一方面，对于问题情境教学的研究以理论研究居多，且研究方式多以思辨的形式进行；另一方面，对于问题情境教学的实践研究更多地集中于教学模式、教学策略的提炼和归纳，很少有人注意到问题情境教学中知识产生的本源脉络，即除了存在知识结构脉络以外，知识习得的过程也存在一个"知识生产脉络的原初情境和知识运用脉络的现实情境"，即"从复现到运用"的过程脉络。

在该案例中，研究者通过文献学习，发现原有研究对知识习得的认知多持一种静态的观念，未能对情境的导向性和动态性足够重视；同时，对知识生产脉络的情境研究以理论思辨居多，实践操作较少。因此，在研究实践中，更为关注知识生产脉络的原初情境和知识运用脉络的现实情境的创设和运用，在视角上有所突破，进而有所创新。

（四）研究的文献是否有创生点

文献研究中，寻找和确定创生点至关重要。因为创生点是文献研究的出发点和落脚点，它决定了文献研究的深度和广度，也决定了文献研究的质量和水平。创生点指的是在文献研究中，文献本身所具有的创新性、独特性和创造性。它代表着文献所提供的新知识、新观点、新方法等，是文献研究的价值所在。

创生点的寻找需要研究者运用敏锐的洞察力和批判性思维，对文献进行深入的解读和分析，发现其中的独特之处和创新之处。创生点的确定需要研究者进行充分的论证和探讨，需要与其他文献进行比较和参照，以确定其创新性和独特性。

【案例】《中小学生创新能力培养模式与途径研究》（节选）

当前研究仍存在如下的问题：

系统性不足，没有从教学工作入手来进行研究。创新能力的培养同学校的所有工作都密切相关，许多研究都指出了一些有关的重要因素，如教育教学观念、课程设置、教学方法、师生关系、评价制度、管理模式等，而教学工作都包含或体现了这些因素。所以，通过教学工作来进行研究，围绕课程、教学、评价作为研究的中心，既不会漏掉重要的因素，又有利于揭示各种因素在教学工作中相互作用的复杂一面。

因此，在"双减"背景下，面向基础教育学生创新能力培养的新型教学模式和途径建构中，如何围绕创新能力培养，整合学校所有资源要素、重组和设计课程教学内容和过程、建立科学有效评价体系，以化解指向不清、系统性不够的问题，并形成聚焦创新能力培养的课程体系和课堂教学模式成为课题需要重点解决的问题。

该项研究在梳理研究文献后，把创新能力培养的课程体系和课堂教学模式建构作为课题研究重点问题。

二、文献研究成果的应用

对相关文献的深入学习和全面剖析，奠定了研究设计的认知思辨基础，为研究顶层设计、核心概念界定、研究基本主张的提出、改革措施的明确、研究思路的明晰，提供了必要的前提条件。

（一）用于研究观念创新

政策依据指向了研究价值，理论支撑则代表了研究可行性。在文献研究中找到研究的政策依据和理论支撑，对形成研究共识，树立研究信念，明确研究方向目标有重要作用。

【案例】成都高新区芳草小学区级课题"基于深度学习的小学数学结构化教学策略研究"的文献综述

文献综述指出："布鲁纳结构主义学习观认为，人的认识活动是按照一定阶段的顺序形成、发展，成为认知结构而进行的。人类学习的实质是类目及其编码系统的形成，学习新知识的过程，是头脑中已有的认知结构与新知识结构的'顺应'与'同化'的过程。人的认知活动掌握了最基本的定义触类旁通，成为应付复杂环境的一种基本手段。将这种观点推广到其他学科中，他提出了学科的基本结构。布鲁纳认为，任何学科中的知识，都可以引出基本结构。""英国著名结构主义学者特伦斯·霍克斯认为，结构主义是关于世界的一种思维方式，在这一思维方式中，事物的本质不在于事物本身，而在于人们在各种事物之间感受到的那种关系。世界是由各种关系构成的，而不是由事物构成的，在任何确定的情境中，一种因素的本质就其本身而言是没有意义的，它的意义由它与确定情境中的其他因素之间的关系决定。总之，任何实体或经验的完整意义除非它被结合到结构中去，否则，就实体谈实体或就经验谈经验，是不能被人们感觉到的。"

（二）用于概念分析与界定

例如段沙、周怡在《精准教学的文献综述》中，描述了对精准教学的概念界定过程[①]。通过文献查阅，了解到林斯利将精准教学归结为根据标准变速表上学生持续的自我监控表现频率的变化而形成的教育决策。韦斯特等认为精准教学是一种精准而系统的评估教学策略和过程的评价方法。美国华盛顿大学教育学院教授怀特认为精准教学是一种以教授知识与技能为主的高效教学方法，有利于促进学习者取得学习成就，是弥补学习者学习能力不足的有效策略。库比纳等认为精准教学的核心优势在于它在教育领域的科学精准。教师有机会使用这种方法观察、描述、记录和分析一种行为，进而能够就目前教学方法的有效性作出明智的判断。张灵芝认为精准教学就是采用信息化技术手段精准地设计、记录、分析翻转课堂教学和实践全过程的教学模式，是改革后的精准教学模式。彭红超、祝智庭认为应重新定义当前信息技术支持下的精准教学，精准教学包括目标精准、问题精准和干预精准，旨在精准判断符合学习者个性化特征的目标，精准判定"最近发展区"内学习者存在的当前问题及潜在问题，为个体提供精准的改进策略。

经过对精准教学定义的研究，段沙、周怡最终将其定义为：针对教师在教学实践过程中精准地设定教学目标、教学环节和教学过程，采用精准的测量和评估方法发现影响学生学习效果的因素，并不断调整教学策略，作出新的教学决策的一种方法论[②]。

---

① 段沙、周怡：《精准教学文献综述》，《英语教师》，2017年第24期，第64~70页。
② 段沙、周怡：《精准教学文献综述》，《英语教师》，2017年第24期，第64~70页。

（三）用于对问题的进一步梳理

段沙、周怡的《精准教学的文献综述》在表述了精准教学的概述、定义、国内外研究现状、精准教学的内涵和原则、精准教学的探索与实践之后，对精准教学研究进行总结及展望，指出大数据和人工智能助力精确诊断和效果测评，信息化教学平台和资源，以及精准教学的实施应用方法将成为未来研究的着力点。"目前，'互联网＋'在社会各行各业的创新应用极大地改变了人们的生产和生活方式。因此，技术加持下的教育教学更要突破传统的教学模式，实现教育革新。信息技术将为精准教学注入新的活力，信息化将取代传统的手动记录学习行为的方式，大数据、人工智能等先进技术能够准确测评学习者的学习结果，并进行精准诊断。当前信息化的教育产品层出不穷，但是如何有效借助信息化教学平台和资源实现教学精准化、透明化和即时性，是值得教育研究者、教学实践者思考的问题。"[①]

【案例】北京师范大学第二附属中学《基于项目式学习的课程构建与实施》（节选）

（1）面临现实问题。壁垒森严的分科课程无法满足复杂世界对学生综合运用知识解决问题的能力要求，学科知识掌握和真实问题解决的两大取向的传统对立如何消弭？

（2）确定检索策略。课题组先进行相关研究历史沿革梳理，即按照文献的问世年代进行梳理、整合和重组。然后进行逻辑归纳，突破时间的限制，梳理文献背后的传承关系，通过逻辑溯源找到研究的发展脉络和现状。接着运用研究整合法，对以往的研究报告进行系统分析，拟定研究问题，检索相关文献，评价、分析、综合数据资料，生成新的知识或解释。

（3）提出解决措施。提炼学科核心概念和重要原理，构建双环互动项目教学模式，使学生基于学科核心知识但又不囿于学科知识的问题解决能力得到提高。制定项目式学习实验方案，界定项目式学习的概念，明确项目方向、内容、安排和评价方法，引导学生在真实问题的解决过程中通过体验、行动、合作实现知识构建、能力形成、社会交往和价值品质养成等多维目标。将学科核心概念和重要原理情境化和问题化，根据学生认知水平，按照进入项目→自主学习→确定方案→研究实践→完成作品→交流反思流程，将核心问题与学科概

---

① 段沙、周怡：《精准教学文献综述》，《英语教师》，2017年第24期，第69页。

念建立有机联系，在实践中构建和反复应用，在实现学生解决真实问题的同时扎实而精确地储备学科的知识图谱。

（4）投放解决措施。围绕高中阶段科学和技术的核心概念和原理，基于真实问题构建项目，采用双环互动项目教学模式和多样化评价，学生在完成项目中构建知识体系，提升问题解决能力。第一，构建项目式学习实验方案，明确课程目标、功能与组织形式，搭建基于项目学习的课程框架。第二，设计并实施基于学科核心概念和重要原理的 30 个项目，形成系统化、结构化的项目体系。第三，形成基于项目学习的"双环互动"教学模式和多样化评价，保证项目教学的有效性，多维度、多主体、多方式的评价方案彰显评价的育人功能。

第五节　发现研究创新

一、理论创新

在中小学教育教学实践中，各种教育理论起着关键性指导作用，中小学教师对现代各种教育理论也是耳熟能详，我们经常能够看到建构主义理论、人本主义理论、多元智能理论、目标教学理论、最近发展区理论、情境教育理论等国内外各大教育理论的身影。中小学教师可以结合自身教育教学实践，在开展课题研究时，对这些传统的教育理论进行一些新的探索、实践和思考。

例如，中小学教师所熟悉的建构主义教学理论经常被应用在传统的课堂上，随着网络信息技术的发展，慕课、微课、翻转课堂等一些新的课堂形式越来越常见，那么，建构主义教学理论面对慕课、微课、翻转课堂等基于网络信息技术的教学模式是否能够适应？又如何运用建构主义理论来指导新形式课堂教学？教师以此为创新点可以提出一系列研究课题："基于建构主义教学理论的翻转课堂教学模式研究""情境教育理论在小学数学微课中的应用研究""多元智力理论视角下的慕课教学目标设计研究"等。这些课题都是对建构主义理论的新思考、新实践，具有一定的创新价值。

【案例】《中小学生创新能力培养模式与途径研究》的理论创新

本研究拟以创新人格、创新思维与方法和创新知识技能作为创新能力的内涵要素，在基础教育中开展学科课程与活动课程相结合的高质量课程的设计与实践，探索创新能力培养的方法与途径，有助于澄清课程和教学理论研究中的一些模糊认识，有利于明确基础教育在培养学生创新能力中所应承担的主要任务，并引发人们从新的角度来思考课程和教学理论。

二、方法创新

研究方法也是中小学教师课题研究的一个重要的创新点。中小学教师常用的教育科学研究方法一般有行动研究法、案例研究法、经验总结法、文献研究法、调查研究法、实验研究法、观察法等。对同一课题研究内容可以运用不同的研究方法，可以运用一种研究方法，也可以综合运用多种研究方法。在研究方法上进行一些新的探索，也是中小学教师寻找课题研究创新点的重要途径。

以中小学常见的有效教学研究为例，大部分研究课题采用的是行动研究法、文献研究法和经验总结法，很少见以实验研究法或调查研究法为主要研究方法对有效教学进行研究的课题，而实际上以实验研究法或调查研究法对有效教学进行研究，得出的结论更加科学和具有推广价值。

【案例】《新时代基于学科实践的"五育融合"研究》的方法创新

分类探讨：根据中小学课堂教学的实际情况，分别从学以致用（学后实践）、用以致学（实践促学）、学用合一（学用一体）探索基于学科实践的"五育融合"教学模式。

三、视角创新

要创新就必须要有一双善于发现新事物的眼睛。教育实践本身就是一个创新活动，中小学教师每天都在传授新知识，面临新情境，遇到新问题，当然也会有很多新发现。在确定课题研究选题时，这些教育实践中的新发现就是课题研究的创新点。中小学教师如何去发现？发现的前提是用心观察。这就要求我们在教育教学实践中要做一个有心人，要善于用心去观察教育教学实践中的一些现象，并要对这些现象进行思考与分析。平时在教育教学实践中还要多观察，观察多了总会有一些新的发现，一旦有新的发现就必须及时记下来，并对新发现进一步观察、思考和研究。

例如，小学语文教师在教学生认读生字时，发现学生有些字音总是读不准，细心观察发现，大部分学生只是在单独认读时发音不准，但在歌曲、童谣中却能够准确发音，这说明歌曲和童谣是能够帮助学生准确发音的。针对这个新发现，以此为创新点，确定课题"运用歌曲童谣提高学生生字发音准确性的实践研究"，这个课题就具有很好的创新性。

【案例】《回归知识脉络的问题情境教学研究》的视角创新

为了改变以往情境教学主要关注情境在导入新课和联系生活两大环节的实践状况，本课题将情境教学置放在回归知识生产脉络的原初情境和知识运用脉络的现实情境两个视角中进行研究。

第五章　问卷设计与数据分析

第一节　问卷调查的基本过程

一、确定需要调查的内容

在问卷编制之初，明确测量的内容是整个问卷有效编制的前提与基础。在指向教学问题解决的实证研究中，通常需要围绕自变量和因变量展开调查。

围绕自变量的调查，如果放在研究前期，重在聚焦投放改革措施前已具有的基础和不足，以利于找到需要继续采用的措施和可能的新措施、新方法；如果放在研究的中期，重在聚焦投放的措施是否与预期产生偏差。围绕因变量的调查，通常作为研究的前测和后测，用于检验投放措施产生的效果。

【案例】"促进学生实践创新的主题整合课程建设研究"中的内容
内容如表 5-1 所示。

表 5-1　"促进学生实践创新的主题整合课程建设研究"内容

类别		内容
围绕自变量的调查	自变量	主题整合课程
	测量的内容	学校主题整合课程建设情况，包括学校主题整合课程开设情况、主题整合课程实施情况
	调查的目的	诊断学校主题整合课程建设中存在的问题
	调查对象	学校各学科教研组长、备课组长，部分名优骨干教师
	问卷题目	某学校主题整合课程实施现状调查问卷
围绕因变量的调查	因变量	学生实践创新能力
	测量的内容	学生实践创新能力，重点测量包含的分析能力、实践能力、批判能力、创造能力、复杂问题解决能力

续表

类别		内容
围绕因变量的调查	调查的目的	了解学生实践创新能力的现状，一是作为课题研究的前测，二是对问题进行归因，寻找提升学生实践创新能力的对策
	调查对象	全校初二、高二年级抽样200人调查
	问卷题目	某学校学生实践创新能力现状调查问卷

二、设计问卷调查的框架

在明确了测量的内容与目标后，需要构思一下整个问卷调查的基本框架，以便有序进行问卷设计、调查与分析。下面以成都市教育科学研究院承担的"知识管理视阈下的基础教育教学成果推广问卷调查"框架（如图5-1所示）为例说明设计要点。

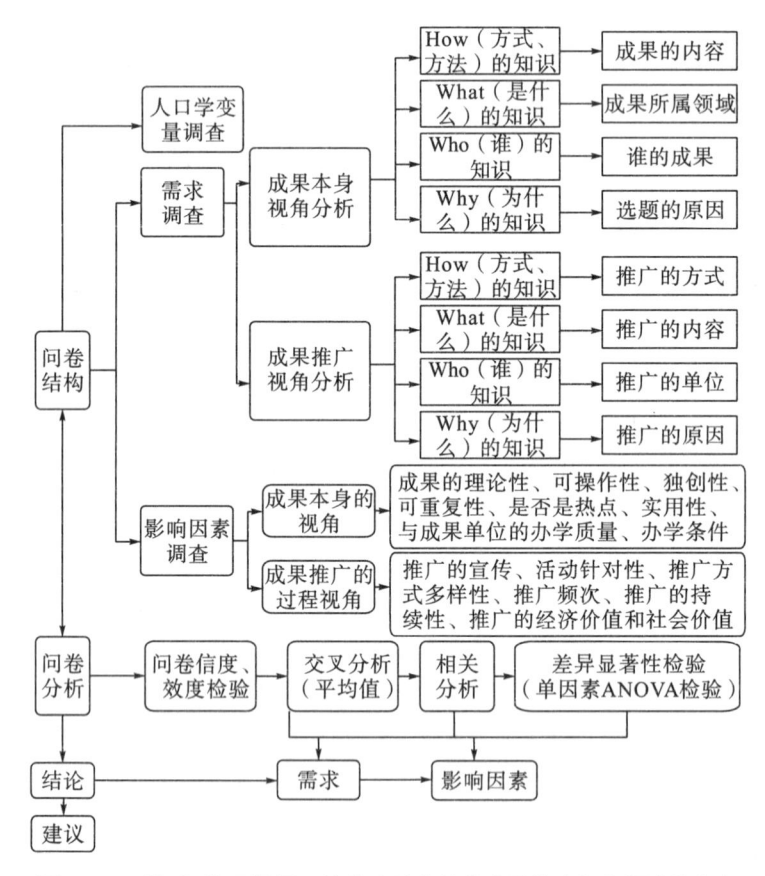

图5-1 "知识管理视阈下的基础教育教学成果推广问卷调查"框架

本问卷的调查目的在于了解在成都市基础教育教学成果的推广过程中，各学校对成果推广的需求以及影响成果推广效果的因素，通过对数据的分析制定成果的推广机制与策略。

问卷调查框架包括问卷结构、问卷分析方法预设、结论和建议几部分。调查的重点围绕学校对教学成果本身的需求和对成果推广活动的需求两个视角展开。作为对问卷调查的整体设计，本框架还预设了问卷分析的方法与技术。

三、编写问卷的引导语

每份问卷前应有简短的引导语，内容主要包括调查的背景、目的和内容，填写的方法与注意事项，填写问卷大致需要的时间，对填报者表示感谢，组织单位，调查时间等。

引导语编制的注意事项：①通过引导语与被调查者建立良好的信任关系，例如合理使用礼貌用语，表达调查是由权威机构发起，从被调查者的视角来描述问题等；②提示该调查不会对被调查者产生不良作用，甚至可以产生好的结果，促使被调查者认真对待；③引导语应语言精练，必要时要写明答题的方法和答题的具体要求。

【案例】"成都市基础教育教学成果推广效果调查问卷"引导语

亲爱的老师：

为了解和改善成都市基础教育教学成果推广效果，特制定本问卷。本问卷仅供调研使用，不与任何考核等利益因素有关，所以请您务必根据自己的感受与理解认真作答。对您的支持与合作，我们谨表达诚挚的谢意！

成都市教育科学研究院
2019 年 9 月 27 日

四、设计问卷的人口学变量部分

人口学变量通常包括性别、年龄、教龄、健康状况、职业、婚姻、文化水平、收入等。人口学变量部分问卷的作用主要有两个：一是调查被调查者的基本信息，二是作为分类统计或进行交叉分析的依据。

【案例】人口学变量调查部分

1. 您的现任教学段［单选题］

　○ 幼儿园　○ 小学　○ 初中　○ 普通高中

　○ 职业高中、中专　○ 其他

2. 您的教龄［单选题］

　○ 5年以内　○ 5~10年　○ 11~20年　○ 20年以上

3. 您的身份是［单选题］

　○ 校级干部　○ 中层干部　○ 教研组长

　○ 学科教师　○ 教研员　○ 其他

当发现某一题得分情况值得深入研究时，可以借助预先设置的人口学变量试题，对某一道题进行分类统计或进行交叉分析。

例如，问卷主体中第8题是：您认为本次推广的成果最有价值的特点是什么？［单选题］

　○ 选题的视角新颖

　○ 成果理性认识深刻、系统

　○ 改革路径与技术创新性强

　○ 成果蕴含可广泛应用的实践智慧

　○ 教育科研方法得当

　○ 其他

由于在人口学变量试题中设置了"您的身份是［单选题］"这一道题，因此在进行统计时，就可以根据预设的"身份"类型，对上述试题答题情况进行交叉分析。同理，如果设置了"您的现任教学段""教龄"试题，也可以根据预设的任教学段、教龄，对上述试题答题情况进行交叉分析，结果如表5-2所示。

表5-2　交叉分析结果

身份	选题的视角新颖	成果理性认识深刻、系统	改革路径与技术创新性强	成果蕴含可广泛应用的实践智慧	教育科研方法得当	其他	小计
校级干部	1 (25%)	0 (0%)	2 (50%)	0 (0%)	1 (25%)	0 (0%)	4
中层干部	4 (25.00%)	6 (37.50%)	1 (6.25%)	2 (12.55%)	3 (18.70%)	0 (0%)	16
教研组长	0 (0%)	1 (25%)	0 (0%)	1 (25%)	2 (50%)	0 (0%)	4

续表

身份	选题的视角新颖	成果理性认识深刻、系统	改革路径与技术创新性强	成果蕴含可广泛应用的实践智慧	教育科研方法得当	其他	小计
学科骨干	2 (7.5%)	8 (29.6%)	5 (18.5%)	6 (22.2%)	5 (18.5%)	1 (3.7%)	27
教研员	2 (28.6%)	1 (14.3%)	1 (14.3%)	1 (14.3%)	0 (0%)	2 (28.5%)	7
其他	8 (12.90%)	8 (12.90%)	16 (25.80%)	14 (22.58%)	13 (20.98%)	3 (4.84%)	62

五、设计问卷的主体部分

（一）根据关键变量的外延设定调查维度

问卷的主体部分需要进行整体设计，编写者通过查阅相关文献、回顾以往经验、参考专家意见、访谈相关研究人群、参考相关问卷等方法，确定从哪几个维度进行调查。在指向教学问题解决的实证研究中，我们通常围绕自变量和因变量进行调查，自变量和因变量的外延通常可作为调查的维度。

例如："促进学生实践创新的主题整合课程建设研究"课题，我们要围绕学生的实践创新能力进行调查。如果把实践创新能力分为学习能力、分析能力、想象能力、批判能力、创造能力、复杂问题解决能力、实践能力、组织协调能力，就应该从这8个维度调查或测评学生的能力。

需要说明的是，有的自变量或因变量的外延，不一定适合通过问卷调查获取，需要综合运用问卷、试题测评、访谈、现场考查、课堂观察等多种方式进行调查。

（二）把各维度项目设计成试题题干

可把一个二级维度再细分为三级维度，再针对三级维度编写对应的题干。

在"知识管理视阈下的基础教育教学成果推广问卷调查"框架（图5-1）中，需求调查需要从成果本身的视角，按How、What、Who、Why进行调查，调查教师对成果的内容、成果所属领域、谁的成果、选题原因的需求，相应的试题题干如下：

- 您最关注研究成果的哪个部分？
- 您最关注哪个领域的教学成果？
- 您最关注哪些单位完成的成果？

- 您最关注解决哪些问题的成果？

需求调查还需要从成果推广过程的视角，按 How、What、Who、Why 进行调查，调查教师对成果推广的方式、推广的内容、推广的单位、推广的原因四个方面的需求，相应的试题题干如下：

- 你喜欢哪些成果推广方式？
- 在成果推广过程中，以下哪些内容您最感兴趣？
- 您认为由谁担任成果推广的组织者最合适？
- 您参加成果推广活动的原因有哪些？

需要注意的是：题干中尽量不要出现两个不同维度的提问。例如，你喜欢这节课的内容和教学方式吗？如果被调查者填写不喜欢，调查者无法判断学生是对内容不喜欢，还是对教学方式不喜欢，还是都不喜欢。正确的方式应该把此题拆分为两道题：你喜欢这节课的内容吗？你喜欢这节课的教学方式吗？

（三）为每道题设置选项

选项设置的题型很多，这里只介绍选择题的选项设置策略。选择题的选项设置有两种方式。

一是按平行关系设置选项。这种选项设置方式要求：被选择的项目是同一个分类方式下的不同维度，这些维度应该是平行的，不能有交叉。

例如，你最喜欢的课程是［单选题］。
○国家课程 ○选修课程 ○必修课程 ○校本课程 ○地方课程

案例中的问题是新学习问卷设计的老师常犯的错误，在列出的选项中，对课程的分类方式用了按地域划分、按选择性划分两种，必然导致选项内容的交叉、重复。正确的方式应该把本题拆分为两道题。

按平行关系设定选题的问卷，在数据统计与分析时，只是进行各题选择的比例、各题平均分等基础性统计与分析，不能进行问卷的信度、效度检验，更不能进一步做相关性分析和推断性统计与分析。

二是按等级关系设置选项。如果问卷希望进行深度数据统计与分析，其选项要按等级关系设置。比较常见的是用李克特量表的方式设定选项，这种方式的选项由一组陈述组成，每个陈述有"非常同意""同意""不一定""不同意""非常不同意"五种类似的、有等级的回答，分别记分 5、4、3、2、1，每个被调查者的态度总分就是他对各道题的回答所得分数的加总。

例如：请按您喜欢的程度选择成果推广方式（见表 5-3）。

表 5-3 矩阵量表

子题题干	不喜欢	不太喜欢	一般	比较喜欢	很喜欢
直接发布调研报告	○	○	○	○	○
现场考察+体验+实践	○	○	○	○	○
学校间点对点推广	○	○	○	○	○
面对面交流	○	○	○	○	○

经验丰富的问卷设计者可将变量分解成不同层级内容，并将这些内容设计成为等级选项，并将等级转化成具体的得分，即可进行更复杂的统计与分析，从而发现通过简单分析无法获取的教育信息。

六、问卷的初测与问卷修订

初始问卷生成后，需请相关研究领域的专家对初始问卷的项目进行审阅，以确定内容效度（专家效度）。专家审阅包括：评估每个项目与测量目标之间的相关性，评估每个项目的清晰性和简洁性，指出与测量目标有关的哪些内容或项目没有被包括在初始项目库里。

当问卷项目编好后，在正式运用于研究之前，需对问卷进行预测。预测即编制者要找一些受试者先对此份问卷进行初测，以确保问卷语言的可读性、条目应答项的完整性、测量内容的合适性等，进而了解哪些项目是可用的。

有数据分析基础的问卷设计者还可以进行项目分析。主要目的是针对预试的题目加以分析，以作为选择正式项目的参考。进行项目分析时，通常有两种方法可以使用：第一种方法是 T 检验法，第二种是相关法。在做项目分析时，这两种方法都是以单个试题为单位进行分析。以 T 检验而言，在进行项目分析时，是对该分量表总得分的高分组（前 27% 的受试者）和低分组（后 27% 的受试者）在每一题得分的平均数进行差异比较。在使用相关法时，有两种方式：一种是含本题在内所得的相关，另一种是不含本题在内的相关。使用第一种相关法时，首先将每个受试者分量表的总得分算出来，然后以题为单位，计算每一题与总得分的相关。一般而言，相关系数应达 0.4 以上为佳。使用第二种相关法时，以每一题和该题所在的分量表的总得分（不含该题）求相关。一般而言，相关系数达到显著水平才算是具有鉴别力的题目。

经修订、检验合格的问卷即可分发。

七、在问卷星平台上制作与分发问卷

在问卷星网站上注册一个账号,可以绑定 QQ 或微信,方便登录和管理。

(一)制作与编辑问卷

在问卷星网站上选择"创建新问卷",点击"创建问卷"(如图 5-2 所示)。输入问卷题目,点击"添加问卷说明",把引入语输入或复制进去。

图 5-2 创建问卷

问卷星中的试题种类很多,常用的有单选题、多选题、填空题、矩阵题。下面对这四种常见题型的编辑方法作简要说明。

单选题与多选题:选择题型为"单选"或"多选",在文本框中输入或复制题干部分。文本框数目不够时,可以点击"添加选项",增加备选答案(见图 5-3)。

填空题:点击文本框,在其中输入题干,勾选"填写提示"复选框,输入简要的填写说明或要求。若有必要,可选择"属性验证",对被调查者输入的内容(如时间、身份证号、电话号码等)是否符合格式进行检验(见图 5-4)。还可以设置单行还是多行显示,以及显示行的宽度等。

图 5-3 单选题与多选题设置

图 5-4　填空题设置

矩阵单选题：一个问题有多个方面的，如果备选答案相同，则可使用矩阵类试题。点击文本框，输入题干，在"行标题"下的文本框中输入这个问题各个方面的内容，调整"选项文字"与题干相对应，即可得到一组试题（见图5-5）。

图 5-5　矩阵单选题设置

当问卷试题全部设置完成后，点击右上角的"完成编辑"。可以随时选择"编辑问卷"，对问卷进行修改，修改完成后，选择"运行问卷"即可进行线上调查。

（二）分发问卷

选择"发送问卷"，即可自动生成问卷的二维码和链接，把它们发给被调查者，被调查者即可通过手机或电脑参与调查了（见图 5-6）。

图 5-6 分发问卷

八、在问卷星平台上进行数据统计

（一）默认报告

点击"分析 & 下载"，默认报告将对所选择问卷中的每一道题，自动进行填报情况统计，显示方式有表格、饼状图、圆环图、柱状图、条形图、折线图（见图 5-7）。

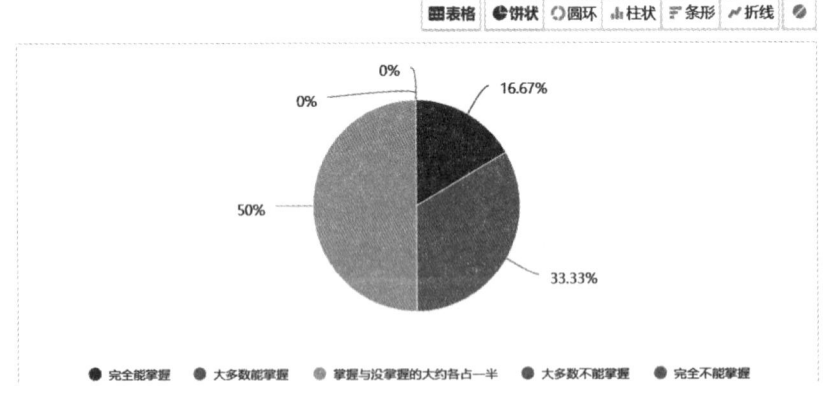

图 5-7 默认报告

（二）分类统计

选择"分类统计"，运用"分类筛选"功能（见图 5-8），选择预先设置的人口学变量试题，例如"你所在的年级"（见图 5-9），再点击"选择分类"中的一项（例如"4 年级"），问卷星将自动统计 4 年级学生每一道题的填报统计数据，显示方式与默认报告相似，有表格、饼状图、圆环图、柱状图、条形图、折线图。

图 5-8　分类统计

图 5-9　选择分类条件

(三) 交叉分析

选择"交叉分析",在"自变量 X"下的下拉列表中选择预先设置的人口学变量试题,例如"你所在的年级";在"因变量 Y"下的下拉列表中选择问卷中某一道值得深入分析的试题,例如"你为什么愿意好好学习?",问卷星将以二维表格和图表的形式呈现每个年级学生这一道题的填报统计数据(如图 5-10)。

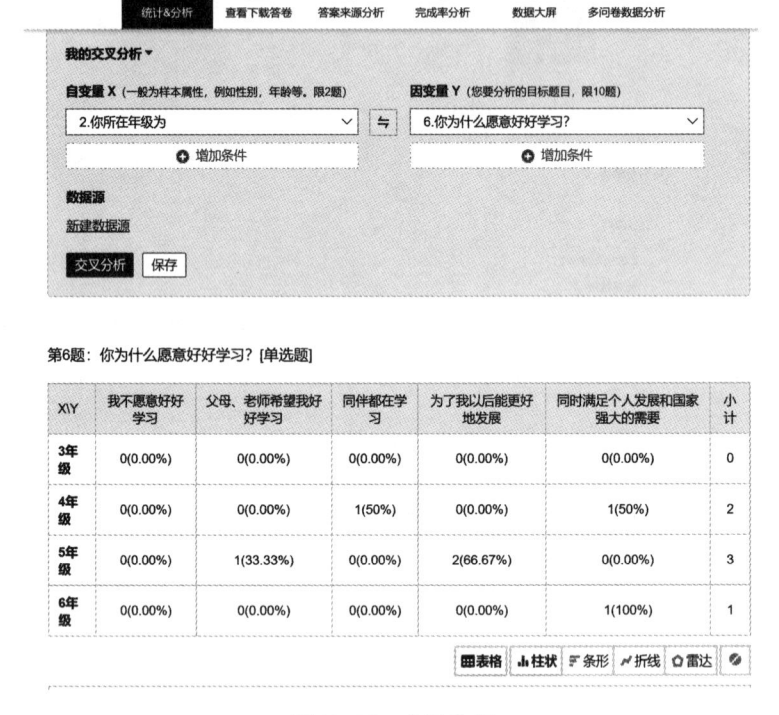

图 5-10 交叉分析

(四) 文本分析

对于填空题,问卷星将自动调用文本分析工具,对填空题的答题情况进行词频分析,默认状态下以"词频云图"的方式呈现,显示的字越大,表示答卷中这个词的使用频率越高(如图 5-11 所示)。

图 5-11 文本分析

还可以点击"查看详细词频分析",用列表、词云、柱状图、饼状图、条形图、关键词排行等方式呈现各个词语的使用频率(如图 5-12 所示)。

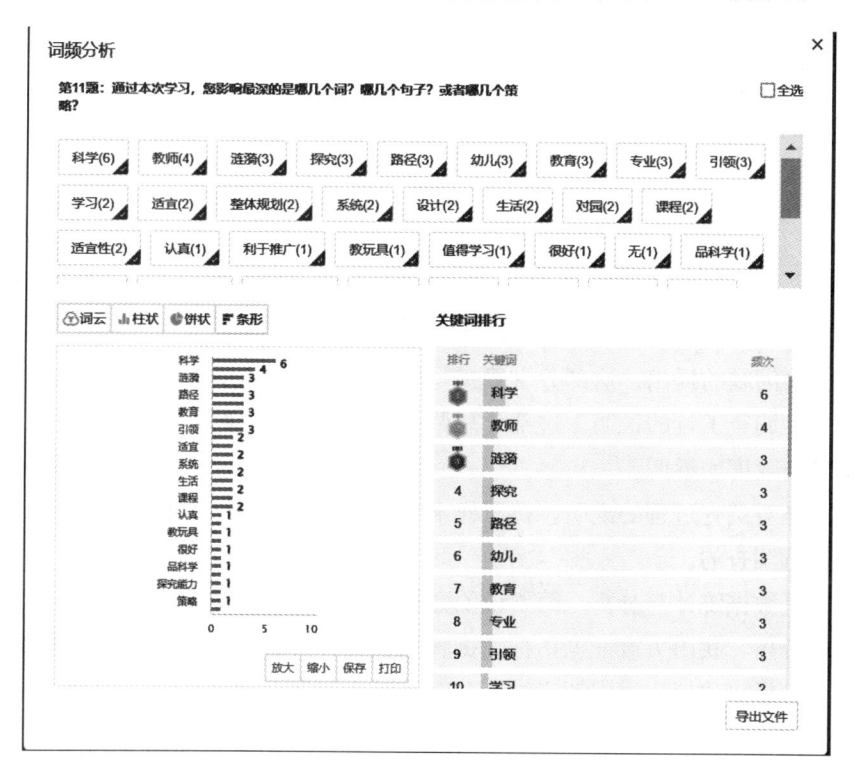

图 5-12 词频分析

（五）在线 SPSS 分析

对于有数据分析基础的教师，可使用问卷星的"在线 SPSS 分析"功能，平台提供了信度分析、效度分析、相关分析、回归分析、方差分析几种功能（见图 5-13）。对于专业的数据统计分析，建议使用 SPSS 专用软件进行分析。

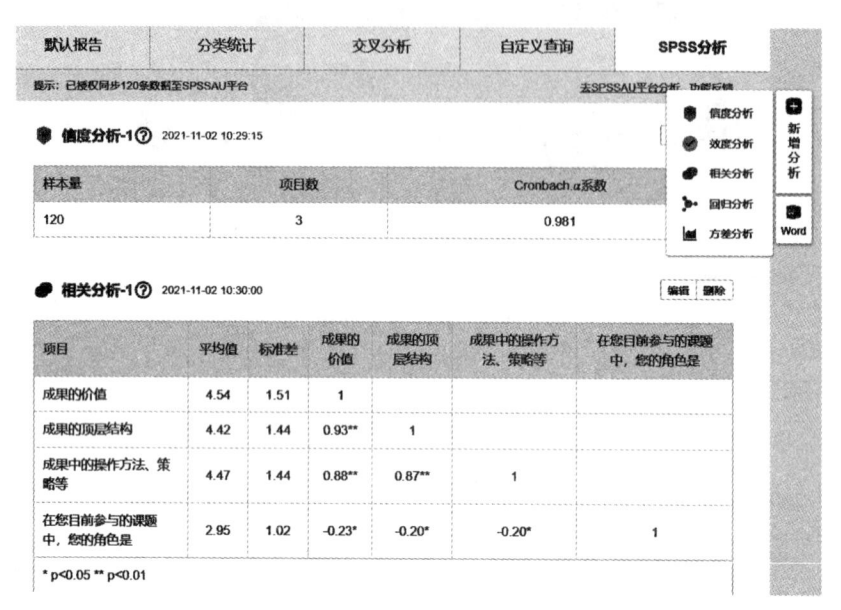

图 5-13　在线 SPSS 分析

九、撰写问卷调查分析报告

问卷调查分析报告一般包含以下几部分内容：

一是问题的提出。这部分一般撰写调查目的、调查的框架及调查的内容。

二是调查工具的说明。这部分写调查工具的设计思路或选用理由、对工具的信度与效度的说明。

三是对调查过程的说明。撰写样本的选择理由、对样本的简要说明，以及如何进行调查的。

四是数据统计与分析。简要说明数据的处理、数据的统计方法，对典型数据进行分析，找出关键证据，把数据转化成教育信息，形成主要的调查结论。

五是提出建议。根据调查结论，对课题研究提出建议。

第二节　问卷的信度与效度检验

一、信度、效度概述

（一）什么是信度

信度指的是问卷的可靠度、一致性或者稳定性。例如，对同一学生进行人格测试，多次测试结果都很接近，大家会认为这个结果是可信的、真实的，也就是信度高；如果每次测试的结果都有很大的差异，则说明信度较低。在问卷调查中，也通过信度分析来检测调查对象的回答结果是否真实可靠，检验信度越高，表示结果越可信。

（二）如何表示问卷的信度

问卷的信度可分为内在信度和外在信度两类。

内在信度：指问卷中一组问题（或整个调查量表）测量的是否为同一概念，即题目之间是否具有内在一致性。Cronbach's α 信度系数，即内部一致性信度系数，是最为常见的信度表示方法。通过 SPSS 软件计算出 α 信度系数值，表示问卷的信度水平。

综合多位学者的看法，内部一致性信度系数指标判断原则如表 5-4 所示，其中分量表（各维度量表）的内部一致性信度系数要在 0.5 以上，最好能高于 0.6，而整份问卷的内部一致性信度系数要在 0.7 以上，最好能高于 0.8。

表 5-4　内部一致性信度系数指标判断原则

内部一致性信度系数	分量表	整个量表
$\alpha<0.50$	不理想，舍弃不用	非常不理想，舍弃不用
$0.50\leqslant\alpha<0.60$	可以接受，增加题项或修改语句	不理想，重新编制或修订
$0.60\leqslant\alpha<0.70$	尚佳	勉强接受，最好增加题项或修改语句
$0.70\leqslant\alpha<0.80$	佳（信度高）	可以接受
$0.80\leqslant\alpha<0.90$	理想（甚佳，信度很高）	佳（信度高）

续表

内部一致性信度系数	分量表	整个量表
$\alpha \geq 0.90$	非常理想（信度非常好）	非常理想（甚佳，信度很高）

外在信度：指在不同时间测量时，测量结果是否具有一致性。常用的外在信度是重测信度。重测信度指用同样的测量工具，对同一组被调查者间隔一定时间重复测试，两次测试结果的相关程度。

重测信度可以通过两种途径进行考察：

途径1：计算两次测试结果的相关系数，如果经过统计检验，相关关系有统计学意义，则认为测量工具的信度高，否则信度低。也有人提出，测量工具的重测信度可以接受的标准是两次测试相关系数在 0.7 以上。

途径2：对两次重复测试结果进行两个相关样本差异的统计检验，如果差异有统计学意义，则认为测量工具的信度低，否则信度高。

（三）提高问卷信度的方法

问卷的信度越高，受到人、时、地、物的干扰就越小，其所能反映事实或让人相信的程度越高，因此在问卷实施前有效提高信度是问卷测验成功的关键。通常提高问卷信度的方法有以下几种方式：

（1）适当延长问卷的长度。问卷题目较多，可以在一定程度上排除偶然因素的影响，从而提高了问卷的信度。但是问卷长度的增加与问卷信度的增加并不总是成正比的，当信度系数较小时，延长问卷长度，可增加问卷的信度系数；而当信度系数较大时，延长问卷长度对信度系数的影响就较小。

（2）问卷的难度要适中。当问卷题目难度太大时，问卷得分普遍过低；当问卷题目难度太小时，问卷得分普遍较高。问卷题目太难或太易都会使问卷得分差异减小，使实得分数方差减小，从而降低了问卷的信度。

（3）问卷的内容要同质。内容同质的问卷，要求被调查者具有相同的能力、知识和技能。因而为了提高问卷的信度，问卷的内容应尽量保持同质。

（4）测试的时间要充分。问卷应保证绝大多数被调查者在规定的时间内能完成测验。当被调查者不能从容地回答所有题目时，问卷的得分就不能反映被调查者的真实情况。

（5）测试的程序要统一。问卷题目要统一，引导语、回答问题的方式、分收试卷的方法和问卷测验的时间等都要统一，这些是问卷有较高信度的基本保证。

（四）什么是效度

效度是指一个量表能够有效测量它所要测量的特质的程度，简单来说就是一份问卷设计的有效性、准确程度。我们为研究主题选择或设计问卷时，都会希望问卷实际测量到的是我们希望测量的，这样研究的数据才能准确地说明问题。例如，一份有效的"成就动机量表"应该能确实反映受试者的成就动机，高成就动机者在此量表的得分应该比低成就动机者的得分显著要高。

（五）如何表示效度

根据研究者们对测量目的的解释可将效度分为内容效度、结构效度与效标关联效度三种。

内容效度是指一个测验实际测到的内容与所要测量的内容之间的吻合程度。例如想要判断某高中物理试卷是否有较高的内容效度时，必须分析试题中是否有效涵盖了高中物理所包含的力学、电学、光学、热学以及原子物理5个方面，若试卷中只包含力学、电学、光学试题，则缺乏内容效度。

要确定一份问卷的内容效度，其工作思路是请有关专家对测验题目与原定内容范围的吻合程度作出判断，通常是以文字说明问卷的有效性。如通过参考文献，或者权威来源说明问卷的权威性和有效性。还有就是通过结合结果对问卷前测进行题项的修正等来充分说明问卷的有效性。

结构效度指测量题项与测量维度间的对应关系，一般用于智力测验、人格测验等一些心理测验方面。确定结构效度一般包括三个步骤：①提出理论假设，并把这个假设分解成一些细小的纲目，以解释被试在测验上的表现；②依据理论框架推演出有关测验结果的假设；③用逻辑的和实证的方法验证假设。结构效度的测量方法有两种，一种是探索性因子分析，另外一种是验证性因子分析。其中，探索性因子分析是当前使用最为广泛的结构效度测量方法。使用探索性因子分析进行效度验证时，应该以问卷为准，对变量或者问卷分别进行分析。

效标关联效度测验对个体的效标行为表现进行估计的有效性程度。一般用以前权威数据为标准，对当前数据与前一份数据进行相关分析，如果相关系数较高，则说明效标关联效度良好。

（六）如何提高问卷的效度

效度代表着正确性，一份问卷的效度越高，表示其测验结果越能代表其测量对象的真实特征。提高问卷效度的方法如下：

（1）问卷的设计要科学合理。问卷的内容与效度有着很重要的关系，若内容设置科学，则效度高；反之，会影响效度。例如，各个题目的设置要有清晰明确的概念、题目的难度要适中、题目的编排方式要合理等。

（2）谨慎选择样本。要选择有代表性的样本，样本越有代表性，越能体现问卷的主体特征，在其他条件相同的情况下，样本分数的全距（最大值与最小值之间的差距）越大，效度系数越高。

（3）重视问卷的回收率。若回收率低则可能没有代表性，无法正确反映测量对象的特质。

（4）效标的合理性。效标是效度的先决条件，要根据内容构建适合的操作，若选择不合理的效标，则无法体现出任何的价值。

（5）注意受访者的状态。在问卷的填答过程中，受访者的状态是影响效度的重要因素，若受访者心不在焉或者勉强作答，甚至态度很消极，则会影响问卷结果的准确性。

（6）保证测验环境无干扰。若受访者处于嘈杂喧闹的外在环境或者外在环境无法被控制，则会使受访者受到干扰。需要避免无关的干扰，以防其影响问卷的准确性。

（七）信度与效度的关系

信度与效度间的关系并非是对称的，其中信度是效度的前提和基础，测量要有效度则必须有信度，没有信度就没有效度。一项测量如果信度低，则效度也低，因为若不能稳定地测量所需测量的对象，就不能有效地说明测量对象；如果信度高，则效度可能高也可能低。一项测量如果效度高，则信度一定高；但是，如果效度低，信度可能高也可能低。一份好的问卷应该同时具有足够的信度和效度，并且从实践角度要兼顾实用性和科学性。

（八）信度、效度检验的适用条件

（1）研究者自编问卷。大部分教师有过拟定调查问卷的经验，但是缺乏科学工具的使用经验，可能仅凭着数据统计或文字表述将调查结果总结成描述性的观点。为了保证研究者自编的问卷具有更高的可靠性和有效性，需要使用信度和效度这两个技术性指标，来评估其测量能力，进而检验问卷设计质量。根据分析结果筛选问卷题项，调整问卷结构，从而提高问卷的信度和效度。

（2）研究者修改已有问卷。教育研究中有一种情况特别常见，就是研究者既不是自己编制一份问卷,也不是完全直接引用他人的问卷,而是对他人的问卷进行了修改,这时也要进行信效度检验。一方面研究者对于问卷的文字修改,可能改变了原问卷的内容或者意义,此时就应再进行预试来了解其信效度;另一方面,如果是大幅度的修改,就更要对问卷的信效度进行检验。并且,再进行一次检验还可以了解问卷的可行性,尤其是在研究者修改的问卷年代比较久远、使用对象有差异、先前的信效度不高等情况下,此时的检验有助于问卷信效度的提高。

二、实例解析

本案例在 SPSS 软件环境下,运用问卷分析中最常用的 Cronbach's α 系数来测量问卷的一致性和可靠性,利用因子分析的方法测量问卷的结构效度。

(一)问卷数据的采集

案例使用的数据是基于"高中生对职业生涯规划教育现状的认识和了解"的相关问卷调查数据,给出五个基于现有科学理论与实践基础而设计的问卷维度,分别是"学校""职业认识""学生自我""政府""家庭",每个维度项目数不同,每个项目均采用李克特问卷五级计分法,1~5 分表示非常重要到非常不重要,共收集 637 份数据。

(二)信度、效度检验的操作步骤

1. 信度检验

首先进行"学校""职业认识""学生自我""政府""家庭"五个分问卷的信度检验,其次进行总问卷的信度分析。

步骤说明:点击"分析—度量—可靠性分析"(见图 5-14),将"学校"维度的 11 个项目选入"项目"对话框中,"模型"选择"Alpha",点击"统计",在弹出的对话框中的"描述性"选项中勾选"删除项后的标度"复选框,在"摘要"选项中勾选"平均值"复选框,点击"继续—确定"(见图 5-15)。

图 5-14 信度检验

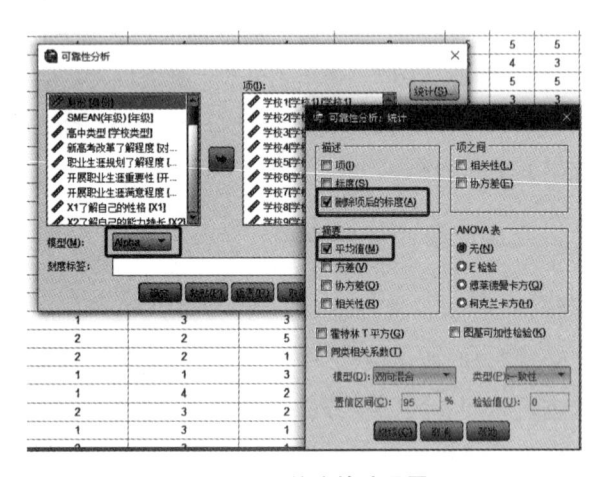

图 5-15 信度检验设置

统计结果如图 5-16 所示。

可靠性统计量

Cronbach's a	基于标准化项的Cronbach's a	项数
0.892	0.897	11

项总计统计量

	项已删除的刻度均值	项已删除的刻度方差铭	校正的项总计相关性	多相关性的平方	项已删除的Cronbach's a值
学校1	38.83	64.419	0.734	0.585	0.877
学校2	39.00	65.134	0.644	0.493	0.881
学校3	39.61	70.706	0.373	0.186	0.895
学校4	38.92	62.533	0.812	0.706	0.872
学校5	39.01	62.464	0.692	0.596	0.878
学校6	39.49	59.944	0.610	0.487	0.886
学校7	38.97	63.689	0.735	0.578	0.876
学校8	39.04	61.599	0.810	0.740	0.871
学校9	39.04	61.517	0.784	0.755	0.872
学校10	38.94	63.010	0.752	0.664	0.875
学校11	39.79	75.619	0.011	0.112	0.918

图 5-16 统计结果

"项总计统计量"给出了删除该项目后剩余题项的信度系数，删除学校1后的分问卷的信度系数为0.877，小于0.892，说明删除学校1之后信度有所下降，建议保留该题目。

同理给出其余四个维度及总维度的信度整理结果（见表5-5）。

表 5-5 四个维度及总维度的信度

类别	Cronbach's α 系数	基于标准化项的Cronbach's α 系数	项数
学校	0.892	0.897	11
职业认识	0.869	0.887	5
学生自我	0.815	0.840	4
政府	0.909	0.939	4
家庭	0.813	0.814	4
总问卷	0.915	0.920	28

可以看出各个分问卷及总问卷的信度系数均较高，说明调查问卷的一致性和可靠性较高。

2. 效度检验

利用因子分析进行问卷结构效度判断，必须首先进行因子适应性分析，即KMO 和Bartlett 的球形度检验。

步骤说明：点击"分析—降维—因子"（见图5-17），将五个维度共28个项目选入"变量"框，点击"描述"，在弹出的对话框中勾选"KMO 和巴特利特球形度检验"复选框（见图5-18），点击"继续"。点击"旋转"，在弹出的对话框中，点击"最大方差法"（见图5-19），点击"继续"。点击"选项"，在弹出的对话框中勾选"按大小排序"复选框（见图5-20），点击"继续"。

图5-17 效度检验步骤1

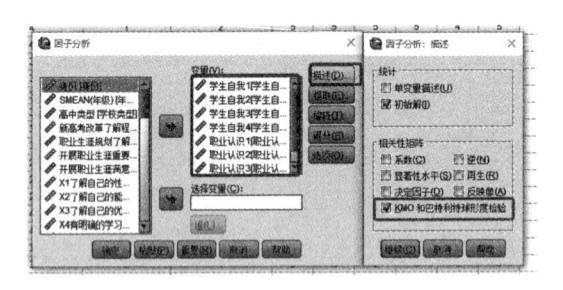

图5-18 效度检验步骤2

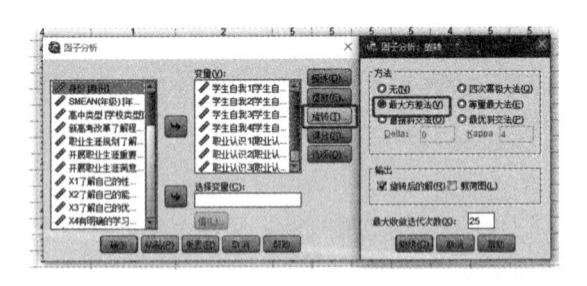

图5-19 效度检验步骤3

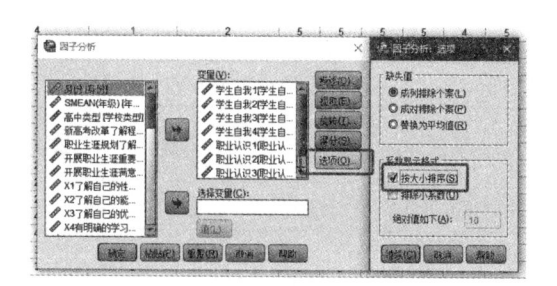

图 5-20 效度检验步骤 4

统计结果如图 5-21 所示。

KMO 和巴特利特球形度的检验

取样足够度的 Kaiser-Meyer-Olkin 度量。		0.971
巴特利特球形度检验	近似卡方	20384.082
	df	378
	$Sig.$	0.000

图 5-21 效度检验结果

"KMO 和巴特利特球形度检验"结果表明，$KMO=0.971$，较大，且 Bartlett 的球形度检验 $p=0.000<0.05$，说明此处适合利用因子分析来进一步验证问卷的结构效度，检验结果如图 5-22 所示。

总方差解释

组件	初始特征值			提取载荷平方和			旋转载荷平方和		
	总计	方差百分比	累积%	总计	方差百分比	累积%	总计	方差百分比	累积%
1	18.006	64.307	64.307	18.006	64.307	64.307	7.743	27.655	27.655
2	1.796	6.415	70.722	1.796	6.415	70.722	4.374	15.622	43.277
3	1.330	4.751	75.473	1.330	4.751	75.473	4.048	14.457	57.734
4	0.957	3.418	78.891	0.957	3.418	78.891	3.409	12.177	69.911
5	0.690	2.465	81.356	0.690	2.465	81.356	3.205	11.445	81.356
6	0.486	1.736	83.092						
7	0.409	1.462	84.554						
8	0.363	1.298	85.852						
9	0.330	1.177	87.029						

续表

组件	初始特征值			提取载荷平方和			旋转载荷平方和		
	总计	方差百分比	累积%	总计	方差百分比	累积%	总计	方差百分比	累积%
10	0.309	1.104	88.133						
11	0.296	1.056	89.189						
12	0.286	1.022	90.211						
13	0.255	0.912	91.123						
14	0.243	0.867	91.990						
15	0.238	0.850	92.840						
16	0.215	0.769	93.610						
17	0.205	0.734	94.343						
18	0.202	0.722	95.066						
19	0.178	0.634	95.700						
20	0.174	0.620	96.320						
21	0.170	0.605	96.926						
22	0.153	0.548	97.474						
23	0.143	0.510	97.984						
24	0.135	0.480	98.464						
25	0.122	0.435	98.900						
26	0.115	0.410	99.310						
27	0.104	0.370	99.680						
28	0.090	0.320	100.000						

提取方法：主成分分析。

图5-22 结构效度检验结果

提取公因子数为5，五个公因子共解释原始变量信息81.356%的信息，解释比例较大。

查阅旋转成分矩阵（见图5-23），其中公因子1在学校上的因子载荷系数较大，说明公因子1主要反映了这个学校层面11个问题的共同信息。同样地，公因子2主要反映了职业认识上的共同信息，公因子3主要反映了学生自我上的共同信息，公因子4主要反映了政府上的共同信息，公因子5主要反映了家庭上的共同信息。这与根据科学理论定义的维度划分一致，说明问卷的结构效度较高。

旋转成分矩阵[a]

	成份				
	1	2	3	4	5
学校9	0.801	0.186	0.217	0.232	0.214
学校10	0.794	0.185	0.242	0.239	0.221
学校8	0.786	0.254	0.172	0.239	0.200
学校11	0.784	0.228	0.236	0.252	0.216
学校6	0.780	0.264	0.227	0.226	0.192
学校7	0.730	0.278	0.269	0.257	0.213
学校2	0.706	0.271	0.186	0.283	0.265
学校4	0.675	0.389	0.212	0.214	0.239
学校5	0.666	0.392	0.214	0.255	0.246
学校3	0.625	0.479	0.188	0.223	0.197
学校1	0.565	0.340	0.234	0.346	0.348
职业认识2	0.293	0.770	0.291	0.206	0.195
职业认识4	0.380	0.745	0.232	0.169	0.231
职业认识3	0.341	0.742	0.332	0.211	0.164
职业认识5	0.467	0.648	0.199	0.183	0.278
职业认识1	0.261	0.647	0.439	0.134	0.224
学生自我3	0.248	0.287	0.812	0.241	0.120
学生自我2	0.261	0.255	0.806	0.212	0.192
学生自我1	0.230	0.152	0.793	0.174	0.266
学生自我4	0.268	0.397	0.726	0.186	0.190
政府2	0.361	0.226	0.267	0.730	0.263
政府3	0.462	0.186	0.221	0.715	0.257
政府1	0.376	0.204	0.267	0.711	0.300
政府4	0.392	0.229	0.276	0.686	0.279
家庭3	0.376	0.222	0.268	0.223	0.743
家庭1	0.289	0.241	0.322	0.252	0.693
家庭4	0.286	0.214	0.150	0.408	0.673
家庭2	0.394	0.345	0.239	0.256	0.634

提取方法：主成分分析法。
旋转法：具有Kaiser标准化的正交旋转法。
a：旋转在7次迭代后收敛。

图 5-23 旋转成分矩阵

综上所述，该问卷具有较高的信度和效度，可以作为相关教育研究的测评工具。

第三节 相关性分析的问卷设计与数据分析

一、什么是相关性分析

相关性是指两个变量的关联程度。如果一个变量高的值对应另一个变量高的值,那么这两个变量正相关;如果一个变量高的值对应另一个变量低的值,那么这两个变量负相关;如果一个变量的高低值与另一个变量的高低值无关,那么这两个变量不相关。

让我们先看看下面的案例。

【案例】下列说法,是真的吗
- 看暴力电视节目与儿童攻击性行为高相关。
- 学生的睡眠时间与学生成绩相关。
- 课堂上电子白板的使用频率与学生的成绩相关。
- 生活压力与躯体疾病正相关。

上述案例大多是教师习以为常的经验,从实证研究的角度,需要用事实和证据去证明这些相关性是否是真实的,证明的方法就是用相关性分析。相关性分析是通过采集一定数量的研究对象两个变量的值,进行数据分析,考察两个变量之间是否存在关联,以及关联程度的分析方法。

两个变量的相关性一般用皮尔森相关系数(Pearson)来表示,其值为"+"表示正相关,为"-"表示负相关。

【小卡片】用皮尔森相关系数判断相关程度的标准

0.8~1.0 极度相关;

0.6~0.8 强相关;

0.4~0.6 中等程度相关;

0.2~0.4 弱相关;

0.0~0.2 极弱相关或不相关。

在使用皮尔森相关系数时应特点注意以下两点:

一是两个变量有相关性,并不等于两个变量之间有因果关系。例如,测出学生的物理成绩与数学成绩有强相关关系，但是不能说数学成绩好是由于物理成绩好，反之也不能说物理成绩好是由于数学成绩好。相关表示二者有联系，而不表示有因果关系。

二是因果关系一定存在于强的相关关系中。两个变量有强的相关关系是两个变量有因果关系的前提，两个无相关关系的变量不可能有因果关系。在指向教育问题解决的实证研究中，我们总是希望拟解决的教育问题（因变量）与投入的改革措施（自变量）有较强的因果关系，以利于提高措施投放的效益，但前提是二者应该有较强的相关性。当我们发现两个变量相关性弱，则进一步研究其因果关系就失去了意义。

二、相关性分析对问卷设计的要求

进行相关性分析，需要同时采集一定数量人群要检验的两个变量取得的分值。为保证数据具有统计意义，采集的样本数最好高于30。

例如，要证明学生的睡眠时间与学生数学成绩是否有相关性，首先需要确定固定的学生样本，同时采集最近一周全体样本学生平均每天睡眠时间和近期数学成绩，形成二维表（如表5-6所示）。

表5-6 睡眠时间与学生数学成绩二维表

学生学号	1	2	3	4	5	6	7	7	9	10	11	12	13	14	15	16	17	18	19	120
睡眠时间/小时	8	8.5	7	7.3	9	7.4	8.5	6.7	9.5	7.8	6.8	8.2	7.7	8.4	7.8	6.8	9.2	9.1	8.4	8.5
数学成绩	88	83	78	79	88	74	82	70	99	79	71	84	68	78	75	69	95	90	88	83

近期数学成绩可通过一套试题进行测试，但一周的平均睡眠时间需要设计从周一到周日的睡眠时间7道题，计算平均日睡眠时间，并需要通知学生提前记录。需要的问卷如下：

(1) 你上次数学考试的成绩是（ ）。
(2) 请选择你本周每天睡眠的时间，填写表5-7。

表5-7 选择睡眠时间

类别	6小时以下	6小时左右	7小时左右	8小时左右	9小时以上
周一	○	○	○	○	○
周二	○	○	○	○	○
周三	○	○	○	○	○
周四	○	○	○	○	○

续表

类别	6小时以下	6小时左右	7小时左右	8小时左右	9小时以上
周五	○	○	○	○	○
周六	○	○	○	○	○
周日	○	○	○	○	○

三、如何用软件进行相关性分析

在 SPSS 软件中，依次点击"分析—相关—双变量"，在弹出的"双变量相关性"对话框中，在左栏备选变量中，双击要检验的两个变量（例如，检验物理与语文成绩的相关性），"相关系数"组中勾选"皮尔逊"复选框，"显著性检验"组中选中"双尾"，勾选"标记显著性相关"复选框，点击"确定"（见图5-24）。在相关性统计数据（见表5-8）中，读取二维表中两个变量的交叉格中的 Pearson 相关数据。本例中，语文与物理的相关性为 0.642，带双星号表示显著相关，对照本节第一部分中相关性标准表，0.642>0.60，表示二者强相关。

图5-24 相关性分析

表5-8 相关性统计数据

	物理	语文
物理皮尔逊（Pearson）相关	1	0.642**
Sig.（双尾）		0.000
N	166	166
语文皮尔逊（Pearson）相关	0.642**	1
Sig.（双尾）	0.000	
N	166	314

**：相关性在 0.01 层显著（双尾）。

四、相关性研究案例——儿童攻击性行为影响因素研究

本案例旨在通过相关性分析,排查儿童攻击性行为与哪些因素高度相关,从而进一步研究儿童攻击性行为的影响因素。研究的思路如下:

第一步:列举常见儿童攻击性行为,并按其恶劣程度分为 5 级,从轻度到重度分别计分 1、2、3、4、5 分。

第二步:观察、调查,记录 N 个样本儿童在一段时间以来攻击性行为的次数和恶劣程度,并转化为每个儿童的得分,或通过"次数×程度"转化为每个儿童攻击性行为总分。

第三步:列举与儿童攻击性行为可能有关的因素。并按每个因素的水平层级计 1、2、3……分。

第四步:设计家长问卷、老师问卷,调查可能影响上述这 N 个样本儿童攻击性行为的因素(如亲子关系、师生关系、同伴关系、看暴力电视节目时间、学习时间等),并转化为每个儿童的得分,导入软件进行相关性分析,对可能的影响因素进行排查。

第五步:选择高度相关的几个变量,做进一步的因果分析与研究,确定其影响因素。

第四节 基于差异检验的问卷设计

在教学研究中,我们经常想要了解某学科本班成绩与全市成绩是否有差异,本班男生与女生的成绩是否有差异,学生在某专题训练前后成绩是否有明显提升。以上问题在教育统计学中都会涉及一种基础的分析方法:差异检验,即检验不同类别的群体在一些变量上的差异。

常用的差异检验包括 T 检验和方差分析。T 检验用来检验两个平均数之间是否存在显著差异,常见的 T 检验包括:单样本 T 检验、独立样本 T 检验和配对样本 T 检验。而方差分析用来检验三个及以上平均数之间是否存在显著差异,常用单因素方差分析。

一、单样本 T 检验

单样本 T 检验即单样本平均数差异检验,指检验一个样本平均数与相应总体平均数之差是否显著的统计方法。单样本 T 检验通常用于检验实验对象

的平均值与总体比较是否差异显著。比如检验本班学生某学科成绩与全市该学科平均成绩相比是否差异显著，检验本班学生专注力水平与全国学生专注力水平相比是否差异显著，检验本班学生视力水平与全区学生视力水平相比是否差异显著等，以上问题均可采用单样本 T 检验进行差异检验。

在问卷调查时我们首先要清楚，进行单样本 T 检验需要采集两个数据：一个是这个问卷在进行大面积调查时总体的平均数，例如，用这个问卷在全省进行调查获得的此变量的平均数；另一个是你要调查的样本的平均数。

我们会发现，总体的平均数采集常常比较困难。如果是全市统考，市上会发布此次考试的平均分，全市平均分就是总体样本的平均数，再采集班上每个学生的成绩，就可以使用单样本 T 检验来确认本班成绩与全市成绩的差异是否显著。但是，如果是自主设计问卷，通常难以大面积展开调查，获得总体样本的平均数，因此，人们在研究中常常采用经过大样本测试的成熟问卷进行调查。

【案例】总体幸福感量表调查

为了解某中学男教师幸福感水平，学校面向全体男教师发放总体幸福感量表（GWB）调查问卷，全体男教师平均得分为 71 分。这个分数究竟是高是低呢？需要通过单样本 T 检验验证。

1. 问卷选用——某中学男教师幸福感水平调查

要检测某中学男教师幸福感水平，可借助总体幸福感量表（GWB）来进行调查。总体幸福感量表［General Well-Being Schedule（Fazio，1977）］是美国国立卫生统计中心制定的一种定式型测查工具，用来评价受试对幸福的陈述。本量表共有 33 项，其中 1、3、6、7、9、11、13、15、16 项为反向评分，得分越高，幸福度越高。该量表全国常模得分男性为 75，女性为 71。

2. 数据处理

打开 SPSS 统计软件，把调查数据导入软件后，点击"分析—比较平均值—单样本 T 检验"（见图 5-25）。在弹出的"单样本 T 检验"对话框中，将本校男教师幸福感水平得分作为"检验变量"，将全国男性幸福感常模 75 分作为"检验值"，点击"选项"，在对话框中设置置信区间百分比为"95%"，点击"继续—确定"运行程序进行检验（见图 5-26）。

图 5-25 单样本 T 检验

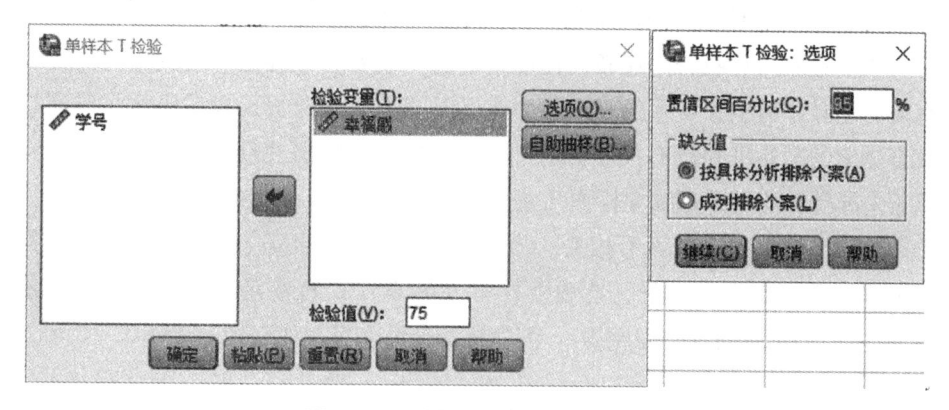

图 5-26 单样本 T 检验选项设置

3. 结果解读

统计结果如表 5-9 和表 5-10 所示。

表 5-9 单样本统计结果

类别	个案数	平均值	标准差	标准误差平均值
幸福感	29	72.3103	6.28449	1.16700

表 5-10 单样本 T 检验结果

类别	检验值=75					
^	T	自由度	Sig.（双尾）	平均值差值	差值95%置信区间	
^	^	^	^	^	下限	上限
幸福感	-2.305	28	0.029	-2.68966	-5.0801	-0.2992

(1) 样本统计量：表5-9中会显示本次检验的样本数量（29）、样本平均值（72.3103）、标准差（6.28449）和标准误（1.16700）。

(2) 单个样本检验：表5-10中会显示T检验结果，主要关注显著性水平，若显著性<0.05，表示二者差异显著。从检验结果看，$T=-2.305$，显著性$=0.029<0.05$，该校男教师幸福感水平与全国男性幸福感水平存在显著差异，且T值为负，说明该校男教师幸福感显著低于全国平均水平。

二、独立样本T检验

独立样本T检验是对两个互不相关的样本平均数差异是否显著的检验，通常用于实验班与对照班的比较。比如检验独生子女和非独生子女利他行为是否有显著差异，男生和女生的学业压力水平是否有显著差异，检验投放了针对性教育措施的实验班和没有投放针对性教育措施的对照班之间，学业成绩是否有显著差异等，均可采用独立样本T检验进行差异检验。此类检验的前提要求是：①两组数据相互独立，互不相关；②两组样本总体符合正态分布；③两组数据离散程度不存在显著差异。在独立样本T检验中，自变量一般为二分类变量（如男生/女生、实验组/对照组），因变量为连续变量（如0到100分）。

【案例】独立样本T检验

试比较同年级两个班"1班"和"2班"在措施投放后，某学科检测成绩是否具有差异，假定两班前测成绩相近，不存在明显差异。该问题可通过独立样本T检验来检测。

1. 问卷设计——不同班级学生在某学科成绩上是否有显著差异

独立样本T检验只需要采集两个数据：一是1班每位学生该学科的成绩，二是2班每位学生该学科成绩。本问卷只需要2道题。

(1) 你的班级是（　　）。

○1班　○2班

(2) 本次考试你的某学科成绩是（　　）。

注：需要在问卷星中限制输入1~100数值。

当然，如果手中有两个班学生的成绩，可以将成绩直接导入软件进行分析。

2. 操作步骤

打开SPSS统计软件，点击"分析—比较平均值—独立样本T检验"（见

图 5-27）。在"独立样本 T 检验"对话框中，将成绩作为"检验变量"，将班级 1 和 2 作为"分组变量"（见图 5-28），点击"选项"，在对话框中设置置信区间百分比为"95%"，运行程序进行检验。

图 5-27 独立样本 T 检验

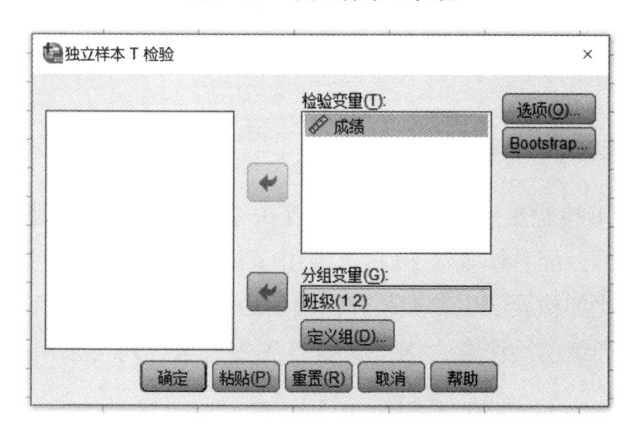

图 5-28 独立样本 T 检验选项设置

3. 结果解读

统计结果如表 5-11 和表 5-12 所示。

表 5-11 独立样本组统计

	类别	个案数	均值	标准差	均值的标准误
成绩	1 班	11	70.45	3.503	1.056
	2 班	15	92.60	3.247	0.838

表 5—12　独立样本 T 检验结果

类别		英文方差等同性检验		均值方程的 T 检验						
		F	$Sig.$	T	df	$Sig.$（双尾）	均值差值	标准误差值	差值95%置信区间	
									下限	上限
成绩	假定等方差	0.273	0.606	−16.623	24.000	0.000	−22.145	1.332	−24.895	−19.396
	不假定等方差			−16.422	20.700	0.000	−22.145	1.349	−24.952	−19.339

（1）在表 5—11 中，分别显示了 1 班和 2 班的样本量（学生人数）、均值（学科成绩平均分）、标准差和标准误。

（2）表 5—12 中，首先检验到两个班级学科成绩的分布满足方差齐性（$F=0.273$，$Sig.=0.606>0.05$，方差无显著差异）。看数据的第一行（假设方差相等），两组间的独立样本 T 检验统计量为 $T=-16.623$，$Sig.=0.000<0.05$，因此，1 班和 2 班某学科检测成绩存在显著差异。[注：如果首先检验到两个班级学科成绩分布方差不齐性（$Sig.<0.05$，方差有显著差异），则看数据的第二行（假设方差不相等）的 T 和 $Sig.$，若 $Sig.<0.05$，则差异显著]。

三、配对样本 T 检验

配对样本 T 检验是指，对两个有相互关系的样本平均数进行比较以检验其是否差异显著。配对样本 T 检验通常用于检验同一个研究对象实验前与实验后的差异。比如检验学生参加某种课程前后学业成绩是否得到提升，检验学生接受注意力训练前后注意力水平是否得到提升等，均可采用配对样本 T 检验进行差异检验。

在配对设计的样本数据中，每对数据间都有一定的相关，如果忽略这种关系就会浪费大量的统计信息，因此配对样本 T 检验的前提有以下两点：第一，两组样本必须是配对的。配对可以从两个因素考虑：一是两样本的观察值数目相等，二是两样本的观察值的顺序不能随意修改。第二，两组样本应服从正态分布。

【案例】配对样本 T 检验

从某班级随机抽取 12 名学生进行心理压力测评（前测），接着面向这 12 名学生开展系列的心理压力调控训练课程。为检验该课程是否有效，可请学生在课程后进行心理压力后测,将前测和后测的数据进行配对样本 T 检验。

1. 问卷设计——心理培训对缓解学生心理压力的调查

配对样本 T 检验需要采集两个数据,一是前测时每位学生的心理压力值,二是后测时每位学生的心理压力值,并将每位学生的前后测数据进行配对。

编制心理压力问卷如下,第 1 题用于对前后测数据进行配对,2~5 题用于测试心理压力,各答案依次计 1、2、3、4、5 分。对同一批学生进行前后测,将测试数据整理成每位学生的心理压力总分,并汇总,即可导入 SPSS 软件进行配对样本 T 检验。

(1) 你的学号是(　　)。

(2) 我很担心我在学校的表现。

○ 不符合　○ 有时符合　○ 一般　○ 常常符合　○ 非常符合

(3) 如果在学习过程中出现学习效率低下,我会觉得心烦气躁。

○ 不符合　○ 有时符合　○ 一般　○ 常常符合　○ 非常符合

(4) 我觉得很难让自己安静下来。

○ 不符合　○ 有时符合　○ 一般　○ 常常符合　○ 非常符合

(5) 我感到很难主动学习。

○ 不符合　○ 有时符合　○ 一般　○ 常常符合　○ 非常符合

2. 数据处理

打开 SPSS 统计软件,点击"分析—比较平均值—成对样本 T 检验"(见图 5-29)。在"成对样本 T 检验"对话框中,将前测和后测分数作为"配对变量"导入(见图 5-30),点击"选项",在对话框中设置置信区间百分比为"95%",运行程序进行检验。

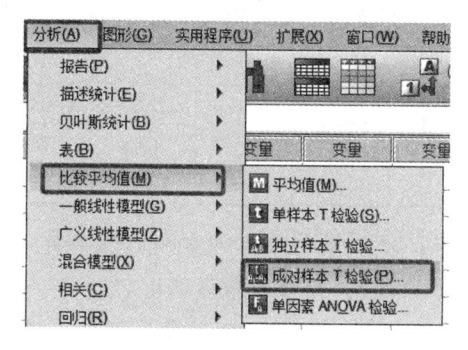

图 5-29　配对样本 T 检验

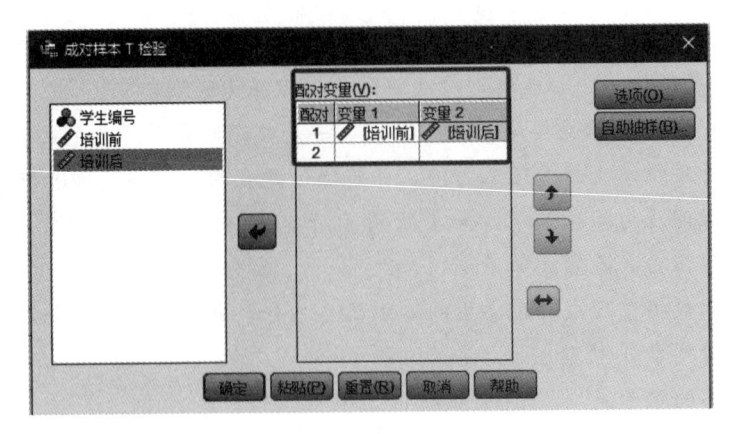

图 5-30　配对样本 T 检验选项设置

3. 结果解读

统计结果如表 5-13 至表 5-15 所示：

表 5-13　配对样本统计结果

类别		均值	N	标准差	均值的标准误
对 1	培训前	85.17	12	3.786	1.093
	培训后	80.00	12	7.758	2.239

表 5-14　配对样本相关系数

类别		N	相关系数	$Sig.$
对 1	培训前 & 培训后	12	0.752	0.005

表 5-15　配对样本 T 检验结果

类别		成本差分					T	df	$Sig.$（双尾）
		均值	标准差	均值的标准误	差分的 95% 置信区间				
					下限	上限			
对 1	培训前 & 培训后	5.167	5.508	1.590	1.667	8.666	3.250	11	0.008

(1) 在表 5-13 中，分别显示前测和后测的样本量（学生人数）、样本平均数（心理压力测评平均分）、标准差和标准误。

(2) 表 5-14 中，显示两组数据之间的相关程度，样本相关系数为 0.752，$Sig.<0.05$，说明前测和后测的分数呈显著正相关。

(3) 表 5-15 中，显示前后测平均数之差为 5.167，T 为 3.250，$Sig.=0.008<0.05$，表示 12 名学生在接受心理压力调控训练课程后，心理压力水平

显著低于培训前的心理压力水平，表明此训练课程有利于缓解学生心理压力。

四、方差分析

方差分析又称 F 检验，简写为 ANOVA。根据自变量数量，方差分析可以分为单因素方差分析、双因素方差分析、多因素方差分析。单因素方差分析是较常用的方差分析方法，用来研究一个自变量的不同水平（三个及以上）是否对某研究变量产生显著影响，如观测不同受教育程度的家长在家庭教养方式上是否存在显著差异。双因素和多因素方差分析，可研究多个自变量对因变量的交互影响，通常只在实验研究中较常使用，一般的问卷数据分析使用较少，下面将详细讲述单因素方差分析。

【案例】方差分析

为了解不同爱好（文学、科学、艺术）的学生语文成绩是否存在显著差异，采用单因素方差分析进行检验。

1. 问卷设计——不同爱好学生的语文成绩调查问卷

本案例中的方差分析只需要采集两个数据，一是学生爱好（文学、科学、艺术），二是本次语文成绩，问卷的设计相对比较简单。为了在 SPSS 软件中进行数据处理，该案例中需要对三种爱好作类别编码：文学为 1，科学为 2，艺术为 3。

问卷如下。

（1）你更喜欢以下哪类事物？（单选题）

○ 文学　○ 科学　○ 艺术

（2）本次考试你的语文成绩为（　　）。

注：需要在问卷星中限制输入 1~100 的数值。

2. 数据分析

打开 SPSS 统计软件，点击"分析—比较均值—单因素 ANOVA"。在打开的对话框中，将学生语文成绩设为"因变量"，将学生不同爱好（分类变量）设为"因子"。点击"选项"，在对话框中勾选"描述性"和"方差同质性检验"，对数据进行描述性统计，对不同组别的数据方差进行齐性检验。

方差分析往往涉及 3 个及以上水平的比较，需做事后多重比较。

3. 结果解读

统计结果如表 5-16 和表 5-17 所示：

表 5-16　描述性统计结果

	N	平均值	标准差	标准误	平均值95%置信区间 下限值	平均值95%置信区间 上限	最小值	最大值
文学	7	82.86	8.513	3.218	74.98	90.73	69	94
科学	6	80.50	10.252	4.185	69.74	91.26	68	98
艺术	2	79.50	2.121	1.500	60.44	98.56	78	81
总计	15	81.47	8.417	2.173	76.81	86.13	68	98

表 5-17　方差分析结果

	平方和	df	均方	F	Sig.
组之间	26.876	2	13.438	0.167	0.848
组内	964.857	12	80.405		
总计	991.733	14			

（1）表5-16中，显示不同组别样本量（3种不同爱好学生人数）、平均数（语文学科成绩平均分）、标准差、标准误与三组学生语文成绩的最大值与最小值。

（2）表5-17中，三组学生语文成绩差异的显著性为0.848>0.05，说明爱好为文学、科学和艺术的三组学生语文成绩之间无显著差异，因此无须进行事后比较。

第六章 在行动中完善证据

第一节 在反思中梳理研究的缺陷

一、研究缺陷

（一）研究缺陷及其特点

教育科研是教育发展的生产力，是破解教育教学难题的重要手段，也是高素质专业型教师的专业能力之一。一线中小学教师以"课题研究"为载体，解决教育教学中的问题，提升专业水平已成为教师成长的主要方式之一。但现实中，失范、低效甚至虚假的课题研究普遍存在，出现这样的现象主要是因为课题研究存在缺陷。

课题研究缺陷指在课题研究设计、推进过程以及成果提炼过程中，存在不科学、不规范、不深入的认识和实践。具体表现在以下方面：

第一，方向偏。一是研究设计时存在研究定位不准，对研究指向的问题分析不准确，对所涉及研究主题、核心概念的把握出现偏差。二是在研究推进和成果提炼阶段偏离研究设计时的定位和方向。

第二，视野窄。主要表现在文献研究较弱，对同主题和领域现有研究现状了解不全面，不能清楚把握最新的经验和成果，有效指导自己的研究设计。

第三，目标虚。一是研究目标超出研究者能力范围，二是没有将研究目标细化、分解为可操作的目标序列，导致研究目标无法落地。

第四，实践弱。在研究推进中，一是没有按时间科学严谨地推进规划；二是虽做了推进规划，但没有按照规划有序探索，实践随意；三是没有规范应用研究方法，指导实践开展。

第五，实效低。主要是研究未完成预期研究任务，未达成预期研究目标。

对拟解决问题解决效果欠佳。

第六，表达乱。一是研究报告等规范性文本撰写不符合一般规范，存在板块缺失、表述不符合要求等问题；二是文本更接近经验总结，缺少高质量的梳理、提炼和表达。

（二）研究缺陷产生的原因分析

一线中小学教师课题研究存在问题，主要有以下两方面的原因：

第一，教师科研素养薄弱。一是教师科研价值认识偏差，不能深刻认识教育科研对教育实践改革的价值和意义，存在科研"功利化"的现象。二是教育理论深度不够。一方面教师对研究中涉及的相关理论认识、理解和应用不深入；另一方面，教师进行理论学习和研究的时间较少，导致研究理论基础弱。三是教师科研能力不足。一线教师缺少教育科研相关的系统培训，对教育科研一般规范和要求不够了解，文献研究不深入，研究推进安排随意，研究成果表述不够规范等，教育科研思维方式尚未形成。

第二，教育科研管理不到位。一是存在"重申报、轻结题"的现象。除去立项和结题制度外，对研究周期内常态推进研究的监管、督促、考核机制尚不完善。二是学术专家介入跟进和指导力度不够。缺少常态跟进和持续指导。三是教师的研修时间难以保障，没有充足的时间开展理论学习、总结反思和成果提炼。

（三）研究缺陷的负面效应

课题研究设计、推进过程以及成果提炼过程中存在的研究缺陷，对研究成效的影响，主要体现在以下三方面：

第一，教育实践问题没有得到有效解决，这是最直接的影响。中小学教育科研的首要任务是解决教育教学实践中的问题，由于研究设计和过程中存在方向偏、目标虚、实践弱等问题，因此研究结束后，并未形成一套可操作性的策略、路径等，以有效解决问题。

第二，教育教学改革没有取得良好效益。目前，中小学教育科研倍受重视，教育教学各领域研究成果也很丰富。如果没有梳理清楚相关领域的现有研究成果，便导致研究的"无用功"。同时成果梳理和表达上的问题，也会影响研究成果的推广，使其不能产生有效的社会效益。

第三，教师科研能力没有实现有效提升。教师参与"功利化、形式化"课题研究，不能在高质量研究课题的过程中，进一步深化教育科研认识，提升文献研究、研究设计、成果提炼等能力。

二、反思的特点

（一）什么是反思

反思即一种自我反省，行动研究中的反思特指研究者在一项教育科研课题研究中，对研究设计、认识和实践不断地自我反思。反思是行动研究一般过程的重要环节之一。

（二）反思的特点

在行动研究中，反思的特殊性表现在以下几个方面：

第一，从反思的目的看，是一种改进性反思。"为行动而研究"是行动研究的主要特征之一。行动研究的目的不是构建系统的学术理论，而是解决教育实践者面临的问题，从而改进教育实践本身。"改进实践"是行动研究的基本目的。因此，行动研究中的反思不是对实践经验的梳理，而是指向教育教学改进的反思。这种改进具体体现在改进教育教学实践，增进对"实践"的理解，变革教育教学实践所处的"社会情境"。例如，在"新时代国际理解教育课堂教学行为的研究"中，研究者聚焦对国际理解课堂教学质量提升进行反思，以达到提升课堂教学质量的目的。

第二，从反思的对象看，是一种实践性反思。行动研究也被称为"行动中的反思"。行动中的反思指出反思的情境，反思的是研究者身处的真实的教育教学实践。作为研究者的教育教学实践者，本身即"实践性反思者"和"反思性实践者"，在实践和反思的互动中研究，改进实践，解决问题。

第三，从反思的方式看，是一种批判性反思。批判性反思是反思的重要属性之一。在行动研究中，这一特点尤为明显。批判性反思并不是简单的"否定"，而是打破经验下的刻板印象，辩证地对教育教学观念和实践做出价值判断，优劣分析，提出改进的建议或意见。反思中的批判性意识，是提升行动研究水平的重要因素，没有批判的反思，是浮于表面的，没有批判性的理解，是视野狭窄的。例如，在"目标导向视域下的教师专业发展课程开发研究"中，研究者不断地质疑教师专业发展课程内容设计的科学性、序列性、系统性，在批判性反思中，不断改进，迭代内容设计，促进课程开发质量的提升。

第四，从反思的人员看，是一种合作性反思。学者认为教育教学的研究不是一个人的研究，是一种合作研究，通过共同的验证才能生成共通的研究成果。这意味着对教育实践中的某一现象或者问题的反思也不仅仅是一个人的反思,而是基于教育实践者合作的群体反思。

第五,从反思的进程看,是一种持续性反思。行动和反思是行动研究的两大部分,反思贯穿于行动研究的全过程,是一种持续性反思。行动研究是在行动中研究,边行动,边研究,边调整。因此,教育实践者需要不断地、系统地对教育教学观念或实践进行反思,这是有序推动行动研究的重要驱动力。

(三) 反思的意义

行动研究最早可以追溯到19世纪,随着心理学家勒温公开倡导行动研究,行动研究才走进学术界,开始不断得到发展。在其发展的历史长河中,许多学者从"行动研究界定""行动研究的方法"等方面进行研究和阐述,同时也提出了特征鲜明的行动研究操作模式,不同操作模式尽管具体环节、步骤有所不同,但有共通的思路和思想。有学者将众多模式归纳和提炼为"计划—行动—观察—反思"四个基本环节的螺旋循环,得到人们的广泛认可。反思作为基本环节之一,在行动研究中具有举足轻重的意义。

教育研究中,行动研究即教育实践者在行动中为解决自身实际问题而进行的研究。教育实践者自身即行动研究的研究者。解决教育教学中的实际问题,改进自身教育实践行为是研究的目的。这意味着教育实践者对自身实际问题和现状的感受、经验、认识的再认识尤为重要,而这种不断的再认识就是教育实践者对自身实践的不断反思。

可以说,没有反思就没有行动研究。反思是行动研究的起点,行动研究是建立在反思的基础之上的。反思是行动研究的基本环节之一,是一轮行为改进的终结,也是新一轮行为改进的开始。

三、反思的一般过程

(一) 整理和描述

整理和描述过程主要包括以下三方面内容:

(1) 明确方向。再次明确此阶段的问题解决下的行动计划,再次充分理解涉及的核心主题,明确反思的目标和内容。

(2) 提取整理。整理感受和观察的与计划相关的事件。研究者可以通过"回顾资料—统整资料—归类编码—提炼主题"的操作环节进行提取和整理。

回顾资料:这一阶段,研究者需要回顾与主题相关的所有信息和资料,确定资料范畴和内容，并根据资料的价值，对所有资料进行进一步筛选，最终确定进入分析程序的资料。

统整资料：这一阶段，主要是对资料中的各种观点、概念、经验和事件进行统整，确定这些资料中的主题意义单元，对其进行主题意义单元化处理。一个主题意义单元可以是一个关键词、一句话，或是一段描述。

归类编码：在对资料进行单元化的基础上，这些单元资料需要归类到相关的组别或分类之下，按照不同的群体进行分类，以便后期能独立地分析每一个群体。同时，对信息和资料进行编码，可以用凝练的标题来对资料进行编码。

提炼主题：当每一个群体的单元信息进入同一个归类系统后，可以进一步确定相关群体的共有主题，此阶段是提炼人们共有的观点和经验。

（3）描述说明。在提取整理资料的基础上，对行动过程中的过程和结果进行描述和说明，生动地刻画行动过程。

（二）解释和评价

这一过程主要包括对已整理资料中有关现象、原因的解释，对行动过程和结果的评价，特别是资料中的顿悟事件、关键经验和事件的解释分析。研究者可借助分析方法和工具，让分析过程可操作、可视化。常见的分析方法和工具如下：

（1）设计诠释性问题。诠释性问题一般包括为什么、是什么、如何做、何时做、谁来做、在哪里做等。借助诠释性问题进行分析，有助于深入事件，分析问题的本质。

（2）组织性回顾。不同的教育实践者在实践中可能会遇到相似的问题，这时候就需要研究者进行整体的组织性回顾。通过组织性回顾，分析不同来源下的问题诠释。在进行组织性回顾时，可以重点分析目标与任务、组织的结构、实践过程等。

（3）借助思维工具。教育研究中的问题往往不是一方面因素造成的，而是与自身、家庭、学校、社区等多方面的环境紧密相连，这时就可以借用概念图等思维可视化工具，分析问题的相关要素。借助思维工具，一方面可以可视化与问题相关的影响因素，另一方面可帮助研究者评估是否有遗漏的相关因素。

（三）撰写报告

撰写报告是反思必不可少的一环。对研究报告的撰写形式学界没有统一的规定，可以采用不同的写作形式。研究者可以一起撰写教育叙事，可以按照行动研究报告的一般框架撰写。研究报告一般框架包括：行动研究的目的、行动研究的内容、行动研究的前期准备、行动研究方案（简单阐述每一轮行动研究的计划、行动、观察、反思）、行动研究过程（详细阐述每一轮行动研究中的观察与反思）、行动研究结论。

四、反思的策略

反思是行动研究中不可或缺的环节，舍恩提出了"反思性实践"。反思性实践强调在行动中反思，在不确定、复杂的独特教育教学情境中，直接针对问题进行思考、设计、规划，形成短暂性的行动策略。

尽管在行动研究的众多模式中，反思的时机、内容、方式有所不同，但也有共通的一般策略。

策略一：以问题解决为载体，提升反思的目标性。行动研究中的反思，倡议将问题作为起点。当教育教学实践中出现问题时，反思自然发生。以某一个具体的问题解决聚焦反思内容，能很好地解决反思什么的问题，提升反思的目标性。例如在"小学低段学生自我管理能力培养实践研究"中，可以聚焦"如何提升学生自我管理能力"主问题及主问题下的一系列问题串，如"如何在班级岗位中提升学生自我管理能力""如何开展自我管理能力评价"等问题，展开有目的的反思。

策略二：以诠释理解为基础，提升反思的准确性。反思始于问题解决，因此，对于问题中涉及的现象、事物或者主题焦点的诠释和理解就至关重要。通过定义等概念化框架或模式，教育实践者更准确、系统地理解问题及问题中的现象和经验。初步的诠释和理解为反思的深入提供基础。例如在"运用可视化思维工具提升初中生阅读能力实践研究"中，对"阅读能力"这一核心概念的界定、内涵的诠释是否科学、全面，系统的反思应在整个研究过程中持续，这对提升研究的质量至关重要。

策略三：以事实资料为依据，提升反思的有效性。行动研究中的反思，是基于事实和证据的反思。通过提取和收集目前教育教学实践和问题解决过程中的资料，尽可能多角度重现行动的过程，避免教育实践者以自己的视角进行窄化的、形式的、主观无效的反思。例如"新时代国际理解教育课堂教学行为的研究"中，开展有效的课堂教学质量的反思，可借助设计的课堂观察量表收集课堂教学活动开展的情况、学生课堂学习增值评价的数据等资料，避免经验化、主观的、无效的反思。

策略四：以分析评价为助推，提升反思的科学性。行动研究被认为是准教育实验，关键在于反思中的解释、分析、评价活动，使其更接近于一般科学研究。通过对现象的解释、关键事件的分析、具体行为的评价，避免反思浮于表面，锢于经验，有效提升反思的科学性。在"中小学 STEAM 乐创课程开发与实施研究"中，研究发现在课程学习过程中，学生的小组合作能力对课程实施效果影响较大，因此，研究者深入分析学生小组合作中出现的规则意识弱、组织无序、个别不参与等现象，通过访谈调查，发现主要原因有学生对小组成员的不认同、小组组长的管理能力不足、小组合作学习评价标准不明确等方面。研究者通过对现象的分析反思，精准把握实践改进的方向。

策略五：以行为跟进为检验，提升反思的效益性。行动研究中，反思不是独立的，而是联结一个个"计划—行动—观察—反思"螺旋循环之间的中介。在反思和行为交互中，反思才有了意义，以行为跟进检验反思后的改进策略，才能真正发挥反思的效益。例如在"中小学国际理解单元课程开发实践研究中"，研究者在第一次实施"风俗文化"单元课程后，发现单元下的话题顺序可以进行调整，使话题环环相扣，关联性更强。在第二轮课程实施中，研究者对话题顺序进行了及时调整，通过课程实施，发现学生对话题之间的联系认识更加清晰。这一调整让反思及时地产生效益。

策略六：以报告撰写为推广，提升反思的影响性。反思改进行为的重要作用之一是变革教育教学实践所处的"社会情境"。报告撰写和成果交流是最常用的方式，一方面是研究者对本研究的再一次梳理和反思，另一方面也是向同仁推广研究成果和向大众传播研究成果。

第二节 把经验转化为显性的成果

一、教学经验的特点

（一）什么是经验

"经验"一词在《现代汉语词典（第 7 版）》中有两项释义：一为"由实践得来的知识或技能"，即英文的 experience；二为"经历"，即英文的 go through。《辞海（第 6 版）》中还收录了另一条义项，即"哲学上指感觉经验。是人们在实践过程中，通过感官直接接触客观外界而获得的对客观事物的表面现象和外部联系的认识"。

提到经验，就不得不提到西方的经验主义。唯物主义代表人物洛克继承并发展了弗兰西斯·培根和霍布斯的思想，建立并论证了唯物主义经验论的"知识起源于感觉"的学说。他认为后天获得的经验是认识的源泉，人们确保观念正确的唯一途径就是在经验的世界中对其加以检验，也就是我们常说的"实践出真知"。但由于轻视理性认识，只承认感性经验在认识上的可靠性，也造成了唯物主义经验论在认识上的局限。唯心的经验主义者则否认客观物质世界是经验的来源和内容，把经验看作纯粹主观的东西。

美国哲学家、教育学家约翰·杜威开创了当代西方实用主义美学流派，他将自然（客观世界）归结为经验，并宣称经验就是人和人所创造的环境的"交涉"，一切科学理论知识是人们整理经验、适应环境的手段或工具，认为教育即生活，学校即社会，应让儿童"从做中学"。

（二）教学经验的内涵

1. 教学经验

对于教学经验的界定，学者们普遍从两种视角出发：一种是哲学观点，一种是缄默知识理论观点。在哲学视域下，学者对教学经验的解释多受杜威的影响。如王奕婷的《教师教育经验概念化的意义与路径》认为，教学经验主要是指教师个体在教育实践中的经历、体验，并在环境持续的交互作用中，不断生成、建构形成的认识成果与行动模式[1]。魏宏聚的《教学经验的本质、概念化路径及价值》认为，教学经验支配着教师的教学行为，经验是个人全部智慧的结晶[2]。缄默知识理论视域下，学者则多受英国科学家、哲学家波兰尼著作《人的研究》一书影响，将教学经验界定为显性的教学知识和隐性的教学活动经验，如武江红的《数学活动经验的内涵及特征探析》[3]等。

2. 教学经验与经历

基于此，从杜威的研究理论出发，在教学中教师的经验和经历可以用一个简单的例子来区分。在语文识字教学中，以"游"字为例，如果教师在教学中第一次发现学生将"游"写作了"氵放"，他在教学中进行纠正与强调，并了

---

[1] 王奕婷：《教师教育经验概念化的意义与路径》，《教育科学论坛》，2018年第14期，第69页。
[2] 魏宏聚：《教学经验的本质、概念化路径及价值》，《课程·教材·教法》，2017年第9期，第44页。
[3] 武江红：《数学活动经验的内涵及特征探析》，《河北师范大学学报（教育科学版）》，2009年第2期，第108页。

解到学生会将"子"误作"攵",这对其而言就是一个教学经历。如果他以后的教学中依旧是遇到"氵放"再纠正,那么他仍然只是获得了此教学经历。但是如果这位教师在下一次进行"游"字教学时提前强调部件"子",并就此引导学生讨论出识记"游"的办法,如讲故事法(爸爸带着戴帽子的儿子去方形的游泳池游泳)、负强化法("游"的右边不是"放")等。那么,这位教师就是将自己的教学经历转化为了教育经验,这样的教育经验可以让他提前预设学生可能出现的问题,并采取措施规避。如果他将这一发现上升至教研高度,或就此探究成因,并归纳形成反思或论文,那么此时他的经验水平就又上升了一个层次。这两类经验都有积极意义,前者指向个人的成长,后者指向团队或整个教学事件的发展。

可见,教师的教育经验和教育经历是两个相互关联的不同层级的概念。教育经验的获得以经历为前提,或亲自经历,或被动经历(也即从别人那里获得);而并不是所有的教育经历都能转化为教育经验,转化是有条件的,要么是教师自身具有反思、研究能力,要么有外在的指导作为助推力。

(三)教学经验的特征

1. 教学经验是经过多次实践之后形成的个人教育认识成果

如在进行历史教学的时候,大多情况下教师都很难激发学生的兴趣,引导学生对时代产生代入感。在教育教学实践中,教师们发现通过"书本走向博物馆"能很大限度地建构学生与历史之间的桥梁,让学生在实实在在的事件遗物中窥见历史的一角。这种教学方式既可丰富课堂的教学形式,又可降低学生理解教材的难度,因此"从课内走向课外",以拓宽学生的历史知识就成为一条行之有效的路径,成为教育认识成果。

2. 教学经验是带有浓厚个性化色彩的知识事件,又具有普适性

【案例】"起名的艺术"

起名可以推演出以下几种层级:

源于生活:麻将/上网

高于生活:经济内循环/互联网+生活

体现学术:信息不对称状态下的动态零和博弈/人工智能与情感供给侧结构性改革

善于包装:复杂群体中多因素干扰信息不对称状态下的新型"囚徒困境"

博弈/大数据视角下的六度空间理论在情感供给侧匹配中的创新算法与实践

给"麻将"及"上网"这两件生活事件另起名，使其变得高深莫测。这些新名字也被赋予了起名者的个性化色彩。而同样颇具个性化的经验在教学中同样常见。如体育学科，足球专业的体育老师所带的班级，往往在足球上体现出更高的造诣；篮球专业的体育老师所带班级，往往对篮球的兴趣更浓厚，在篮球方面也显得更加专业等。这样的结果都与教师个人的教学经验分不开。教学经验来自教学实践，而教学实践离不开教学理论的指导。某一专业的教师，因为对其专业的熟悉，往往更易获得该专业相关的教学经验，并将其提炼、归纳，形成个人的教育知识事件。

【案例】《"贝"的故事》讲解

成都高新区李霞老师在部编版二年级下《"贝"的故事》的讲解中，将"贝"字的演变过程展示出来，通过汉字的演变，让学生记忆更加深刻。教师通过字形演变教学，不仅能激发学生的学习兴趣，也能让他们在字理上形成一定的认识，对象形、形声、会意等构字方法有更为直观的理解。

这样的教育实践与李霞老师文字学的专业背景息息相关，具有浓厚的个人色彩，易于激发学生学习兴趣，也更易于学生理解记忆相关内容。

3. 教学经验兼具学科性与去学科性

【案例】《愚公移山》课堂讲解

钱梦龙讲《愚公移山》"邻人京城氏之孀妻有遗男，始龀，跳往助之"教学片段（摘自程一凡老师讲座）。

师：那么，那个遗男有几岁了？

生：七八岁。

师：你又是怎么知道的呢？

生：从"龀"字知道。

师：噢，龀。这个字很难写，你上黑板写写看。（学生板书）写得很对。"龀"是什么意思？

一生：换牙。换牙时，七八岁。

师：对，换牙。你看是什么偏旁。（生答："齿"旁）孩子七八岁时开始换牙。（同学们不但看得很仔细，而且都记住了）

那么，这个年纪小小的孩子跟老愚公一起去移山，他爸爸肯让他去吗？
生：（一时不能答，稍一思索，七嘴八舌地）他没有爸爸！
师：你们怎么知道？
生：他是寡妇的儿子。"孀妻"就是寡妇。
生：这个孩子死了爸爸，只有妈妈。

从此案例可以发现钱梦龙老师在进行教学时避免了定性评价，不是直接解释难懂的词语，而是通过设问引导学生自主思考，去文中发现答案，让学生的思维进阶。这样的设问方法，在这一案例中看来有明显的学科特征，可以迁移运用到所有的文言文及其他的文本阅读教学当中。

根据以上对教育经验的认识，我们可以尝试对其进行归类：

从教育经验的主体来看：有直接的——通过自己的经历总结而来；有间接的——通过借用别人的教育经验，再进行创造加工。

从教育经验的外显性来看：有隐性的——未形成可视化教育教学成果，但贯穿于教师本人的教育教学实践中；有显性的——经过多次实践之后，通过有意识归纳总结形成了可视化成果的教育经验。

从教育经验的借用度来看：有可复制的或者易复制的——可被其他教师借用、加工、创造的；有不可复制的或难以复制的——教育教学经验具有浓厚的个人色彩，无法被轻易借用。

从教育经验的社会化程度来看：有个人的经验总结——教师个人在教育教学中归纳总结形成的经验；有群体的经验总结——以一个群体为研究主体形成的群体的经验总结。

从教育经验的内核来看：有积极的经验总结——成系统、具有积极指导意义的；有一般的经验总结——广泛存在的普遍认识结果；有消极的经验总结——也就是反面教材，是对失败实践的剖析与归纳。

二、教学经验的概念化

（一）什么是教学经验的概念化

莫雷在《教育心理学》一书中指出，所谓概念化，是指学生在学习时能够将媒体传递的信息在头脑中真正建立起科学的概念。教学经验概念化的主体显然是教师，是指教师本人将感性的认识经过抽象，上升到理论认识的过程。

因此，教学经验的概念化不是一蹴而就、突然萌发的，而是需要在特定条件下,经过经历事件的主体——教师反思到一定程度,再借由一套策略实现的。

(二)教学经验概念化的价值意义

一般来说,教学经验是个人的、隐性的,是教师自身在反复经历教学活动之后的提炼总结。如果不将教师的个人经验加以提炼、总结,那么这些宝贵的教育经验就将停留于个人层面,或仅仅在小范围内(如教研组、学校等)发挥作用。而教学经验本身也需要在表达、分享、交流中不断凝练、深化,从而形成可复制、可借鉴的成果,发挥其在教育发展中的最大作用。

从教师自身出发,教学经验要从个人走向普遍,从隐性走向显性,就必须从感性认识上升到理论认知,形成清晰、易于理解的符号化系统。实现经验概念化,不仅是对教师个人的提升,更是对教育资源的开发与整合,实现由个人进步带动群体发展,由区域互动走向全面覆盖。

从学习者角度出发,虽然传统的教研模式下,学习者可以通过多样化的教学活动,如教学研讨、听课评课等方式学习成熟教师的教学经验。但这样的学习必定是影响范围小、适用度低的。当教学经验走向概念化,成熟教师的经验就可以打破区域束缚,冲破认知局限的壁垒,从特殊性走向普遍性,便于学习者从概念化的教学经验中去寻找适切自己的理论方法,再加以借鉴、实践,将"间接经验"内化成自己的认知,从而达到教学经验在教师内部的良性循环。

从学习的团体出发,新时代更强调对教师队伍的整体培养与提升。而教学经验的概念化,不仅有利于发挥优秀教师的示范、辐射作用,更有利于推动区域教育的发展。当优秀教师的教学经验都走向了概念化,就让教学经验的分享走向了更多的可能,促进教学经验的提炼、优化、创新,使其成为教育财富。

(三)教学经验概念化的策略

从魏宏聚给出的"教学经验概念化步骤"[①](如图6-1所示),可以看出其重点是对教学中典型教学行为片段的提炼与归纳。

---

① 魏宏聚:《教学经验的本质、概念化路径及价值》,《课程·教材·教法》,2017年第9期,第47页。

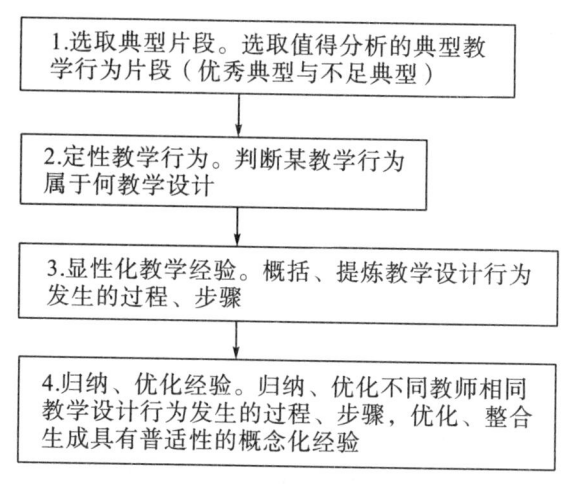

```
┌─────────────────────────────────┐
│ 1.选取典型片段。选取值得分析的典型教 │
│   学行为片段（优秀典型与不足典型）   │
└─────────────────────────────────┘
              ↓
┌─────────────────────────────────┐
│ 2.定性教学行为。判断某教学行为       │
│   属于何教学设计                   │
└─────────────────────────────────┘
              ↓
┌─────────────────────────────────┐
│ 3.显性化教学经验。概括、提炼教学设计行为 │
│   发生的过程、步骤                 │
└─────────────────────────────────┘
              ↓
┌─────────────────────────────────┐
│ 4.归纳、优化经验。归纳、优化不同教师相同 │
│   教学设计行为发生的过程、步骤，优化、整合 │
│   生成具有普适性的概念化经验          │
└─────────────────────────────────┘
```

图 6-1　教学经验概念化步骤

【**案例**】某初中数学"黄金分割"教学"开场白"片段

教师用如下一段话进行新课导入：

同学们，在人类教学发展史上，有两个定理非常著名：一个是黄金分割，一个是勾股定理。数学家毕达哥拉斯就曾说过，勾股定理和黄金分割是几何中的"双宝"，前者好比黄金，后者堪称珠玉。可见，黄金分割在人类发展史上，具有非常重要的作用。今天我们就来学习黄金分割……

按照图6-1"教学经验概念化步骤"，首先，这一导入是简洁新颖、吸引学生眼球的"优秀典型"；其次，其教学行为片段具体而言属于"黄金分割"的"导入设计"，学科层面属于数学学科的"导入设计"，宏观上属于教学设计的"导入设计"环节；再来看如何归纳、优化经验，这就需要对比多个教学设计案例，从中概括归纳出相通的普适性经验。

教学经验概念化的一般策略如下：

（1）立足教育经历，确立教育事件。在自己的教育经历中，通过疑惑、反思，确定有价值的可反复推敲研究的教育经历，通过反复实践，找到急于解决的问题，再基于教育经历中所遇到的真实问题，通过全面的研究分析，得出有价值的教育经验。

（2）积累实践数据，提炼教育典型。经验的总结离不开具体的教育事实。因此积累事实就需要在不断的实践中提炼出可靠的教育材料及数据。具体而言，教育事实需要的信息包含对教育对象的测评分析，对教育内容的推敲凝练，对教育主体的分析反思，以及对时间、地点、背景、环境、过程等内容的分析判断，这一系列的要素就构成了完整的教育活动。教育活动后，纸质资料的收集（计划、教学设计、教学实录、作业设计、反思论文、听评课资料等），经验主体的反思、总结就为经验的形成提供了可能。

（3）类比实践研究，筛选分析文献。在经验主体实践的基础上，对其他同主题的教育实践进行类比研究，发现有价值的信息，就需要去搜集大量的材料，搜集文献是第一步。对有关研究对象的历史和现状进行广泛的搜集和分析，有利于促进自身的研究，避免重复研究，同时也能取各家所长，优化经验总结。

（4）建构理论。教育经验的总结，离不开理论的建构。在理论指导下，通过实践得来的一系列感性的认识才有可能上升为理论认识。经验主体对自己教学经验的归纳，离不开正确的教育思想和教育基本理论的指导，学习掌握相关知识，在研究的过程中才能把握教育经验的本质和规律。在此基础上，提炼核心概念，揭示内在机制，构建理论模式才能在真正意义上实现教学经验的概念化，达到归纳并推广教学经验的目的。

（5）推广应用。教学经验主体通过多次实践总结归纳出的教学经验，其最终的目的还是推广应用，推动教育事业的发展。因此，从实践中来，再到实践中去，就是教学经验循环往复的最终归宿。只有通过在不同环境下进行实践，才能达到检验教学经验的目的。教学经验往往最初只是某个人或某个小群体的研究结果，其是否具有普适性，是否能在推广中取得同样有效的结果，都是需要进一步验证的。而好的教育经验，也需要借助推广应用，不断完善更新，甚至推动形成新的教育教学理论，最终推动教育事业进一步发展。

三、教学经验的操作化

很多成熟教师虽然具有丰富的教学经验，但往往缺乏科学的方法将教学经验传播给其他教师。比较常见的教学经验传播方式主要是师徒结对，老教师带着青年教师进行课例展示、教学研讨等，青年教师模仿、吸收、内化教学方式。这样的传播方式主要存在覆盖面窄、信息易丢失、个体依赖性强等缺点。老教师能够结对的青年教师毕竟是少数，在结对的青年教师中，能够全面、正确领会老教师经验内涵的青年教师更是少数，在这种口耳相传的传播过程中，很多宝贵的教学经验逐渐丢失，成为一种巨大的损失。针对教学经验传播形式单一、传播效果较差的问题，教师可以尝试将教学经验操作化。

（一）教学经验操作化的定义

教学经验操作化是指将教学经验提炼为教学过程、设计流程等具有一定步骤、程序的方法，是教师经过对自己教学经验的加工，对"怎么做"这个问题的操作性解答。

教学经验操作化往往要借助于一些符号信息载体。在教育领域，"载体"主要是指能够反映一定教育理念、教学构思的有形或者无形的物质。载体的特性主要是：能够使教师的教学经验外显化，教师能够借助载体实现互动。

如南京市溧水区东庐中学将教师的教学经验外显于"讲学稿"中，"讲学稿"秉承"以人为本"的教学理念，学习陶行知先生"教学做合一"的教学模式，凝聚了教师集体备课的智慧，将教师的教案、学生的学案、学生的练习、学生的作业、测试题、巩固资料等结合在一起，形成一种师生互动的教学文本。

又如湖南省双峰县第四中学的"导学案"，也是一种教学经验的载体。教师通过导学案，表达、传递了自己对教学流程的设计：学生自主学习—小组合作探究—小组成果展示交流—师生构建知识网络—学生进行巩固练习。

再如上海市第六十中学校长王晓虹，将自己的教学经验凝练为"三问"教学法，这也是一种"无形"的、非物质的信息载体，传递了王校长"聚焦深度学习"教学理念，以及对教学实践的基本主张——问"去哪里"，了解学生的起点；问"怎么去"，构思教学内容与策略，问"去了没有"，评价学生学习效果。

（二）教学经验操作化的策略

1. 以一定的教学理念为导向

在开发教学经验载体的过程中，一定要围绕一定的教学理念组织各类信息，这样才能保证载体的科学性，保证载体所包含的信息、程序是逻辑自洽的。通过载体，教师的教学理念充分传递给其他教师。如以上三个案例，不论是东庐中学的"讲学稿"、双峰县第四中学的"导学案"，还是王晓虹校长的"三问教学法"，都是围绕着类似的教学理念进行架构的，即教学要以学生为中心、以目标为导向组织教学过程。又如上海特级教师钱梦龙的"三主四式"导读法，诠释着学生为主体，教师为主导的教学理念。全国著名特级教师窦桂梅的"主题教学法"则是其教学理念"以内容为载体，以文本内涵为主体组织教学活动"的有力彰显。

2. 按照一定的逻辑组织教学过程

教学经验本身包含着一系列教学方法、过程，围绕着教学理念，教师要分析自己的教学经验中包含哪些教学方法，它们之间存在怎样的关系，然后按照一定的逻辑组织不同的教学方法，形成教学经验的操作过程。例如，某中学物理老师，在长期的教学实践中，摸索出了物理教学的一种范式，通过对自己课堂的分析，总结出教学过程主要包含巧设谜题、学生猜谜、自主实验、认知冲突、师生解谜等过程，每个要素层层递进，形成了属于自己的"解谜题"五步教学法。

四、教学经验的系统化

（一）教学经验系统化的定义

教学理论是有结构、有体系的，而教学经验往往是零散的。为了使零散的教学经验相互联系起来，更好地成为教师的知识、技能体系，我们不仅仅要将教学经验概念化、操作化，还要构建一个以教学理念为核心，包含具体方法、具体技能的"系统"，这就是教学经验的系统化。教学经验的系统化不但要回答"怎么做"的问题，还要回答"为什么做"的问题。

教学经验的系统包括教学理念和思想、教学方法、教学操作技能。如果教学经验是一棵大树，教学思想、理念就是大树的根，为教学经验提供源源不断的营养；教学方法论就是大树的树干，支撑着整棵大树；教学操作就是大树的枝条，在具体的教学情境中呈现着教学经验丰富的样态。

（二）教学经验系统化的方法

建构教学经验系统，要找出教学经验包含的要素及要素之间的关系，然后形成一个框架体系。这个过程是对教学经验的各个零散要素的整合，挖掘其内在的本质联系，形成一个有层级的系统，是对教学经验进行研究的过程。

1. 提炼教学理念

教学经验系统化的第一步，是要在教学实践的过程中，不断地分析理论、反思实践，在理论和实践碰撞的过程中，逐步形成自己的教学理念。教学理念包含对教学理性的认识，包括对"理想化的教学是怎样的""理想化的教学为什么是这样的""应该教些什么""应该如何教"等问题的思考和解读。如特级数学教师孙维刚的教学理念被提炼、表达为：学科间并不存在明显的分界线，各个学科之间、学科内部的知识之间总是相互交织、相互渗透的，教学的关键是帮助学生掌握和运用知识本质的必然联系，掌握知识内在的规律。如此一来，学生分析和解决问题的能力就会很大限度地提高。

2. 总结教学方法论

在教学活动中，各种各样的教学方法和各类教学对象之间存在各种各样的关系，教学方法论以这些关系为研究对象，关注教学方法是否与教学内容匹配、是否符合学情、是否指向教学目标。

教学方法论在具体的教学经验概括中表现为一定的教学原则、教学模式。教学原则是指在教学实践中所遵循的，处理教学过程中的各种关系以保障教学活动顺利进行的基本原理和要求。而教学模式则是指在一定的教学思想、教学理念、教学原则的指导下，形成的较为稳定的教学活动框架和教学活动程序。

如某高中生物教师结合教育教学理论及自身教学实践，将自己的教学原则表达为，重视学生在兴趣爱好、知识基础、认知结构、能力水平等方面的差异，遵循学生身心发展的客观规律，面向全体学生，因材施教，促进学生全面发展、个性成长。其教学模式为基于因材施教思想的分层教学模式：学生分层—教学目标分层—教学设计分层—自主学习分层—课堂提问分层—自主学习分层—课堂讨论分层—精讲释疑—点拨练习分层—当堂练习分层—评价分层。

3. 细化教学操作技能

系统化的教学经验来源于教学实践，又指导着教学实践，在教学实践层面，具体的操作是非常重要的，教学操作技能是教师在教学实践中运用的，经过长期的练习而形成的自动化的教学行为方式，是对教学模式、教学方法的具体化。

如上述基于因材施教思想的分层教学模式，每一个要素都包含了具体的教学技能。学生分层体现在操作层面，即根据学生的知识、能力水平，将其分成好、中、差三个层级，每个层级2组学生，共6个小组。教学目标分层即根据学生的知识、能力水平，将教学目标分为基础、深化、提升三个等级，并利用导学案向学生呈现不同层级的教学目标。教学设计分层体现在导学案中的思考题分为易、中、难三个层次，同时按照从易到难的顺序设计呈现。自主学习分层在操作时表现为，学生通过自主学习完成导学案中不同层次的题。课堂讨论分层是指课堂提问时，先从知识、能力水平较差的一组中提问一名学生，然后由另外一组知识能力水平较差的组和这组进行辩论，形成比较合理的认知，其他四个组对这两个组产生质疑，引发思考和讨论，然后再提问知识能力水平中等的组，最后提问最好的组。精讲释疑主要包含的操作技能是教师采用讲解、板书、图示、模型演示、多媒体演示等多种手段，帮助学生解决疑难。点拨练习分层的操作技术主要是通过三个不同层级的问题，对应知识能力水平不同的学生，对导学案中的学习目标进行检测，并对不同层级的小组进行指导，促进学生对知识技能的掌握。当堂练习分层是指要求不同层级的小组完成练习中不同难度的题目，全面掌握学生的学习情况。评价分层采用过程性评价方式，重点评价三个层级的小组在课堂学习中的进步、亮点等，以评价促进学生、鼓励学生。

第七章　成果的总结提炼

第一节　教学成果概述

一、什么是教学成果

国务院于 1994 年 3 月 14 日颁布了《教学成果奖励条例》（以下简称《条例》），旨在奖励取得教学成果的集体和个人，鼓励教育工作者从事教育教学研究，提高教学水平和教育质量。其中第二条规定："本条例所称教学成果，是指反映教育教学规律，具有独创性、新颖性、实用性，对提高教学水平和教育质量、实现培养目标产生明显效果的教育教学方案。"[1]

四川省于 1997 年参照《条例》颁布的《四川省教学成果奖励办法》第三条规定："本办法所称教学成果，是指反映教育教学规律，具有独创性、新颖性、实用性，对提高教学水平和教学质量、实现培养目标已产生明显效果的教育教学方案和教育教学改革成果。"[2]

由此可见，"教学研究成果和教育研究成果"是基础教育教学成果的核心。根据《四川省第六届普教教学成果评奖实施办法》，教学研究成果主要指"反映课程及教学改革与实践探究的成果，包括课程、教学、评价、资源建设等，可以是综合性的，也可以在某些方面有所侧重"。教育研究成果主要指"反映教育管理改革与事业发展的成果，包括师资队伍、现代学校制度、区域教育监测与评价及其他综合改革的成果等"[3]。

---

[1] 中华人民共和国国务院：《教学成果奖励条例》，1994 年。
[2] 四川省人民政府：《四川省教学成果奖励办法》，1997 年。
[3] 四川省人民政府：《四川省教学成果奖励办法》，1997 年。

而"具有独创性、新颖性、实用性",对提高教育教学质量产生了明显改革效益则是教学成果需要达到的质量要求。

二、基础教育教学成果的基本特点

（一）实践性

《条例》要求教学成果"经过2年以上教育教学实践检验的"[1]方可申报成果奖。《2018年基础教育国家级教学成果奖评审工作安排》规定,基础教育教学成果"必须围绕解决基础教育教学过程中的实际问题和未来挑战","经过实践检验,使问题在实践中得到有效破解",特等奖教学成果应"在教学改革实践中取得特别重大突破,经过不少于4年的实践检验"[2]。

由此可见,实践性是基础教育教学成果的突出特点,它是教育教学理论与实践的有机结合。其信度和效度均在长时间、大面积的教学实践中得以验证,对提高教育教学质量有显著效果。

（二）操作性

教学成果产生于教育教学实践,具有较强的操作性,应对促进教育改革与发展、提高教育教学质量有较大的推广价值或指导意义。

教学成果的操作性具体体现在方案、策略、模型等的适配度和推广度,能在相似条件下进行相当程度的复制和移植,并有效地解决相关问题。

（三）创新性

"具有独创性、新颖性"是《条例》对教学成果的要求。只有"围绕解决基础教育教学过程中的实际问题和未来挑战,创造性地提出科学的思路、方法和措施"[3]才能体现研究成果的价值。

创新主要分为两种：一是"无中生有",即教学成果突破了前人的理论与实践,提出了独到见解和策略,填补了相关领域的空白；二是"有中生新",即以前人研究为基础,进行补充、改进、完善,或结合自己的教育教学实践进行创新性的运用等。

---

[1] 中华人民共和国国务院：《教学成果奖励条例》,1994年。
[2] 中华人民共和国教育部：《2018年基础教育国家级教学成果奖评审工作安排》,2018年。
[3] 中华人民共和国教育部：《2018年基础教育国家级教学成果奖评审工作安排》,2018年。

国家级教学成果评选要求：特等奖教学成果应在教育教学理论上有建树，一等奖教学成果应提出自己的理论或发展和完善已有理论，二等奖教学成果应在教学改革实践的某一方面有所突破。

（四）时代性

教学成果要回应时代对教育发展的需求，回应教育教学的热点、痛点、难点，提出符合时代需求的教育教学理念和改革措施，体现当前教育最新的发展方向。

一方面，教学成果要在国家教育方针和科学的教育理论的指导下，落实立德树人的根本任务。另一方面，要聚焦课程改革的关键环节，用理性思维审视研究过程，突破教育改革中的关键性和难点问题。

三、成果报告的基本结构

（一）教育科研课题研究报告

研究报告重在汇报课题研究的背景、研究的过程与方法、研究成果、研究结论、研究反思，体现其学术价值。

【小卡片】教育科研课题研究报告的参考结构
研究报告的课题名称
一、问题提出
二、核心概念界定
三、研究综述
四、本课题研究意义
五、研究目标
六、研究内容
七、研究方法
八、研究措施和活动
九、研究取得的成果（认识性成果、操作性成果、物化成果）
十、研究取得的效益
十一、存在的问题分析与讨论
十二、参考文献

（二）教育科研课题工作报告

工作报告重在汇报围绕课题研究开展的一系列组织、管理、培训等工作，以及取得的成效，体现课题研究的组织管理水平。

【小卡片】教育科研课题工作报告的参考结构
工作报告的课题名称
一、课题组成员的构成及分工情况
二、研究的主要过程和活动开展情况
三、研究计划的执行情况
四、研究计划的变更情况
五、研究成果的发表、出版、交流、获奖情况
六、研究工作的保障条件
七、成果附件（包括与课题研究相关的研究专著、研究论文集、案例集、课堂实录、汇编资料、媒体报道等）

（三）教学成果报告

教学成果报告主要汇报成果能解决的主要问题、解决问题的过程方法、教育教学方案的主要内容，以及取得的改革效益，体现其实用价值。

【小卡片】教学成果报告的参考结构
教学成果报告的课题名称
一、成果解决的主要问题
二、解决问题的过程与方法
三、成果的主要内容
四、取得的改革效益
五、成果的创新点

第二节　认识性成果的提炼策略

一、提出基本主张

我们先来看看几大典型教学理论的基本主张（见表7-1）。

表7-1　典型教学理论的基本主张

教学理论	哲学取向的教学理论	行为主义哲学取向的教学理论	认知教学哲学取向的教学理论	情感教学哲学取向的教学理论	掌握学习哲学取向的教学理论
代表人物	苏格拉底、达尼洛夫	华生、斯金纳	布鲁纳	罗杰斯	布鲁姆
基本主张	（1）知识——道德本位的目标观 （2）知识授受的教学过程 （3）科目本位的教学内容 （4）语言呈现为主的教学方法	（1）预期行为结果的教学目标 （2）相倚组织的教学过程 （3）程序的教学方法	（1）理智发展的教学目标 （2）"动机—结构—序列—强化"四条教学原则 （3）学科知识结构 （4）发现教学方法	（1）教学目标：充分发挥作用的人、自我发展的人和形成自我实现的人 （2）非指导性教学过程 （3）师生关系的品质——教师作为引导者 （4）意义学习与非指导性学习	（1）提出教学目标分类学 （2）提出诊断性评价、形成性评价、终结性评价 （3）提供适当的学习材料，给予充分的学习时间和适当的帮助

仔细分析表7-1可知，提出基本主张一般可以从几个方面入手：根据研究者对事物本源性的认识，确立价值取向，定位整体目标（程度、最终价值），阐明核心观点，定位核心过程，聚焦关键措施、描述实践样态（基本原则、行为准则，体现其独特的工具价值）。

【案例】罗伯特、欧文等提出的空想社会主义中的六条基本主张
主张全部聚焦关键措施。
（1）废除私有制和雇佣劳动，消灭阶级和阶级差别。
（2）改变资本主义分配制度，实行共同劳动，合理分配。

（3）消灭商品交换，有计划地组织生产。

（4）消灭城乡差别、脑力劳动和体力劳动差别、阶级差别。

（5）把国家变成纯粹的生产管理机构，直到最后消亡。

（6）妇女解放和婚姻自由。

【案例】PDCA 循环

美国质量管理专家休哈特博士提出 PDCA 循环，其基本主张定位于 Plan（计划）、Do（执行）、Check（检查）和 Action（处理）四个核心过程。类似地，美国教育评价专家斯塔弗尔比姆提出的 CIPP 评价模式，主张课程评价分为四个步骤，即背景评价、输入评价、过程评价、成果评价，也是将定位核心过程作为其基本主张。

【案例】《指向"深度学习"的教学改进：让学习真实发生》四个基本主张

刘月霞在《指向"深度学习"的教学改进：让学习真实发生》一文中提出深度学习的四个基本主张，分别指向价值取向、整体目标、关键措施、实践样态。

（1）让学生成为学习的主人。

（2）以核心素养作为教学目标追求。

（3）对学科知识进行深度加工。

（4）促进教学方式的根本性转变[①]。

【案例】《事实与证据视野下的课堂诊断与改进》中的基本主张

国家级教学成果《事实与证据视野下的课堂诊断与改进》在成都高新区应用推广，从基本定位、目标取向、实践样态等角度提出基本主张。

（1）把对课堂诊断与改进作为促进学校课堂转型的重要抓手。

（2）通过成果推广，学习一种课堂诊断方法、创生一批教学改革成果、培育一群科研骨干教师、探索一种成果推广机制。

（3）像专家一样思考，像学生一样学习，像工程师一样实践；像设计教学一样设计研修，把课打开、评课析理，基于实证，让教师的成长可见。

---

① 刘月霞：《指向"深度学习"的教学改进：让学习真实发生》，《中小学管理》，2021年第5期，第15~16页。

二、梳理核心关系

(一) 梳理核心关系的意义

核心关系是指在认识性成果的提炼中，关键的概念、理论、观点或现象之间的基本联系。梳理核心关系，对于理解问题、推导结论或构建理论模型等具有关键性作用。

一是理清问题的本质。梳理核心关系有助于深入挖掘问题的本质，识别问题中的关键要素和关联关系。通过理清问题间的核心关系，我们能够更全面、准确地把握问题的实质和本质特征。

二是揭示概念之间的联系。核心关系梳理有助于揭示不同概念之间的关联和联系，识别并建立概念之间的因果关系、相互作用关系或相关关系，从而深化对概念的理解和解释。

三是推导结论和解释现象。通过梳理核心关系，我们能够推导出结论、解释现象或预测结果。核心关系之间的逻辑关系和因果关系提供了推理和推导的基础，使我们能够从已知的关系中推断出未知的结论。

四是构建理论模型。核心关系梳理为构建理论模型提供了基础。它可以帮助我们识别和整合各个因素、概念或变量之间的关系，从而构建起一个具有逻辑和内在一致性的理论框架。

五是为进一步研究提供指导。梳理核心关系可以为进一步的研究提供指导和启示。通过深入理解和分析核心关系，我们可以发现研究领域的研究空白、未解决问题或新的研究方向，从而推进学科的进一步发展。

(二) 几种重要的核心关系

梳理核心关系有两个关键点：一是准确找到和界定要素，二是描述各要素之间的逻辑关系。最重要的核心关系主要包括四个方面：

要素与结构。要素是构成事物的必要因素，是构成某个系统的一部分；结构是指要素之间的构成关系，具有秩序性、整体性、有序性。

功能与特征。功能指功效、能力和作用，简单来说就是这个系统对其他系统产生什么影响；特征指事物外表或形式上独特的象征或标志。

类型与层次。类型指按统一的标准进行分类，形成的下一级概念；层次强调事物发展的递进层级。

瓶颈与路径。瓶颈一般是指在整体中最关键的限制因素，路径是从起点到目标点的关键节点和具体线路。

（三）梳理核心关系的一般步骤

在梳理认识性成果的核心关系时，可以采取以下步骤：

（1）确定主要问题或现象。明确研究对象或研究领域中的主要问题或现象。

（2）回顾相关文献。对该领域的相关文献进行回顾和分析，了解已有的研究成果和观点。

（3）识别关键概念和观点。从文献回顾中识别与研究问题或现象直接相关的概念、理论或观点，将其与研究问题或目标对应起来。对关键概念和观点进行反复审查和验证，确保它们在理论上和实践中都具有重要性和合理性，并与研究领域的主流观点和理论保持一致。通过识别关键概念、理论或观点，可以发现已有研究中的研究空白或未解决的问题。这提供了进一步深入研究的机会，填补这些空白可以产生新的认识性成果。

（4）确定关系和联系。分析这些关键概念、理论或观点，思考它们之间的逻辑关系，建立各要素之间的关联。

这些逻辑关系主要有：并列关系、递进关系、矩阵关系、总分关系、维恩关系、对比关系、因果关系、层级关系、循环关系（见图7-1）。

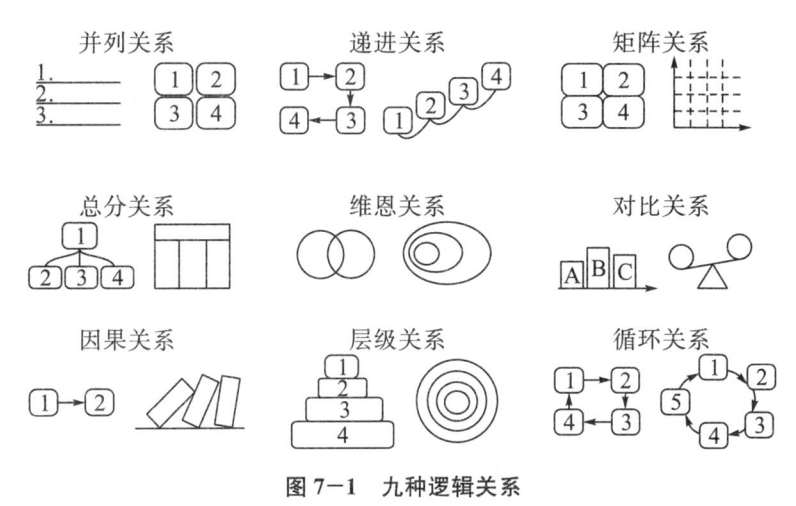

图7-1　九种逻辑关系

（5）合理应用思维工具。美国学者戴维·海勒1988年开发了思维导图（Thinking Maps）工具，包括：圆圈图，用于联想；树形图，用于分类；气泡图，用于描述；双气泡图，用于对比；流程图，用于顺序；复流程图，表述因果；括号图，用于拆分；桥形图，用于类比。这套思维工具能帮助我们清楚地思考问题，梳理逻辑结构。关于这一工具的使用，请参阅专著《思维可视化》《孩子受益一生的思维力》《硅谷工程师爸爸的超强思维导图课》。

（6）组织和整合。组织关系：整理和组织识别出的核心关系，将它们按照一定的逻辑顺序或结构进行分类和排列，这可以通过制作概念图、思维导图、逻辑结构图或提纲等方式来实现。建立逻辑框架：在组织关系的基础上，建立一个清晰的逻辑框架。逻辑框架是一个整体结构，显示了核心关系之间的层次、逻辑流程和相对重要性。逻辑连贯性：确保核心关系之间存在逻辑连贯性。这意味着核心关系之间的衔接和转换应该是平滑和连贯的，避免出现矛盾、冲突或不连贯的情况。

（7）验证和扩展。验证成果：通过实证研究、实验设计或数据分析等方法，验证所提出的核心关系是否得到支持和确认。这有助于确保认识性成果的可靠性和有效性，并进一步加强其科学基础。扩展成果：基于梳理的核心关系，进一步扩展认识性成果。这包括提出新的假设、探索更广泛的应用领域、进一步构建理论模型或推导新的研究问题。扩展成果可以为学术界或相关领域的进一步研究提供新的思路和方向。深化理解：通过验证和扩展认识性成果，加深对问题、现象或理论的理解。这可能涉及更全面的文献回顾、进一步的分析或与其他领域的交叉研究，以提升对认识性成果的洞察和深度理解。

三、挖掘事物本质

事物本质是一事物区别于其他事物的根本原因，是事物矛盾特殊性所在。透过纷繁复杂的现象，抓住事物的本质和规律，不仅是认识论的重要内容，也是课题研究认识性成果的应有之义。挖掘事物本质，需要了解事物的来龙去脉，探究事物发展规律和发生机理、当前事物发展中存在的瓶颈及相应的可行性路径等。我们可以从如下两个方面挖掘事物的本质。

（一）原因与根据

1. 归因分析

原因指造成某种结果或者引发某种事情的条件，释义为"原来因为"。在教育科研中，归因分析通常指围绕现实中存在的问题，以力求找到产生这些问题的可能原因。

原因包含内因和外因。在教育实证研究中，一般聚焦人和事物本身，寻找内因；在人和事物的相关关系中，寻找外因，即发现可能的因果关系（见表7-2）。

表 7－2　教学问题归因分析

分析视角	内因——人和事物本身	外因——在相关关系中发现
学生学习	学生的能力、动机、兴趣、爱好、意愿和努力程度等	亲子关系、师生关系、同伴关系、上下级关系、学习环境等
教师发展	教师的能力、动机、兴趣、爱好、意愿和努力程度等	学校文化、教研培环境、教学班氛围、社会因素、家庭因素等
教学质量	生源基础、教师职业素养、学校管理	家校社关系、上级行政业务管理、学校外部资源等

值得注意的是：在现实世界中，原因总是伴随着一定的结果，结果也必定由一些原因所引起；原因和结果之间可以相互转化、相互作用；原因与结果的相互关系是复杂多样的，一般不是直线式的因果链条，而是复杂的网络系统，有一因多果、同因异果、一果多因、多因多果等。

归因分析可按以下步骤完成：

第一步：澄清事实。弄清楚问题到底是什么，问题是如何发生的。

第二步：拆分问题。根据问题的表现和实质，把大问题拆分成易于分析的小问题。

第三步：剖析内因。从人和事物本身的视角，寻找可能的原因。

第四步：寻找相关。先定性寻找可能的相关关系，再定量查找高度正相关因素。

第五步：假设验证。提出高相关的两个变量可能的因果关系，投放措施，采集证据，进行假设验证。

第六步：审辩论证。邀请专家指导，组织分析讨论，从上到下、由内到外、反复论证，形成结论。

2. 寻求理论根据

理论根据指某对象的根本道理或上一概括、抽象层次的普通道理。理论根据源于现有的理论或创设的理论（参见第四章第二节"基础教育研究中常用理论概述"）。对于中小学教师的教育科研而言，主要是两个层面：一是构建支持实践体系的认识性成果，讲清为什么要这样做（参见本章第二节"认识性成果的提炼策略"）；二是找到与本研究关系密切的教育理论支撑。

（二）规律与机理

1. 教育规律

教育规律是不以人的意志为转移的教育内部诸因素之间、教育与其他事物之间内在的必然本质性联系，以及教育发展变化的必然趋势。这种联系和趋势有两个重要的特征：一是不断重复出现，并经常发挥作用；二是决定着教育必然向着某种趋向发展，不以人的意志为转移。在基于教学问题解决的实证研究中，需要研究和探索的教育规律主要包括：学生成长规律、学生认知规律、课堂教学规律。

例如，儿童教育学家蒙台梭利发现幼儿成长过程中具有敏感期。总结出：幼儿的光感敏感期为0~3个月，味觉发育的敏感期为4~7个月，大肌肉发育的敏感期为1~2岁，空间的敏感期为3~4岁，性别敏感期为4~5岁，绘画和音乐敏感期为4~7岁，数学逻辑的敏感期为6~7岁，动植物、科学实验、收集敏感期为6~7岁，文化敏感期为6~9岁……这些规律不以人的意志为转移，经过统计验证，是正常儿童成长过程中都会出现的规律。我们在幼儿教育中，可以充分利用敏感期投放对应的教学措施，以达成良好效果。

探索规律、验证规律的过程包含几个步骤：提出问题—猜想与假设—制定计划与设计实验—进行实验与收集数据—分析与论证—形成结论—评估。

这里需要强调四点：一是这个探索过程并不寻求现实问题的解决，从方法论视角看，它是一个"求真"的过程，追寻事物的本质联系和规律；二是要避免以偏概全，用特殊性代替一般性规律；三是中小学的教育研究，很难开展精准的大面积实验，常常需要定性研究与定量研究相结合、实证研究与思辨研究相结合；四是经过实证研究提炼出的因果关系，也可以归属于教育规律。

2. 教学机理

教学机理是指为实现某一特定教学功能，各教学要素的内在工作方式以及诸要素在一定环境条件下相互联系、相互作用的运行规则、原理，以及教学对象发生变化的理由和道理。

中小学教师对教学机理的研究重点是：教学的运行规则和原理，教学对象变化的理由和道理。我们常常以教学事件的目标、发生、维持为主线，通过"四问"来总结提炼教学机理。

第一问：事物向哪个方向在发展？重点分析事物发展的价值取向、目标导向、核心过程。

第二问：这种发展是如何发生的？重点分析是什么让原来不存在的教育现象出现了。

第三问：事物是如何维持和支持这种发展的？重点分析是什么关键因素导致事物的发展能继续存在、持续保持，是哪些因素起到支撑作用，甚至起到促进、加速作用。

第四问：上述三问中涉及的要素之间的相互关系是什么？分析它们之间是并列关系、递进关系、矩阵关系、总分关系、维恩关系、对比关系、因果关系、层级关系、循环关系等中哪一种或几种逻辑关系，这种分析有利于构建教学机理模型。

【案例】四川师范大学李松林提出："五育融合"教学的实践模型

该模型（见图7-2）揭示了以大概念为核心的"五育融合"教学机理。指出：实践参与是"五育融合"教学的根本途径，核心问题是"五育融合"教学的基本工具，大观念是"五育融合"教学的深层纽带，广泛适应是"五育融合"教学的目标导向[①]。

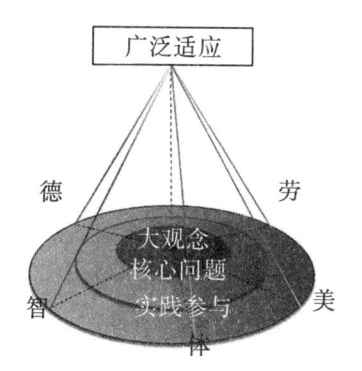

图7-2 "五育融合"教学的实践模型

四、构建思想模型

思想模型可以看作运用科学思维揭示对象的内在本质或必然联系，发挥想象力构想出与对象相似的模型。思想模型具有高度概括、关系明确的基本特征。思维方式和逻辑关系的可视化是构建思想模型的关键。中小学教育科研中，常见的思想模型有引导式模型、洋葱皮模型、张力模型、层级模型、三维模型等。

---

① 李松林：《以整体的教育培养整体的人——五育融合教学的框架与方法》，《课程·教材·教法》，2021年第11期，第65~67页。

(一) 引导式模型

1. 适用范围

此类模型适用于需要确立价值取向的相关成果。

中小学教师做研究时，常常热衷于探索"应该怎么做"，常常忽视了前进的方向和目标。例如，学校常常组织的课例研究，是为了提升教师的专业素养，为了诊断和改进课堂，还是为了帮助教师参赛获奖，不同的价值取向会直接影响投放的改革措施和实践成效。再如，学校大量开展的大单元教学，是通过以知识为主线的自然单元来体现教学的整体性？还是以大概念为核心重组形成的主题单元，来达成知识能力与核心素养的有效连接？

2. 构建步骤

第一步：列举可能方向。在目标与措施的逻辑关系中，一对多、多对一、多对多的现象在教育教学研究中普遍存在，我们需要做的是把投放措施能够达成的目标，或者可能的价值取向逐一列出。

第二步：筛选重点方向。综合分析国家政策、区域条件、本校实际，筛选价值最大、可行性最高的方向，确定为研究的价值取向，淡化甚至忽略其他方向。

第三步：确立关键环节。寻找达成价值取向的关键环节，确立环节名称。

第四步：勾画方向路径。运用绘图工具，画出并连接价值取向的路径和关键环节。

【案例】成都高新区教育发展中心"以文化主体意识为魂的国际理解价值引导模型"

在复杂的国际环境背景下，中小学国际理解教育如何做，甚至能不能做，成为大家关注的问题。成都高新区在北京师范大学国际与比较教育研究院的指导下，确立了推进以文化主体意识为魂的国际理解教育。在该区构建的价值引导模型（见图7-3）中，核心是增强文化主体意识，根据马克思主义教育哲学原理，确立针对三个主体的价值：从个体主体性视角，着力培养全球性创新型人才；从群体主体性视角，着力服务中国发展；从类主体性视角，着力服务构建人类命运共同体。

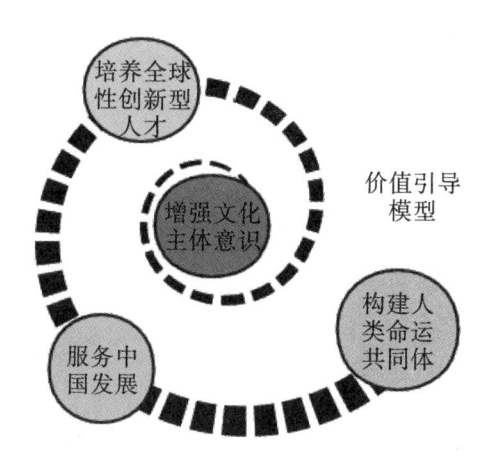

图7－3 以文化主体意识为魂的国际理解价值引导模型

（二）洋葱皮模型

1. 适用范围

此类模型适用于需要由表及里，挖掘事物本质的相关成果。这类课题的特点是几个关键词之间是镶套关系，常常是一个主语被若干个定语通过"的"字进行限制。例如，"主题引导的深度学习"有两层皮：第一层是深度学习，第二层是主题引导。"基于学科理解的高中化学结构化教学实践研究"可以看成有三层皮：第一层是结构化教学，第二层是高中化学，第三层是基于学科理解。"新课标背景下小学气象科普课程开发实践研究"可以看成有四层皮：第一层是课程开发，第二层是气象科普（课程），第三层是小学，第四层是新课标背景。

2. 构建步骤

第一步：外层分析。一般把主语当作外层，是人们对事物的整体印象。我们可以根据概念的外延对主语进行分解，或根据事物的发展要素和规律，建立进程或流程。

第二步：内层分析。逐级对次级概念进行分析，抓住关键要素和规律，建立流程，或对次级概念进行分解。

第三步：建立联系。分析外层各要素与各个内层要素之间的关系，尽可能分组表达它们之间的关系。

第四步：绘制模型。运用绘图工具，画出模型图。

【案例】成都高新区电子科大实验中学附小《小学教师教学语言审美评价探究与实践》教学语言审美评价洋葱模型

教学语言审美评价洋葱模型（见图7-4）包含三层。

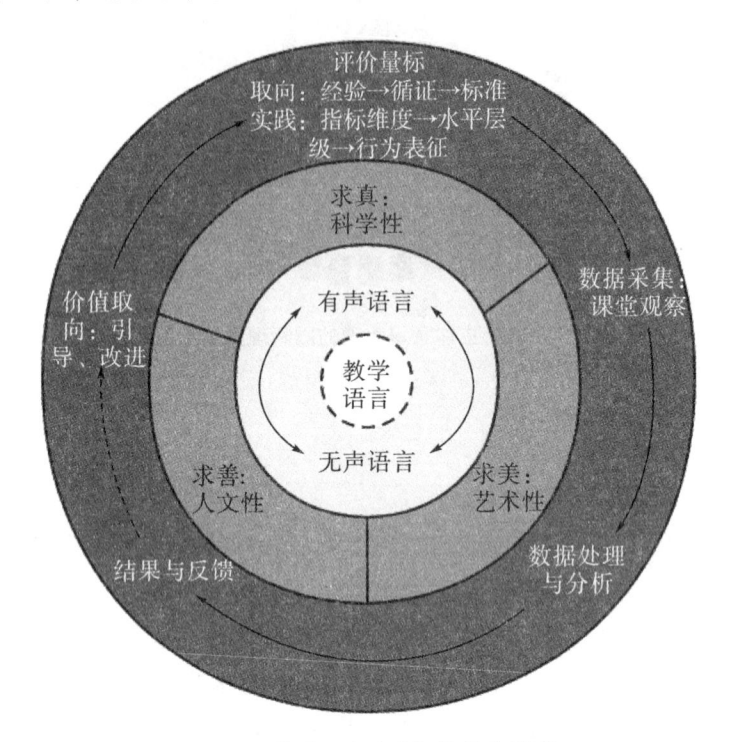

图7-4 教学语言审美评价洋葱模型

首先，这个课题是研究课堂评价，需要遵循普适性的评价思路与方法，包括：改进性、引导性的价值取向，评价量标需要从指标维度、水平层级、行为表征三个角度进行表达，使用课堂观察技术采集数据，数据处理后通过摆事实、析原因进行数据分析，通过说结论、提建议进行评价结果的反馈。思想模型需要尽可能简单，让人一目了然，因此，开发评价工具、抓关键事件（关键时间节点、重要活动场景、代表性成就）、四类评价结合（结果性、过程性、增值性、综合性）等一般性措施不放入模型中。

其次，它是审美评价，是主体对客体审美价值的评估。学校强调审美评价需要求真——强调科学性，求善——强调人文性，求美——强调艺术性。

最后，它是针对教学语言的审美评价。教学语言主要包括有声语言（陈述性语言、反馈性语言、管理性语言）和身体语言（五官表达、肢体表达）。

（三）张力模型

1. 适用范围

此类模型适用于多种要素竞争与平衡关系建立的相关成果。在教育教学中，常常存在对立的两个方面，就像是两种取向不同的张力，无法形成合力则可能产生不良后果。在实际工作、生活中，它们可能并不是你死我活的关系，需要我们寻找中间地带或者其他融合策略，来平衡、协调二者的关系，例如课堂教学的讲授式与讨论式、班级授课制与师徒面传制、心理健康教育中的团辅与个别指导等。

2. 构建步骤

第一步：聚焦争议焦点。收集在课题研究中价值取向、关键要素、影响因素等方面出现竞争关系的变量。

第二步：理清分歧本质。分析出现这种竞争关系现象、产生竞争的原因，以及竞争可能带来的后果。

第三步：提出解决主张。针对你死我活的矛盾，力求寻找中间地带；针对一般性竞争，力求通过融合来解决。

第四步：绘制思想模型。运用绘图工具，画出模型图。

【案例】 成都高新区教育发展中心"以文化主体意识为魂的国际理解素养模型与结构"

2020年6月23日，《教育部等八部门关于加快和扩大新时代教育对外开放的意见》指出，把培养具有全球竞争力的人才摆在重要位置，培养德智体美劳全面发展且具有国际视野的新时代青少年。开展国际理解教育是提升学生国际视野的主要路径。

在国际形势日益复杂的时期，中国基础教育中开展国际理解教育，是强调民族性还是强调全球性，是不可回避的问题。我们提出，开展"以文化主体意识为魂的国际理解教育"的核心主张，就是要坚守中国文化主体意识，同时放眼世界，提升学生的国际视野。

要提升学生的国际视野，在知识能力维度，一方面需要促进文化的双向理解，另一方面需要提升学生的国际交往力；在态度价值观维度，一方面需要强化民族责任感，另一方面也要强化人类价值观，致力于构建人类命运共同体。这两对表面冲突的矛盾，在此变成同步增长、相互充盈的关系。

在热气球模型中，同步增长的知识能力、态度价值观，促进热气球充盈，促使学生的国际视野有效提升。据此模型，进一步提炼出两个维度、四个核心素养、八种关键能力的国际理解素养结构（见图7-5）。

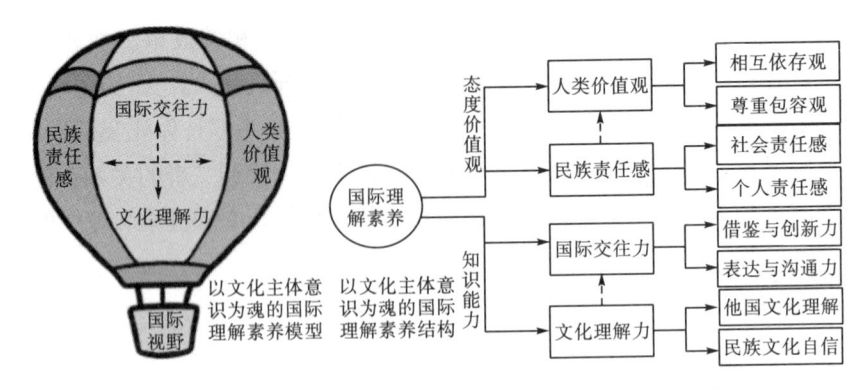

图7-5 以文化主体意识为魂的国际理解素养模型与结构

（四）层级模型

1. 适用范围

此类模型适用于构建由低到高的进阶关系。中小学教育科研运用分类思想能让课题研究更精细、精准，运用分层思想能让课题研究更深入。进阶关系的建立是分层思想的典型应用，常用于核心素养分级、学习目标的分级、教学行为分级、教育评价指标的分级、教学组织方式的进阶等。需要注意的是，教学流程只是一种组织实施的顺序，不属于进阶关系。

2. 构建步骤

第一步：设定进阶主题。要求进阶的主题具有唯一性，进阶的内容从属于本主题，不能出现进阶各个具体内容从属于多个主题或多个类别标准。

第二步：筛选关键阶梯。首先需要深入分析进阶内容的具体意义、行为表征、判断标准等，再筛选最关键的内容作为进阶的阶梯。

第三步：排列进阶顺序。根据各阶梯的相对水平，排列进阶顺序。

第四步：绘制思想模型。运用绘图工具，画出模型图。

【案例】布鲁姆"认知层次理论模型"

布鲁姆认知层次理论是大家所熟悉的，进阶的主题是认知水平，水平层次由低到高依次为：记忆——在长记忆中提出知识；理解——从教学信息中构建意义；应用——在给定的情境中运用相关知识；分析——通过材料分解，确定相互关系；评价——基于准则标准作出判断；创造——将要素重新组合成一个新的整体。

在此模型（见图7-6）引导下，布鲁姆进一步对每一个层级匹配对应的动词进行行为表征，同时提供对应的教学引导示范。例如，"创造"层级对应的行为动词包括设计、装配、建造、猜想、开发、规划、创作、调研等，通过"怎么进行问题改善""你计划怎么做""有什么样的突破"等语句进行教学引导。

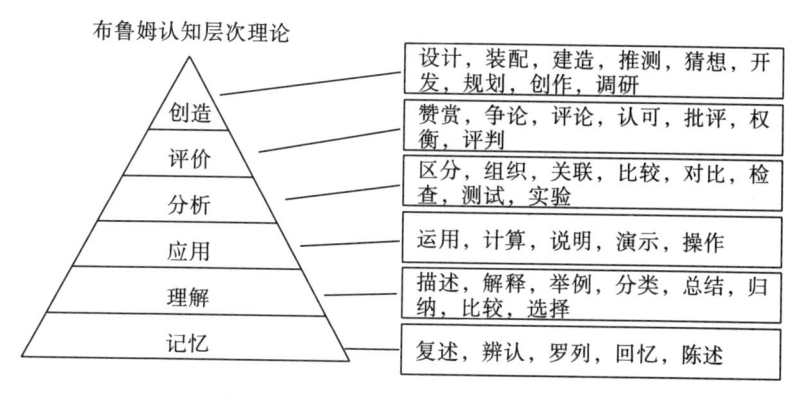

图7-6 布鲁姆"认知层次理论模型"

【案例】成都高新区教育发展中心"国际理解教育的教学目标层级模型"
国际理解教育的教学目标层级模型见图7-7。

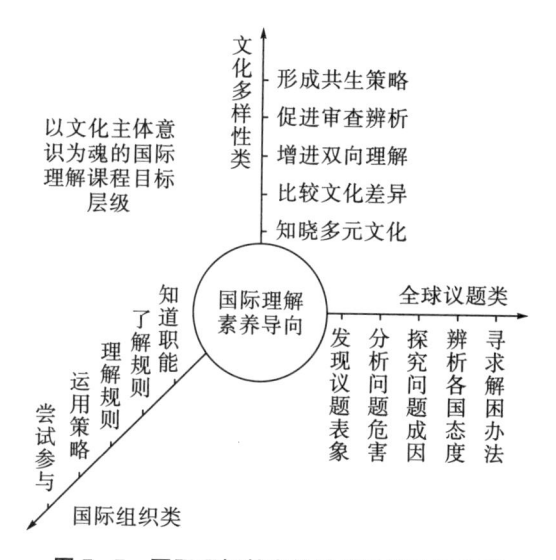

图7-7 国际理解教育的教学目标层级模型

1. 文化多样性类教学目标分级

第一层级：知晓多元文化。通过知识的学习与积累，了解国际元素。*第二层级*：比较文化差异。通过比较，找到中国元素与世界元素在表征上的差异。*第三层级*：增进双向理解。分析异己现象背后的文化原因，达成文化理解。*第四层级*：促进审查辨析。从对中国文化自信、文化认同以及对异己文化的审查、辨析、尊重的视角展开教学。*第五层级*：形成共生策略。强调在多元文化共存的环境下，调整、改进自己的行为来达成和谐共生，推动构建人类命运共同体。

2. 全球议题类教学目标分级

第一层级：发现议题表象。通过知识的学习与积累，知道议题在各国呈现的典型现象，明白它是全球性问题。*第二层级*：分析问题危害。通过数据、专业知识的学习，明白现象对全球或地区的现在或将来可能带来的危害。*第三层级*：探究问题成因。利用专业知识、各个国家的社会背景等知识，分析产生此现象的可能原因。*第四层级*：辨析各国态度。比较各个国家、团体、个人对此现象的态度，理解、尊重、批判其行为。*第五层级*：寻求解困办法。提出你或团队的应对意见或建议。

3. 国际组织类教学目标分级

第一层级：知道职能。知道国际组织的 Logo、职能、分布等基本情况。*第二层级*：了解规则。知道国际组织的机构设置、运行规则，明白何种问题需要运用国际组织中的规则。*第三层级*：理解规则。通过模拟、辨析，理解规则制定的目的、意义和规则的运用流程。*第四层级*：运用策略。运用国际组织协调全球争议的原则和常见策略来解决现实问题。*第五层级*：尝试参与。尝试从人类命运共同体视角为国际组织提出建议或参与国际组织的活动。

（五）三维模型

1. 适用范围

此类模型适用于整体关系构建。教育教学工作变量较多、关系复杂，不少的关系在平面上无法有效表达，需要建立多维模型。在指向教学问题解决的实证研究中，我们趋向于建立三维模型，其中价值取向（因变量）占一个维度，投放的措施（自变量）占两个维度，并把投放措施的两个维度置于一个平面内。例如，在"指向化学核心素养的高中化学实践性作业设计研究"课题中，化学核心素养占一个维度；实践性作业设计的多个要素置于一个平面内，占两个维度。

2. 构建步骤

第一步：确立目标取向。一般情况下，可以把实证研究中要解决的问题或希望达成的结果（因变量）作为目标取向。

第二步：寻找与目标达成直接关联的改革措施。找到最核心、最关键，而且与目标达成直接关联的改革措施，让这个措施指向目标达成。

第三步：筛选改革措施的关键要素与相关因素。从众多相关变量中，把核心措施的关键要素筛选出来，按一定的逻辑排列于核心措施的周围，在外围辅以相关因素支撑。

第四步：绘制思想模型。运用绘图工具，画出模型图。

【案例】成都市教科院"知识管理视域下的基础教育教学成果推广策略研究"思想模型

知识管理视域下的基础教育教学成果推广模型如图7-8所示。

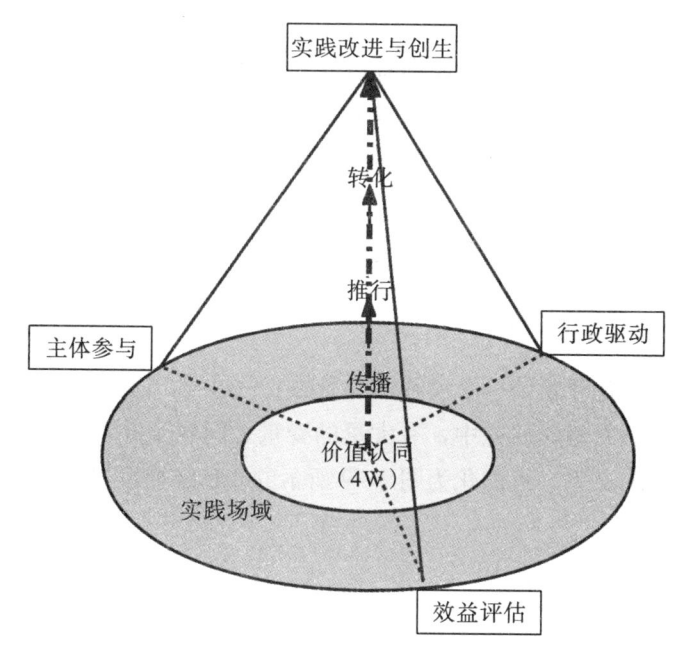

图7-8 知识管理视域下的基础教育教学成果推广模型

本课题中，"实践改进与创生"是基础教育教学成果推广的目标导向，在知识管理视域下，把教学成果和教学成果的推广过程均视为"知识"，在分别包含的4W维度（What——成果是什么；Why——为什么要研究与推广；Who——由谁来研究与推广；How——怎么研究与推广）上，供需双方的价值认同是成果推广的基本保证,"传播—推行—转化"是教学成果推广的核心过程。在这个核心过程的各个阶段,以价值认同为核心,在行政驱动、主体参与下构建实践场域,并同步实施效益评估。

第三节 操作性成果的提炼策略

一、编制实践框架

本章第二节阐述了认识性成果的提炼策略,本节聚焦操作性成果的提炼,即阐释应该怎么做。

思想模型建立好后,最重要的事就是编制能延续前面的认识性成果、且切实可操作的实践框架。

实践是指履行、实施,是人类有目的、有计划地改造自然和社会的行动。框架是指在建筑物或家具等的结构中起支撑作用的主体结构,也指事物的轮廓、范围和主要结构。在这里,我们把教育实践框架界定为教育实践的行动范围、主要路径、关键节点,以及节点之间的结构关系。在各个节点上,用动宾结构的词组或短语表达,可增强实践框架的可操作性。

(一)线状结构框架

此类框架适用于反映一个实践性变量的变化过程,以及实践变量与次级变量的关系。在教育教学研究中,有大量的变量之间属于并列关系、递进关系、总分关系等逻辑关系,可简化为图7-9所示的线状结构框架。

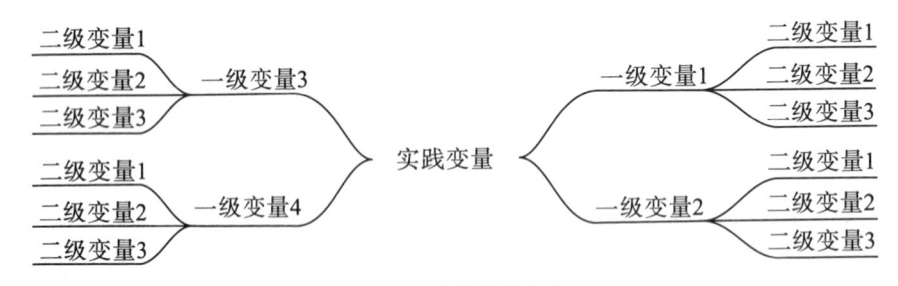

图7-9 线状结构框架

其中,实践变量、一级变量、二级变量之间是总分关系,变量1、变量2、变量3、变量4之间是递进关系或并列关系。

在成果提炼时，所画出的实践框架图示可能与图7-9不同，但本质都是一样的。

1. 导图式

【案例】 成都高新区"幼儿园生活体验坊的优化研究"研究成果框架

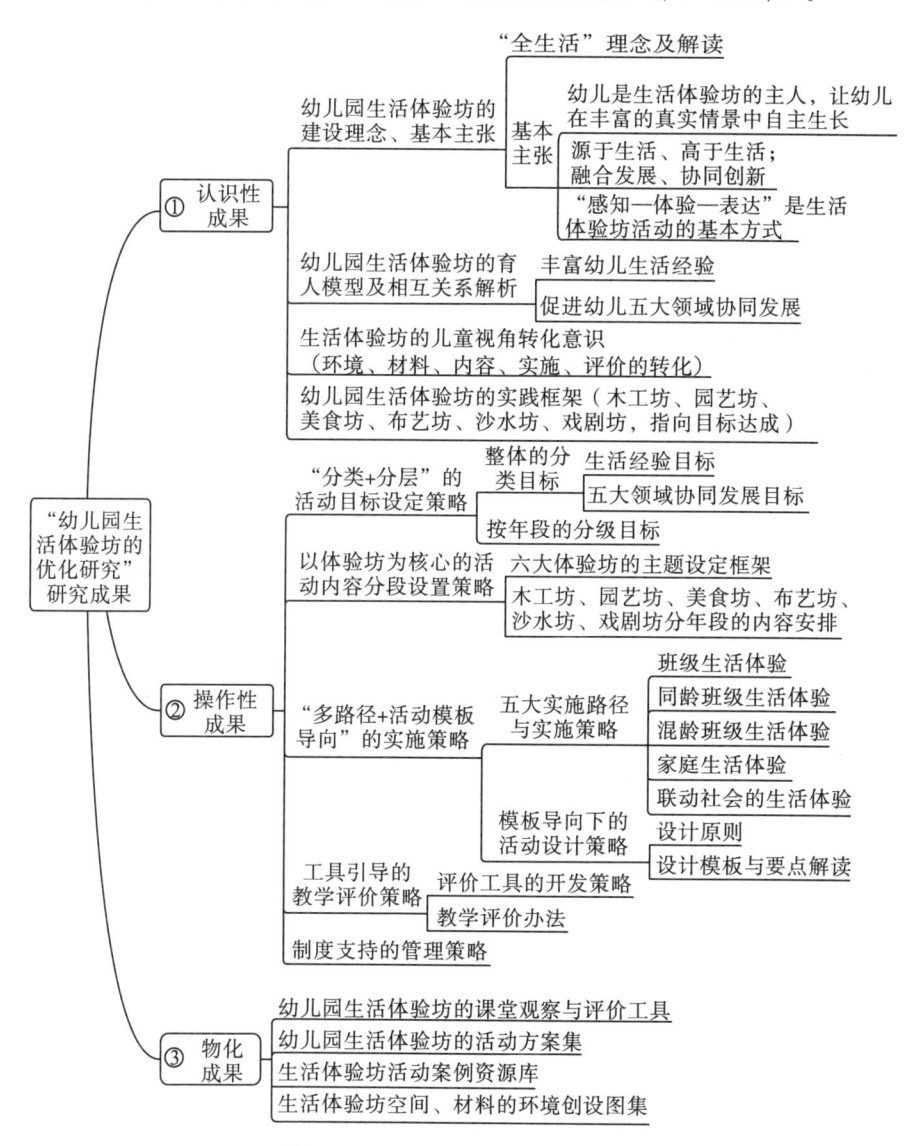

"幼儿园生活体验坊的优化研究"研究成果框架如图7-10所示。

"幼儿园生活体验坊的优化研究"研究成果：

① 认识性成果：
- 幼儿园生活体验坊的建设理念、基本主张
  - "全生活"理念及解读
  - 基本主张：
    - 幼儿是生活体验坊的主人，让幼儿在丰富的真实情景中自主生长
    - 源于生活、高于生活；融合发展、协同创新
    - "感知—体验—表达"是生活体验坊活动的基本方式
- 幼儿园生活体验坊的育人模型及相互关系解析
  - 丰富幼儿生活经验
  - 促进幼儿五大领域协同发展
- 生活体验坊的儿童视角转化意识（环境、材料、内容、实施、评价的转化）
- 幼儿园生活体验坊的实践框架（木工坊、园艺坊、美食坊、布艺坊、沙水坊、戏剧坊，指向目标达成）

② 操作性成果：
- "分类+分层"的活动目标设定策略
  - 整体的分类目标
    - 生活经验目标
    - 五大领域协同发展目标
  - 按年段的分级目标
- 以体验坊为核心的活动内容分段设置策略
  - 六大体验坊的主题设定框架
  - 木工坊、园艺坊、美食坊、布艺坊、沙水坊、戏剧坊分年段的内容安排
- "多路径+活动模板导向"的实施策略
  - 五大实施路径与实施策略
    - 班级生活体验
    - 同龄班级生活体验
    - 混龄班级生活体验
    - 家庭生活体验
    - 联动社会的生活体验
  - 模板导向下的活动设计策略
    - 设计原则
    - 设计模板与要点解读
- 工具引导的教学评价策略
  - 评价工具的开发策略
  - 教学评价办法
- 制度支持的管理策略

③ 物化成果：
- 幼儿园生活体验坊的课堂观察与评价工具
- 幼儿园生活体验坊的活动方案集
- 生活体验坊活动案例资源库
- 生活体验坊空间、材料的环境创设图集

图7-10 "幼儿园生活体验坊的优化研究"研究成果框架

2. 鱼骨式

【案例】成都高新区教育发展中心设计的"深度学习任务设计实践框架"

深度学习任务设计实践框架如图7-11所示。

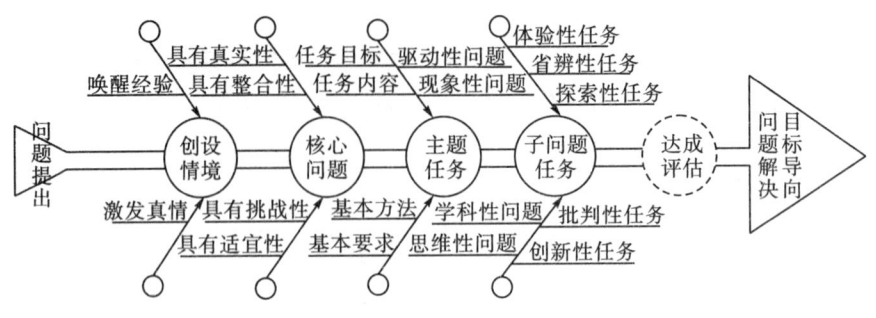

图7-11 深度学习任务设计实践框架

3. 发散式

【案例】成都高新区教育发展中心"阅读素养解析"框架

阅读素养解析框架如图7-12所示。

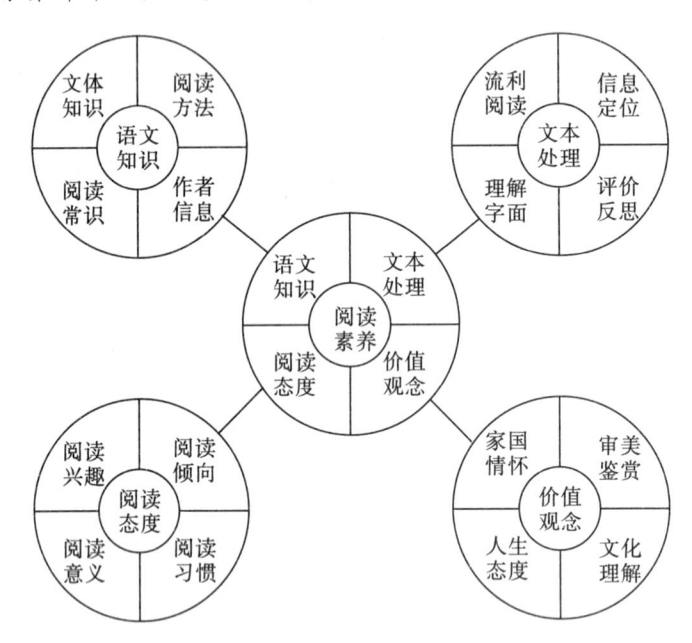

图7-12 阅读素养解析框架

4. 循环式

【案例】成都高新区教育发展中心"从国际理解走向全球竞争力的区域教育

实践"成果报告框架

"从国际理解走向全球竞争力的区域教育实践"成果报告框架如图7－13所示。

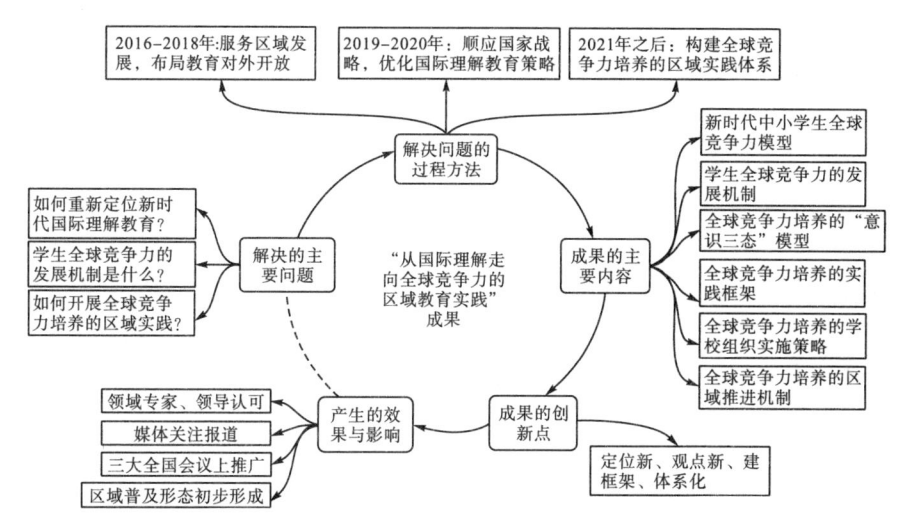

图7－13 "从国际理解走向全球竞争力的区域教育实践"成果报告框架

（二）面状结构框架

此类模型适用于反映两个或两个以上的变量之间的相互关系。矩阵关系、维恩关系、对比关系、层级关系、循环关系等逻辑关系，很难用线状结构来表达，通常表达为面状结构框架。

1. 表格式

【案例】成都高新区教育发展中心设计的中小学国际理解教育课程结构表

中小学国际理解教育课程结构表如图7－14所示。

课程内容结构表
层级：了解内容（☆）、双向理解（☆☆）、行为共生（☆☆☆） 结构：3个维度18个模块

类别	模块	小一	小二	小三	小四	小五	小六	初一	初二	初三	高一	高二	高三
多元文化	饮食文化	☆	☆	☆☆	☆☆	☆☆☆	☆☆☆						
	服饰文化	☆	☆	☆☆	☆☆	☆☆☆	☆☆☆						
	节日文化			☆	☆	☆☆	☆☆	☆☆☆	☆☆☆				
	神话传说				☆	☆	☆☆	☆☆	☆☆☆	☆☆☆			
	礼仪文化	☆	☆	☆☆	☆☆	☆☆☆	☆☆☆						
	艺术文化					☆	☆	☆☆	☆☆	☆☆	☆☆☆	☆☆☆	

续表

课程内容结构表 层级：了解内容（☆）、双向理解（☆☆）、行为共生（☆☆☆）结构：3个维度18个模块														
类别	模块	小一	小二	小三	小四	小五	小六	初一	初二	初三	高一	高二	高三
国际组织	全球性政府组织					☆	☆			☆☆	☆☆	☆☆☆	☆☆☆
	全球性非政府组织					☆	☆			☆☆	☆☆	☆☆☆	☆☆☆
	地区性政府组织							☆	☆	☆☆	☆☆	☆☆☆	☆☆☆
	地区性非政府组织							☆	☆	☆☆	☆☆	☆☆☆	☆☆☆
	中国发起政府组织					☆	☆			☆☆	☆☆	☆☆☆	☆☆☆
	中国发起非政府组织					☆	☆			☆☆	☆☆	☆☆☆	☆☆☆
全球议题	气候变化					☆	☆	☆☆	☆☆	☆☆☆	☆☆☆		
	公共卫生			☆	☆	☆☆	☆☆	☆☆☆	☆☆☆				
	社会正义				☆			☆	☆	☆☆	☆☆		
	数字世界					☆	☆	☆☆	☆☆	☆☆☆	☆☆☆		
	战争与和平										☆	☆☆	☆☆☆
	贫困与饥饿										☆	☆☆	☆☆☆

图7－14 中小学国际理解教育课程结构表

2. 聚焦式

【案例】成都师范银都紫藤小学"指向教师专业发展的六元互动智慧研修体系"框架

"指向教师专业发展的六元互动智慧研修体系"框架如图7－15所示。

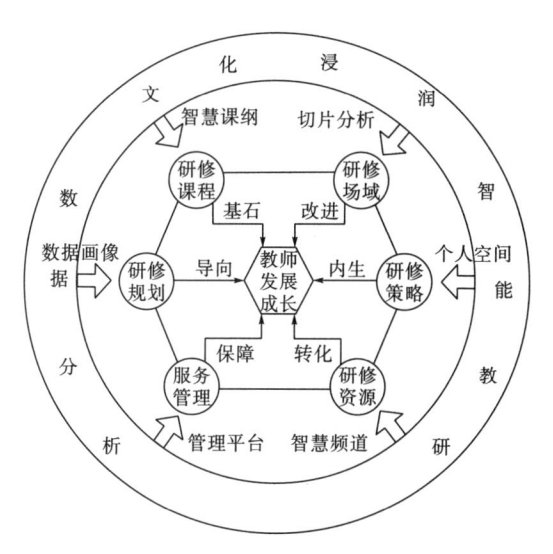

图 7-15 "指向教师专业发展的六元互动智慧研修体系"框架

3. 层级式

【案例】成都高新区教育发展中心设计的学科课程综合化实施"三层九措"实践框架

学科课程综合化实施"三层九措"实践框架如图 7-16 所示。

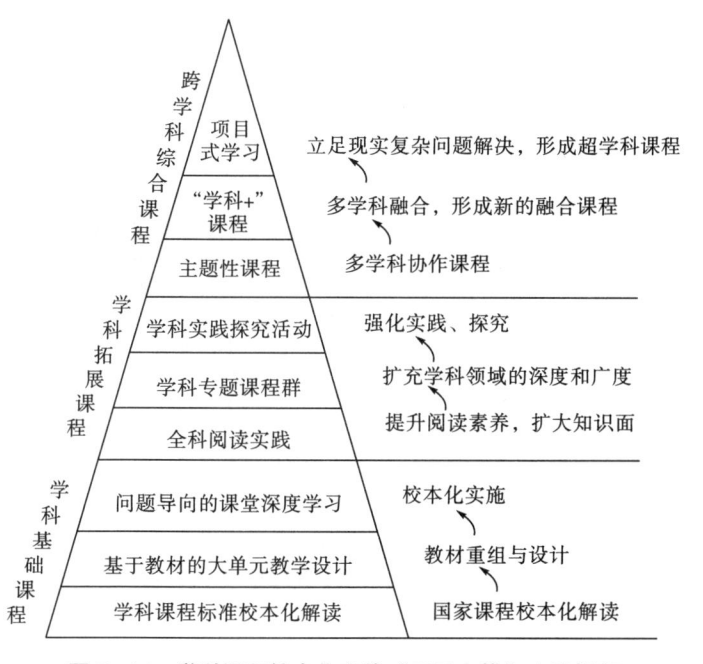

图 7-16 学科课程综合化实施"三层九措"实践框架

（三）综合型框架

表达相对复杂的结构关系时，需要综合应用线状结构和面状结构框架。

【**案例**】成都高新区教育发展中心"基于 CIPP 评价模式的中小学课程检视工具开发与应用研究"框架

"基于 CIPP 评价模式的中小学课程检视工具开发与应用研究"框架如图 7—17 所示。

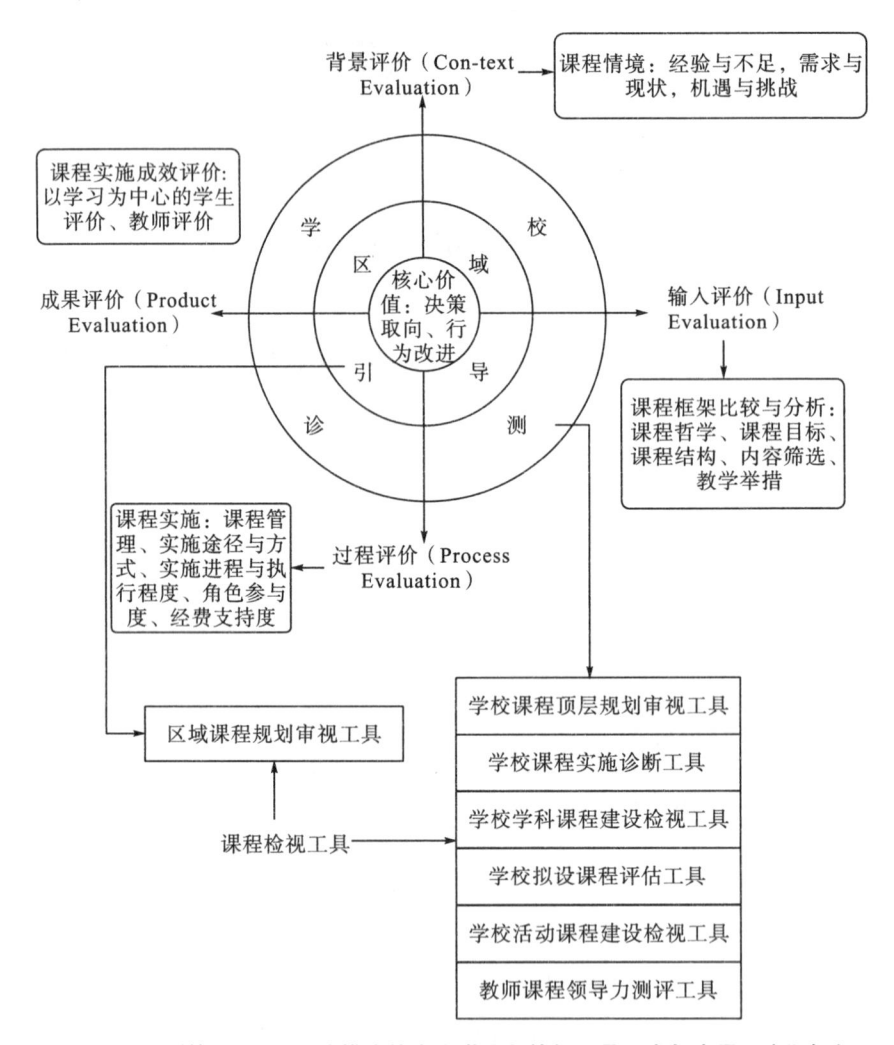

图 7—17　"基于 CIPP 评价模式的中小学课程检视工具开发与应用研究"框架

二、构建教学模式

（一）教学模式的四要素

教学模式是在一定教学思想或教学理论指导下建立起来的较为稳定的教学活动结构框架和活动程序。作为结构框架，教学模式强调从宏观上把握教学活动整体及各要素的功能和要素间的关系，一般不强调按固定的流程来开展教学；作为活动程序，教学模式则强调有序性和可操作性。

构建教学模式有四个要素，即名称、适性、样态、策略，这是每个教学模式构建要明确的内容。

一是提炼模式的名称。每种教学模式需要一个能充分体现模式本质特征的名称。

二是注明模式的适用范围。要准确界定该模式适用于哪些学科、哪个学段、何种领域，甚至精细到适用于哪个教学模块、哪个篇章、哪类学生等。

三是描绘模式的样态。这是模式构建的关键点，需要通过文字或图示准确描述教学要素或教学流程。

四是总结关键环节的实施策略。聚焦本模式的关键节点（重点、难点、易错点），提出有效的解决策略（计策或谋略）。

（二）教学模式的构建步骤

从教学模式的定义上看，构建教学模式有两种取向：一种是要素取向，一种是流程取向。

1. 要素取向的教学模式构建

第一步：提出基本主张。根据模式拟解决的主要问题、价值取向、实践要素，提出基本主张。

第二步：描述教学要素。准确界定和描述教学要素。

第三步：构建行为准则。制定教学原则、行为规范，形成行为准则。

第四步：提炼教学策略。围绕实施的关键点、困难点、易错点，提出解决办法或实践策略。

2. 流程取向的教学模式构建

第一步：提出基本主张。根据模式拟解决的主要问题、价值取向、实践要素，提出基本主张。

第二步：罗列关键环节。分析典型课例，归纳、筛选、优化，列出关键环节。

第三步：规划教学流程。运用流程图，排列各教学环节，并指出各环节间的流转关系。

第四步：提炼教学策略。聚焦关键环节，提出实施办法和策略。

（三）教学模式的案例分析

1. 在认识引导下演绎

【案例】成都高新区国际理解课程的教学模式提炼

成都高新区在构建的国际理解教育的价值引导模型、国际理解素养结构模型的引导下，结合大量的典型案例分析，提出国际理解教育"主题辩论式"教学模式，包含五个关键要素：情景、冲突、明辨、践行、创新。该教学模式准确界定五个要素和实施要点，相应开发与之匹配的六大活动元：情境创设活动元、本土文化和国际元素呈现活动元、体验感知活动元、比较分析活动元、交流分享活动元、异己共生活动元。在教学活动中，教师根据教学目标和教学主题，灵活使用这些活动元。

为进一步引导教师更好地开展国际理解教育，同时总结提炼了流程化的现象式教学模式（见图7-18）、辩论式教学模式、项目式学习模式。

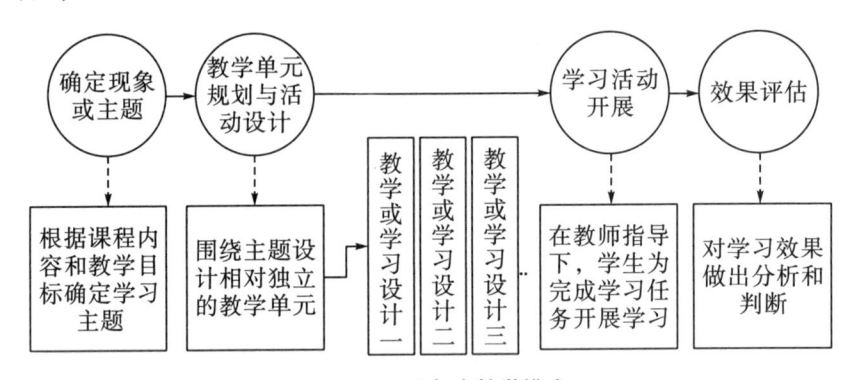

图7-18 现象式教学模式

2. 选择典型案例归纳

【案例】"三润促达"散文读写结合教学模式的提炼

我们先来看看，献课教师《匆匆》一课的教学设计，如表7-3所示。

表 7-3 《匆匆》一课的教学设计

教学目标	基础性目标：有感情地朗读课文，背诵课文 拓展性目标：能抓住关键句段，说出作者表达情感的方法 挑战性目标：仿照第三自然段，用一段话把你的感触写下来	
教学重点	能了解课文内容，抓住关键句段，感悟作者表达情感的方法	
教学难点	1. 能了解课文内容，抓住关键句段，感悟作者表达情感的方法 2. 仿照第三自然段，用一段话把你的感触写下来	
教学过程	教学内容	设计意图/评价关注点
情境引入	板书课题"匆匆"，理解词语"匆匆"。师：我们生活中哪些场景让我们感受到"匆匆"呢？随机板书	围绕主题表达对生活感知的情感体验
预习检测	1. 朗读带生词的课文原文语境片段 2. 学生展示课前收集的相关作者简介	营造学习氛围，明确学习目标，引出学习主题，激发学生的自信表达
精准释疑	听朗读，并思考 1. 课文主要写了什么 2. 作者的内心感受，作者又是怎样在文中表达出来的，请找出相关的语段做出分析	整体感知课文，了解文章大概意思，表达自我感受
课堂巩固	1. 精读课文，体会表达 (1) 细读感悟 (2) 对比阅读 (3) 读表现手法 2. 仿写 早读时，日子从_____。写作业时，日子从_____。上课时，_____。在宽广的绿茵场上踢足球时，它从我_____，从我_____。 3. 即兴写作 学生即兴写作，教师随机指导。展示学生作品并有感情朗诵	感受作者在文中使用的问句所表达的心境。在读中感悟，以读促写 读写结合，把写作落实
作业布置	背诵课文	小组自主合作完成

课后议课时，教师们一致认为，本节课结构清晰，效果很好，希望固化成果，形成散文读写结合的教学模式。

经过分析教学流程中各重要环节的功能，教师们发现以下关键点："情境引入"重在激发学生的兴趣；"预习检测"重在唤醒学生已有的生活经验；"精准释疑"重在通过丰富的阅读方式，调动学生的思维、激发学生情感，理解文本、理解读者、理解人性。这三个环节的核心是一个"润"的过程。"课堂巩固"重在基于阅读，通过精读、仿写、创写等练习，实现本节课的教学目标。

最后，总结提炼出"三润促达"散文读写结合教学模式。

模式名称："三润促达"散文读写结合教学模式。

模式适用范围：小学语文、情感类散文教学、读写结合。

模式："趣"润于初—润"学"于心—润"思"于行—以练促"达"。

实施策略："趣"润于初，重在真实情境、激发兴趣；润"学"于心，重在预习检测、唤醒经验；润"思"于行，重在精准释疑、激发情感；以练促"达"，重在读写结合、达成检测。

三、总结机制策略

（一）机制的总结提炼

1. 什么是机制

"机制"原指机器的构造和工作原理，现已广泛应用于自然及社会现象，表示其内部组织的运行变化规律。"机制"引申到不同的领域，就产生了不同的机制表达：引申到生物领域，就产生了生物机制；引申到社会领域，就产生了社会机制；引入经济学的研究，就形成了经济机制。

对于中小学课题研究来说，机制指的是研究体系中各组织或部分之间相互作用的过程和方式，主要包括运行机制、管理机制、激励机制、制约机制、保障机制等。

提炼机制有两个关键：一是体制，主要指的是组织职能和岗位责权的调整与配置；二是制度，主要是通过制定制度，划定各组织在实践过程中如何推进工作，如何相互协作。需要注意的是，体制和制度的建立，不只是纸上文本，而是要按文本的运行规定和要求，实实在在把工作落实下去，机制在实践中才能得到体现，才能真正推进教育教学改革。

2. 机制的提炼步骤与策略

第一步：设定机制名称。根据拟解决的主要问题，设定机制名称，例如学生学业质量监测机制、学校校本课程建设质量内控机制、高中分层走班管理机制、青年教师专业发展激励机制、名师工作室管理机制、教育数字化转型的保障机制等。

第二步：明确组织职能。设置与机制关联度较大的组织，明确职能和岗位责权。

第三步：梳理运行流程。针对各个板块，制定运行流程、明确运行要点。
第四步：建立协作关系。进一步明确各板块如何相互协作。

【案例】成都高新区"基于CIPP评价模式的中小学学科课程检视机制"

CIPP评价模式是美国教育评价家斯塔弗尔比姆倡导的课程评价模式，由背景评价、输入评价、过程评价、结果评价四部分构成。成都高新区根据CIPP评价模式，提炼了中小学学科课程检视的六大机制。

一是目标导向机制。按教育部相关文件要求，对学校开设的全部课程进行定期审议。

二是职责分工机制。各区教研部门统筹、规划，组织骨干教师开发工具支架；学校建立课程审议委员会，制定审议制度，组织教学相关处室、学科组自主检视。

三是内容设定机制。固化四大内容作为各学校的必检项目，包括课程开设的背景和条件、课程方案的筛选与优化、课程实施的观察与研讨、课程成效的检测与反馈。

四是工具支持机制。根据学科课程建设的要点和特征，开发学科课程检视框架、界定学科课程检视的三维指标，并对三级指标进行行为化表征，开发对应的调查问卷、访谈提纲、观察量表等。

五是过程视导机制。区教研部门组织专家、教研员、名优教师，对学校课程开发与检视过程进行巡视和指导。

六是反馈激励机制。检视结果用于改进学校学科课程建设，同时报区主管部门备案，课程建设成效和检视结果纳入学校年度目标考核。

（二）策略的总结提炼

《现代汉语词典（第7版）》对"策略"的解释是，根据形势发展而制定的行动方针和斗争方式。这样的定义，用于中小学课题研究中不一定贴切，我们可以将其理解成：为了解决教育教学问题或为了达成预期目标，制定的计策或谋略。

制定教学策略有两个关键点：

一是明确需要解决的教学疑难问题。

例如，如何开展大单元教学是新课标下的难点，可以总结大单元教学策略；综合素质评价是难点，可以研究学生综合素质评价策略；语文学习任务群是新课标新增内容，可以总结语文学习任务群教学策略。

拟解决的疑难问题有大有小，大的疑难问题可分解成若干个小的问题，制定一系列策略。例如，学生的创新素养培养是个较大的疑难问题，它包含如何提升学生的创新意识、实践能力、批判反思能力、创意物化能力等，因此，我们可以总结提炼创新意识培养策略、实践能力培养策略、批判反思能力培养策略、创意物化能力培养策略等系列小策略，整体支撑创新素养培养策略这个大策略。

需要注意的是，在实际教育教学实践中，拟解决的系列问题与投放的系列策略之间，可能是一对一关系，也可能是一对多或多对一的关系，需要我们灵活处理。

二是针对拟解决的问题，提炼教学计策（方法、流程、技巧等）和谋略（取向、布局、规划等）。

中小学教育科研课题中的常见策略如表7-4所示。

表7-4 中小学教育科研课题常见策略

	具体策略	提炼要点
谋略	制订中长期规划或行动计划	（1）重新定义教育教学的价值取向。例如，从"三维目标"到"核心素养"，从"信息技术赋能"到"教育数字化转型"。（2）设定行动的最终目标。（3）编制重点任务和重点项目。（4）建立保障机制
	编制课程纲要	（1）课程性质；（2）课程核心素养与课程目标；（3）课程结构与内容；（4）课程设置与安排；（5）课程实施办法；（6）课程评价；（7）课程资源建设；（8）课程师资队伍建设；（9）课程保障
	制定领域标准	（1）设定标准的各级维度；（2）定义维度内容；（3）划分各维度的水平层级；（4）表征层级行为；（5）简述执行办法
计策	重构师生关系	（1）平等与尊重；（2）商量与切磋；（3）补充与讨论；（4）倾听与沟通；（5）信任与合作；（6）赞赏与鼓励等
	创新教学方法	（1）合作学习；（2）翻转课堂；（3）大单元教学；（4）情境教学；（5）项目式学习；（6）现象式学习；（7）探究式教学；（8）整合性教学；（9）讨论式教学；（10）分层教学；（11）精准教学
	提炼教学模式	（1）提炼模式的名称；（2）注明模式的适用范围；（3）描绘模式的样态；（4）总结关键环节的实施要点（详见前述教学模式部分）

续表

具体策略		提炼要点
计策	梳理操作流程	（1）提出基本主张；（2）罗列关键环节；（3）绘制操作流程图；（4）总结关键环节操作办法
	总结教学技巧	（1）先学后教；（2）情景激趣；（3）读写结合；（4）精讲精练；（5）整合与融合；（6）分层与分类；（7）反馈与调控等

【案例】成都市第49中学校"现代信息技术背景下的初中几何动态问题教学策略研究"课题

针对的现实问题：翻折、平移、旋转等初中几何动态问题贯穿初中几何学习，是培养学生抽象能力、逻辑推理能力、空间想象力等学科核心素养的重要途径。学生在学习几何时，对动态变换的理解障碍成为学生数学建模思想、建立几何直观等素养的瓶颈，导致学生思维从"直观"到"抽象"的跨越困难、答题正确率低，课题组运用信息技术在图形、图像、音频、视频呈现方式方面的优势，破解教学中的难题。

形成的策略如下：

（1）探究了学生几何学习困难的机理。课题组通过试题测试与访谈相结合，结合自主构建的"几何动态问题学习障碍分析的二维分析模型"，从学生的学习动机（内部动机、外部动机）、学习信念（知识信念、自我信念、过程信念）、学习策略（元认知策略、认知策略）、各类题型的知识障碍（记忆障碍、操作障碍、理解障碍、思维障碍）四个维度进行了分析、归因、归纳，形成了有理论、有维度、有深度的认识性成果。

（2）提出了初中几何动态问题教学的基本主张。课题组根据学生几何学习困难的机理，提出迁移能力培养是关键、动态数学信息技术融合是桥梁、信息技术工具学习适应课程内容、动态展示知识生成过程、借用信息技术工具支架启发思考等基本主张，为形成操作性成果打下了良好的基础。

（3）制定了几何动态问题三年教学规划和信息技术背景下的教学策略。课题组围绕几何中的点动问题、线动问题、面动问题的三个维度、三个层级，规划了几何动态问题的教学内容结构，落实了章节知识点安排、教学课时安排；形成了TI图形计算器运用、采用问题串分析问题、探究验证数学思想、构建交流平台分享创意、运用思维导图进行总结、开展一题多用和一题多变促进知识迁移等策略；提炼了几何动态问题课堂教学模式，初步开发了教学评价工具。

四、编制测评工具

(一) 编制测评工具的意义

2020年10月,教育部颁发《深化新时代教育评价改革总体方案》,提出从五个方面推进教育评价改革:改革党委和政府教育工作评价,推进科学履行职责;改革学校评价,推进落实立德树人根本任务;改革教师评价,推进践行教书育人使命;改革学生评价,促进德智体美劳全面发展;改革用人评价,共同营造教育发展良好环境[①]。

在基于教学问题解决的实证研究中,我们常常需要通过测评来检验因变量是否呈现出良好的变化,问题是否得到有效解决。因此,测评的着力点是评价者以一定的测评标准为依据和准绳,运用科学的测量手段系统收集数据,对收集的数据加以分析、评估、预测测评对象的素养、能力、绩效等,最终得出测评对象是否发生改变。测评工具是开展教育评价实践改革的关键和难点内容,是对某一对象的素养、能力、绩效等作出判断与评价的载体。

需要注意的是,测评工具不是孤立存在的,而是与测评理念、测评目标、测评内容、测评结果的运用以及测评项目实施的整体框架密不可分、相互联系的。测评框架与指标体系构建有一般的方法与规范,如果测评工具的编制缺少科学方法与规范流程,最终可能会出现测评框架及指标体系不全面、测评标准不明确、测评内容片面化、指标权重占比不合理等问题。

(二) 编制测评工具的一般流程与方法

我们以小学生科学素养测评为例,说明编制一系列测评工具的流程与方法。

1. 明确测评的基本定位

测评通常分为标准化测验和常模参照测验。常模参照测验是用常模来解释个人测验分数的一种测验,以团体的水平来衡量个体水平;主要目的在于将受测者的表现与该团体中其他受测者相比较,从而区分不同的受测者,确定每个受测者的水平在总体中的相对位置。选拔性考试一般是典型的常模参照性测

---

① 中华人民共和国教育部:《深化新时代教育评价改革总体方案》,2020年。

验。标准化测验是具有规范的标准，各个环节按照系统的科学程序组织，对误差做了严格控制的测验，是一个系统化、科学化、规范化的施测过程。毕业会考是比较典型的标准化测验。

科学素养测评是标准化的测验，它不同于高考的选拔性学科考试，也不同于一般的科学学科考试，其考查内容不仅仅是课程和教学内容，还要求测评结果能有效地反映学生科学素养的发展状况，能准确反映不同学校、班级学生在科学素养表现上的差异，能与其他数据和信息进行关联分析，找出影响学生科学素养水平发展的重要因素，测评结果用于指导教育决策和教学改进。

2. 明确测评对象

在明确测评基本定位的基础上，需要进一步明确测评对象。测评对象不同，测评工具就不相同。

3. 搭建测评指标体系框架

测评指标是素养测评最重要的工具之一，是试题、试卷、问卷等工具开发的依据，需要围绕所测评素养的内涵、外延，结合国家课程标准对学科学业质量的要求，参考国内外相关测试的测评框架，进行编制。

从指标体系构建的思路上看，有"自上而下式"与"自下而上式"两种。"自上而下式"指围绕测评对象的培养目标，对其本质属性层层分解，可以从目标、内容及行为某一维度进行分解，形成相互联系的指标，按照一定的逻辑排列，形成测评指标体系。"自下而上式"指根据测评对象的表现、结果等进行分层、分类梳理，提炼关键指标，按一定逻辑排列，形成测评指标体系。

从指标体系构建流程上来看，一般包括指标收集、指标整理、指标筛选、指标修订及指标确定等过程。可以通过这个指标是否具有实际价值、这个指标是否切实可行、这个测评指标是否比其他指标更为合理三个问题检验指标的科学性和合理性。

研究者可以按照一级指标、二级指标、三级指标分级构建指标体系。其中，一级指标表示测评对象的总体特征，二级指标反映一级指标的具体特征，三级指标说明二级指标的具体内容。

【案例】方丹等学者依托《科学（3~6年级）课程标准（实验稿）》《全民科学素质行动计划纲要实施方案（2010—2020年）》《21世纪学习框架》和科学素养三维度的理论，确立了科学知识与观念、科学过程与能力、科学态度与责任3个一级维度，以及13个二级维度、34个三级维度，开发了学生科学素养评价三级指标①，如表7-5所示。

表7-5 中小学生科学素养评价三级指标

一级指标	二级指标	三级指标
1. 科学知识与观念	1.1 物质科学	1.1.1 物质
		1.1.2 运动与力
		1.1.3 能量
	1.2 生命科学	1.2.1 基本特征
		1.2.2 生长变化
		1.2.3 相互关系
	1.3 地球科学	1.3.1 太阳系及宇宙
		1.3.2 地球物质
		1.3.3 地球资源
	1.4 技术与工程	1.4.1 人工世界
		1.4.2 技术
		1.4.3 工程
2. 科学过程与能力	2.1 科学思维	2.1.1 科学推理
		2.1.2 科学论证
	2.2 科学探究	2.2.1 提出问题
		2.2.2 作出假设
		2.2.3 制订计划
		2.2.4 收集证据
		2.2.5 处理信息
		2.2.6 得出结论
	2.3 实践创新	2.3.1 问题解决
		2.3.2 技术应用
	2.4 交流反思	2.4.1 表达交流
		2.4.2 反思评价

① 方丹、王思锦、李从容：《为中小学生科学素养画像——中小学生科学素养评价体系建设的海淀经验》，《中小学管理》，2017年第12期，第50页。

续表

一级指标	二级指标	三级指标
3. 科学态度与责任	3.1 科学兴趣	3.1.1 好奇心
		3.1.2 动机
	3.2 实证精神	3.2.1 实事求是
		3.2.2 尊重证据
	3.3 批判质疑	3.3.1 辨证分析
		3.3.2 独立思考
	3.4 合作分享	3.4.1 自我管理
		3.4.2 团队意识
	3.5 责任担当	3.5.1 社会责任
		3.5.2 科学伦理

4. 表征测评指标

构建好测评指标体系后，需要进一步表征测评指标，让指标可观察、可测评。对指标的具体表述需建立在深入分析的基础上，表述需要清晰、明确、准确，使测评更具操作性，以确保测评者、被测评者均能明确测评指标的含义。

【案例】PISA2025 测评指标

经济合作与发展组织（Organization for Economic Co-operation and Development，OECD）发布的 PISA2025 科学素养测评框架，从背景、科学能力、科学知识和科学认同四个维度测试学生的科学素养。其中对科学能力的解释包括：科学地解释现象，构建和评估科学探究，设计并批判地解释科学数据与证据，研究、评价并使用科学信息进行决策并采取行动。PISA2025 对"科学地解释现象"进行了进一步的细化：

- 回忆和应用适当的科学知识；
- 使用不同的表现形式，并在这些形式之间进行转换；
- 制订并证明适当的科学预测和解决方案；
- 识别、构建和评估模型；
- 认识物质世界现象并形成对物质世界现象的解释性假设；
- 解释科学知识对社会的潜在影响。

如果要更加准确地反映不同年段学生的科学素养发展水平存在的客观差异，还需要参照课程标准和学生认知发展规律，对测评体系中每一个三级指标按照四个学段进行详细描述（见表7-6）。

表7-6 "太阳系及宇宙"三级指标及各学段内容要求

学段	素养分级要求
小学低年级	知道与太阳、月球相关的一些自然现象
小学中年级	知道太阳、地球、月球的运动特征，初步了解与它们有关的一些自然规律
小学高年级	从系统的角度知道太阳系及宇宙中一些星座的基本概况，知道昼夜交替、四季变化分别与地球自转和公转有关，对规律的认识转向探寻原理，建立现象与规律、规律与原理的初步联结
初中	形成初步的宇宙观

5. 设置指标权重

由于各指标在指标体系中的重要性不同，因而在对指标评价值进行综合计算时，应先确定各指标的相对重要性，即权重。确定了权重，即可确定测评指标在测评体系中的重要性或在总分中应占的比重。

【案例】PISA2025科学评估分布

PISA2025科学评估的测试单元中，内容知识、程序性知识和认识论知识这三类知识的分布如表7-7所示[①]。

表7-7 PISA2025科学评估知识分布

类别 知识类型	系统			合计
	物理	生命	地球与空间	
内容知识	15%~20%	15%~20%	15%~20%	38%~48%
程序性知识	10%~13%	10%~13%	7%~10%	27%~33%
认识论知识	8%~11%	8%~11%	7%~10%	24%~30%
合计	37%	37%	26%	100%

[①] 唐科莉：《评估全球科学教育的整体成效——OECD〈PISA 2025科学素养测评框架（草案）〉解读》，《上海教育》，2023年第24期，第139页。

6. 编制双向细目表

为更好地体现测试的理念、目标，提高测试卷的整体性、指向性，在命制试卷前需要编制"试题题号－试题属性"相对应的双向细目表。其中，"试题属性"的选择应源于测评框架中的关键要素，通常包含题型、考查内容（素养指标）、问题情境、知识点、权重（分值）、难度等。

双向细目表编制好之后，需要反复检查各个试题属性，保证考查内容、知识点、问题情境、难度等内容，符合测试的整体要求。

【案例】小学 4 年级科学素养测试双向细目表如表 7-8 所示。

表 7-8　小学 4 年级科学素养测试双向细目表

题型	题号	考查内容（素养编码）	问题领域	问题情境	分值	难度

7. 编制测评试题

根据双向细目表，选择或编制测试题。

例如，PISA2022 测试题如图 7-19 所示。

问题1/2 请参考右侧的太阳系。使用拖动功能回答问题。下列模型显示了三颗行星之间的平均距离。(行星与模型未按照比例绘制。)	太阳系 下表以天文单位(au)表示了太阳与主要行星的平均距离。 1天文单位约为1.5亿公里。

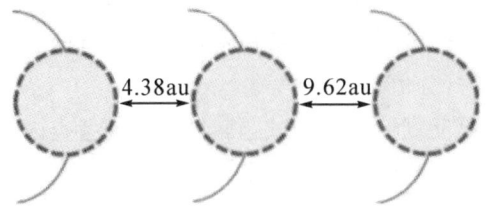

4.38au   9.62au

根据给出的距离，判断哪些行星属于该模型。按照正确的顺序拖动正确的三颗行星。

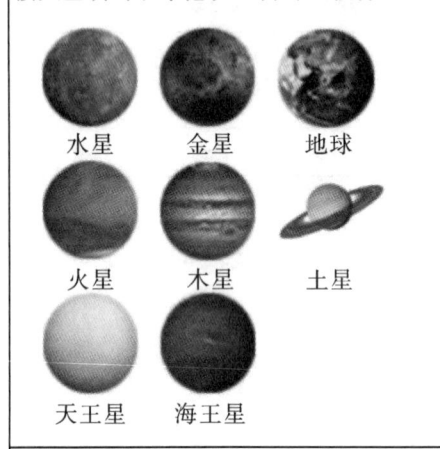

水星 金星 地球

火星 木星 土星

天王星 海王星

行星	到太阳的平均距离单位：au
水星	0.39
金星	0.72
地球	1.00
火星	1.52
木星	5.20
土星	9.58
天王星	19.20
海王星	30.05

问题2/2
请参考右侧的"太阳系"。点击一个选项，即可回答问题。
平均而言，海王星距离太阳大约有多远？
- 500万公里
- 3000万公里
- 1.8亿公里
- 45亿公里

图 7-19　PISA2022 测试题

测试题目为数学领域内的单元，其中涉及地理学科内容/情境。参考答案：问题 1/2 从左向右分别为木星、土星、天王星，问题 2/2 为 45 亿公里。

8. 试测与完善测评标准体系

初步开发完系列测评工具之后，还需要进行一定范围的试测，根据试测结果以及参与试测人员的反馈意见进行调整、完善，以保证测评标准客观、准确及可行，保证大规模测评的可靠性与有效性。

第四节 物化成果的提炼策略

一、阶段成果报告化

在课题研究过程的各个阶段，课题组要有意识地把重要的成果转化为报告。各阶段可形成的报告及主要内容如表7-9所示。

表7-9 课题阶段报告及主要内容

研究阶段	形成的报告	报告内容简述
研究早期	现状调查报告	针对自变量和因变量展开的调查，形成调查报告
	决策调研报告	针对教育教学中的重大问题展开的调研，力求为政府、教育行政或业务部门的教育决策提供建议
研究中期	课堂观察与分析报告	运用课堂观察技术，形成课堂观察与分析报告。报告的重点为：观察点和观察量表简述、课堂观察记录与要点分析、基本结论、教学建议
	课例研究报告	围绕课例研究的主题，结合课堂观察技术，以课为例讲道理，形成解决一类问题的课例研究报告。报告的重点为：课例研究主题和课例研究的过程简述、课堂观察与分析、围绕主题的教学策略
	素养监测报告	通过对一定面积的学生进行素养监测，形成素养监测报告，例如，学生科学素养、阅读素养监测报告，学生学业成绩分析报告，综合素质评价报告等
结题阶段	课题研究报告	成果报告是教学成果的主要载体，是研究成果的主要表达形式和文本呈现，是研究成果验收的主要依据
	课题工作报告	反映课题组成员构成、分工，研究的主要过程和活动开展情况，研究计划的执行、变更情况，研究成果的发表、出版、获奖等情况，研究活动的保障条件等
	效果检测报告	一般由课题主管单位通过查阅资料、实地考察、访谈等方式，围绕课题研究推进情况、师生及学校的变化、辐射影响等进行检测，形成报告

二、研究内容论文化

课题研究的内容通常是教育教学改革热点，研究者需要强化保护知识产权的意识。研究过程中，一旦形成有价值的感悟、创新性的做法、成效显著的经验等，要及时转化为论文，通过报刊发表、出版专著等方式，固化成果，保护知识产权。当然，形成的论文也可用于会议交流、参加评奖、宣传推广等。

课题研究中，要善于运用认识性成果和操作性成果的提炼方法，把研究内容转化成论文，几乎每一项研究内容，通过深入研究之后，都可以形成一篇论文。围绕"要素与关系、条件与因素、结构与功能、类型与层次、性质与特征、原因与根据、规律与机制、瓶颈与路径"，可以提炼出理论性较强的论文；围绕"框架、模式、策略、标准、机制、资源"，可以提炼出操作性很强的论文。同时，这一系列论文的内容，也是总结提炼最终成果报告的重要素材。

三、过程资料文集化

将课题研究的过程性资料，分类存放于电脑中，不仅是课题研究的规范要求，还有利于将过程资料整理固化为物化成果。文集就是把已有的图文材料，根据一定的主题，汇编成有清晰逻辑结构的资料集。课题研究中，可编制的文集如表7-10所示。

表7-10 课题研究过程可编制的文集

文集	主要内容
课题基础材料集	(1) 主管部门通知；(2) 立项通知；(3) 结题证书；(4) 研究方案；(5) 各阶段工作与研究计划；(6) 研究大事记；(7) 工作简报；(8) 获奖情况统计；(9) 宣传报道材料等
文献集	(1) 重要的参考文献；(2) 重要的学习资料等
报告集	(1) 研究报告；(2) 工作报告；(3) 效果检测报告；(4) 查新报告；(5) 阶段成果报告；(6) 文献综述；(7) 调查/调研报告；(8) 素养测评报告；(9) 课例研究报告等
论文集	教师发表、获奖论文，以及其他质量较高的相关论文
案例集	(1) 课程纲要/方案；(2) 典型案例分析；(3) 精品教学设计；(4) 编制的教辅资料；(5) 学生作品；(6) 教师读书笔记；(7) 教育叙事；(8) 管理制度等
工具集	(1) 开发的测评工具（测评量表、试卷等）；(2) 开发的调查问卷；(3) 课程审议工具等

四、教学资源系列化

教学资源一般包含学生读物、教师读物、家长读物等，从读物形式上来说，可以是读本、练习册、手册、文集、报告等。教学资源系列化是指研究人员梳理研究过程中开发出的文本等资源，以一定的原则、逻辑、方法组织文本，使其形成系列的过程。

教学资源系列化是将课题做大做强的有效途径之一，它通常有以下几种方式：

一是按核心主题形成系列。例如，孝感市学科带头人余国秀名师工作室开展的省重点课题"积极心理学视野下的初中生心理健康教育校本课程实践研究"的研究，在研究过程中，形成了大量关于学生心理健康教育的科学理论、实践经验和生动案例，这些研究内容分别聚焦于"提升学生心理健康水平""提升教师心理健康教育素养""提升家长心理健康教育认知"，基于此，课题组形成了心理健康教育系列读本——《阳光心育》（学生读本）、《走在阳光路上》（教师读本）、《家有初中生》（家长读本）。

二是按教学组织形成系列。一些研究本身就聚焦于教学的组织方式，作为物化成果的读物整合教材内容和教学组织流程，形成系列。例如，陕西省特级教师张勇杰名师工作室主导的"部编三年级语文教材随文小练笔实践研究"，为了全员参与、人人实践、次次有效，使学生能有兴趣长期积累和运用语言，方便教师有效评价督导，研究组为学生开发了随文练笔的工具——"随文练笔训练单""课后延伸漂流单""随文练笔练习册"。这三项物化成果均以部编三年级语文教材内容为依据，进行组织编排，形成系列化的读物。

三是按素养进阶形成系列。着眼于学生知识、能力、素养的研究，往往可根据学生的年龄、学段组织零散化的教学成果，形成以素养进阶为内在逻辑的系列化读本。例如，江西省教学成果奖基础教育类一等奖成果"学科融合、项目整合、家校社配合：让小学劳动教育落地——南昌大学附属小学劳动教育的实践探索"，学校在研究过程中，将大量实操案例进行梳理，编制了《家务劳动指导手册》，分高、中、低三个学段，科学指导学生的家庭劳动教育，每个学段的目标和要求都根据小学生年龄段特点去设定，形成了系列化的学生读物。

第八章 研究效果的检验与证明

在指向教学问题解决的实证研究中,研究效果是指研究成果在实践中应用后,带来的研究对象产生的变化和结果。如果教育问题得到解决,教育质量获得提高,教育事业获得发展,即课题研究取得了良好的效果。研究效果既是研究成果得以实践后的产物,又是表明研究成果具有价值的直接证据。

本章将重点介绍如何科学有效地检验和证明研究效果。

第一节 数据统计分析

随着信息技术的飞速发展,数据思维也逐渐深入教育科研领域,用表示群体特征的统计数据来证明教育科研的效果,更加具有科学性和说服力。教育统计是一个很专业、很系统的知识体系,主要包括描述性统计(运用制表和分类,图形以及计算概括性数据来描述数据特征的各项活动)和推断性统计(研究如何利用样本数据来推断总体特征的统计方法)。本书只简要介绍中小学教师比较容易掌握且实用的几种具体方法,有更高需求的教师可参阅教育统计学相关专著。

一、基于描述性统计的数据分析

(一)数据特征与对比分析法

1. 数据特征——集中量、差异量、分布特征

在教育统计中,常用集中量、差异量、分布特征来描述群体数据的特征。

集中量是描述所搜集到的资料里的最佳代表值,也是描述一个团体中心位置的一个数值。中小学教育研究数据分析中用得最多的是最大值、最小值、算术平均数。

差异量又称离散趋势量数,是表示样本数据偏离中间数值的趋势的量数,

可简单理解为表示两极分化（离散程度）的量数。中小学教育研究中用得最多的是方差和标准差，这两个数个越大，数据的离散程度越大。

分布特征：一是反映分布的集中趋势，反映各数据向其中心值靠拢或聚集的程度；二是反映分布的离散程度，反映各数据远离其中心值的趋势；三是分布的形状，反映数据分布的偏态和峰态。图8-1呈现了常见的数据分布特征。

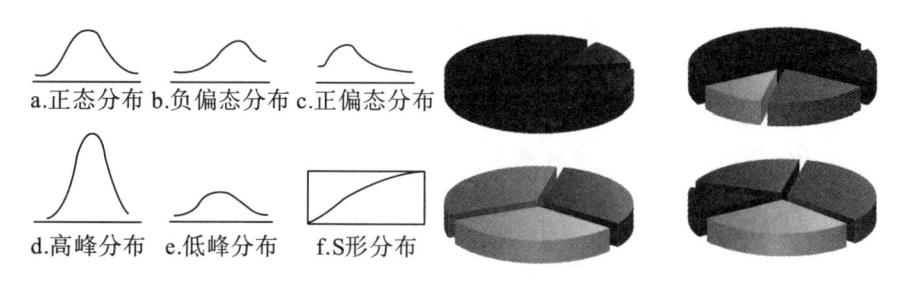

图8-1 数据分布特征

2. 对比分析法

对比分析法是指将两个或两个以上的数据进行比较，分析它们的差异，从而揭示这些数据所代表的事物发展变化情况和规律性。对比分析法的特点就是可以非常直观地呈现事物某方面的变化或差距，并且可以准确、量化地表示出这种变化或差距是多少。对比分析法在教育科研领域经常被用来分析因变量（学生、教师、学校某个方面）的变化，以证明课题研究的效果。

在实践中常使用横向比较和纵向比较两种方式，如表8-1所示。

表8-1 对比分析法的应用范围

类型	对比方法	应用范围
横向比较	与预设目标对比	（1）实际完成值与预期目标对比；（2）与同级部门、单位、地区对比；（3）与行业中的标杆单位、竞争对手、平均水平（常模）对比
	实验组与对照组对比	同一活动，分实验组与对照组进行对比
纵向比较	不同时期对比	（1）选择不同研究阶段的指标数值进行对比；（2）对投放改革措施前、后的数据进行对比

（二）运用数据特征进行对比分析

1. 操作流程

第一步：明确分析变量。聚焦投放措施后指向的因变量进行数据分析。例如，某学校课题"指向学生运动能力个性发展的'分项+分层'课堂教学模式实践研究"投放的措施是"分项+分层"课堂教学模式实践，希望达成的改变是学生运动能力个性发展，因此需要聚焦学生运动能力进行数据采集与分析。

第二步：确定对比方法与对象。明确是实验对象的前后对比，还是实验对象与参照对象横向对比，还是实验对象与参照标准（常模）的对比。

第三步：数据采集。数据采集可通过线上与线下相结合的方式进行，采集来自学校内部的数据或来自上级下发的数据。

第四步：数据处理与分析。中小学常用问卷星、Excel、SPSS等进行数据处理，对比它们的集中量、差异量、分布特征。

第五步：结果呈现。运用图表表达数据处理结果，分析典型数据，形成结论。

2. 对比方法

（1）现状分析——运用平均分或得分率对比。

【案例】运用得分率进行现状分析

某校有课题"初中古诗词比较阅读教学实践研究"，课题组调研了本校七、八年级学生的两次考试得分率情况，并进行了现状分析。图8-2显示出该校学生的诗词鉴赏这一题的得分率在B卷的各大题中都是最低的，反映学生在古诗词鉴赏方面的能力有待提高。

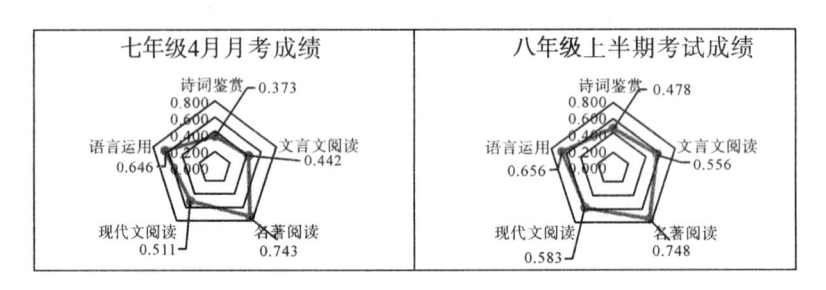

图8-2 成都某学校初中语文诗歌鉴赏得分率分析图表

需要注意的是，现状分析要结合测试卷的维度做出解释，以便读者能对量表的各个维度或者量表整体有一个较为清晰的认识。

（2）与预设目标对比——运用等级分对比。

【案例】运用等级分对比

为了体现高考选拔的公平性，部分省实施等级分制。使用等级分，可以跨学科、跨年级直接与各高校录取用等级分表示的录取线进行比较，判断某学生是否可能上分数线。某省的分数转换参数设置如表8-2所示。

表8-2　某省分数转换参数设置

等级	A	B	C	D	E
人数比例	约15%	约35%	约35%	约13%	约2%
赋分区间	100~86	85~71	70~56	55~41	40~30

转换公式为：$(Y_2-Y)/(Y-Y_1)=(T_2-T)/(T-T_1)$。其中，$Y_1$、$Y_2$分别代表某个等级原始分的最低分、最高分；$T_1$、$T_2$分别代表相应等级区间的最低分和最高分；$Y$代表某考生的原始分，$T$表示考生的等级分。

例如，该省某考生高考化学原始分为75分。根据省上发布的一分一段人数表和规定的比例，考生为B等级，全省该等级原始分区间为[80，61]，按分数转换设置表，B等级的赋分区间为[85，71]，根据转换公式得：$(80-75)/(75-61)=(85-T)/(T-71)$，解得：该生的等级分$T=81$（四舍五入取整）。

(3) 前后测对比——运用等效分对比。

【案例】运用等效分对比

某学校课题"初中数学统整视角下的平面几何课例研究"，为了证明课堂教学模式改革的研究效果，课题组跟踪本校实验班级，采集了这批学生在8年级、9年级阶段四次考试的一道代数题（第20题）和一道几何题（第27题）得分情况，原始数据如表8-3所示。

表8-3　原始数据

类别		8年级上	8年级下	9年级上	9年级下
20题 (10分)	难度系数	0.55	0.4	0.69	0.65
	平均分	5.59	5.72	6.95	7.02
27题 (15分)	难度系数	0.58	0.61	0.55	0.43
	平均分	8.75	9.23	9.48	9.69

在表 8-3 中，面临两个问题：一是代数题（20题）与几何题（27题）总分不一样；二是各次考试难度系数（以下用 a 表示，a＝全部样本平均得分/试卷总分，反映试题的得分率，数值越大，试题难度越小，可以简单理解为试题的容易程度）不一样，得到的平均分没有可比性。我们需要将其转换到同一标准下进行比较。

转换一：转化为相同总分下的等效分。等效分指的是将不同科目的成绩转化为一个统一的分数单位，使得不同科目之间的成绩可以进行比较和加权。原理如下：代数总分为 X，得分为 m，几何总分为 Y，得分为 n，若希望2个成绩等效，则应有 $m/X=n/Y$，即 $n=mY/X$。此例中，$n=150m/100=1.5m$。

转换二：增加考虑试题难度后的等效分值。用各自的分数乘以各自的试题难度（用 P 表示，$P=1-a$），用得出的数值进行比较，谁的高，谁的成绩就好。设A卷的难度系数为 $a1$，B卷的难度系数为 $a2$，甲回答A卷得了 m 分，乙回答B卷得了 n 分，那么可以用 pm 和 pn 比较甲、乙的水平高低。

小结：对试卷（题）总分、难度系数均不同的两次成绩进行比较，可用（试卷题2的总分/试卷题1的总分）×试题的难度系数×原始得分，把成绩都折算成等效分进行直接比较。

本案例中，对表 8-3 数据按此规则进行转换后结果如图 8-3 所示。

	8年级上	8年级下	9年级上	9年级下
20题难度系数	0.55	0.4	0.69	0.65
20题得分(满分10分)	5.59	5.72	6.95	7.02
20题等效分	3.77	5.15	3.23	3.69

	8年级上	8年级下	9年级上	9年级下
27题难度系数	0.58	0.61	0.55	0.43
27题得分(满分15分)	8.75	9.23	9.48	9.69
27题等效分	3.68	3.60	4.27	5.52

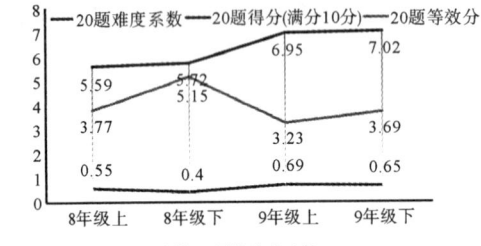

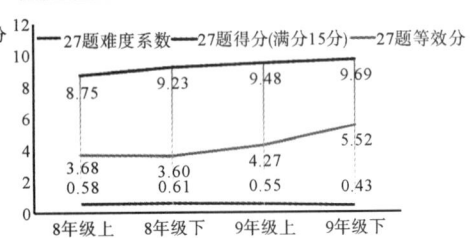

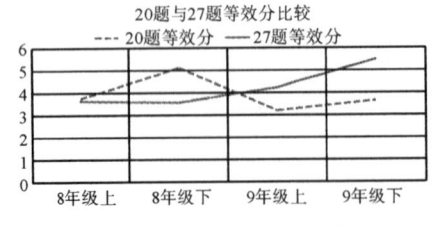

图 8-3 转换为等效分后结果

等效分比较结果：①第 20 题（代数）分数除 8 年级下期明显较高外，其余两次与前测相比略有下降。第 27 题（几何）分数 8 年级下变化不大，但 9 年级两次明显上升。②从 9 年级两次考试等效分看，本班学生几何成绩优于代数成绩。

综合结论：实验班围绕平面几何教学投放的教学措施，对提升学生几何成绩产生了明显效果，对代数成绩影响不大。

(4) 实验组与对照组对比——交叉实验中运用标准分对比。

【案例】交叉实验中运用标准分对比

某学校课题"融合教育背景下智力障碍儿童个别辅导策略研究"，选取 A、B 两名智力障碍儿童，在上学期和下学期分别向两名实验者投放相同的个别辅导策略，用 3 套语文、数学试卷针对全年级学生，做实验期内的前、后测，以期分析个别辅导策略对智力障碍儿童语文、数学成绩的影响程度。

进行三次对比。一是实验前（开学初），A、B 儿童语文、数学成绩比较。二是中期考试时，A 儿童是实验对象，B 儿童是对比对象，对比二者的成绩；期末考试时，A 儿童是对比对象，B 儿童是实验对象，对比二者成绩。三是 A 儿童实验前后语文、数学成绩的对比，B 儿童实验前后语文、数学成绩对比。

由于学科不同，测试时间不同，试题难度不同，直接用原始分数无法正确比较，本案例使用标准分进行比较。

标准分数也叫 z 分数，是一个分数与平均数的差再除以标准差的结果。用公式表示为：$z=(x-\mu)/\sigma$。其中 x 为某学生的实际分数，μ 为全年级平均分，σ 为全年级本次考试的标准差。

z 值代表着原始分数和母体平均值之间的距离，是以标准差为单位计算的。在原始分数低于平均值时，z 则为负数，反之则为正数。

例如：中期考试时，全年级语文平均分为 73 分，标准差为 7 分，A 儿童得了 78 分；期末数学考试时，全年级平均分为 80 分，标准差为 6.5 分，B 儿童得了 83 分，成绩如何比？

因为两次考试的标准差不同，因此不能用原始分数直接比较。需要将原始分数转换成标准分数，然后进行比较。标准分 z（A 儿童语文）$=(78-73)/7=0.71$，标准分 z（B 儿童数学）$=(83-80)/6.5=0.46$，A 儿童语文成绩在其整体分布中位于平均分之上 0.71 个标准差的位置，B 儿童的数学成绩在其整体分布中位于平均分之上 0.46 个标准差的位置。由此可见，A 儿童的语文成绩优于 B 儿童数学成绩。

二、基于推断性统计的差异显著性检验

(一) 几个差异显著性检验的基本知识

1. 推断性统计与差异显著性检验

图 8-4 表现了科学研究的基本阶段,也是基于问题解决的实证研究的基本过程。在选题和立项阶段,立足于现实中的问题解决,提出对应的改革措施,并假设这个措施能有效解决现实中的问题;经过几年的研究实践,这些问题是否有效解决,解决的程度如何,需要用科学的方法来检验。

科学问题 $\xrightarrow{\text{自由思索}}_{\text{大胆想象}}$ 假设Ⅰ 假设Ⅱ 假设Ⅲ $\underset{\text{否定}}{\overset{\text{实践检验}}{\rightleftarrows}}$ 理论论证 科学假说 $\underset{\text{否}\quad\text{定}}{\overset{\text{实践检验}}{\rightleftarrows}}$ 科学理论

图 8-4 科学研究的基本阶段

推断性统计是研究如何利用样本数据来推断总体特征的统计方法。推断性统计包括两方面的内容:总体参数估计和假设检验。在中小学教育科研课题效果证明时,主要运用假设检验中的差异显著性检验。

显著性检验就是事先对总体(随机变量)的参数或总体分布形式做出一个假设,然后利用样本信息来判断这个假设是否合理,即判断总体的真实情况与原假设是否有显著性差异。

2. 正态分布与显著性

正态分布也叫常态分布,是连续随机变量概率分布的一种,自然界、人类社会、心理和教育中大量现象均按正态形式分布,例如,能力的高低、学生成绩等都属于正态分布,如图 8-5 所示。

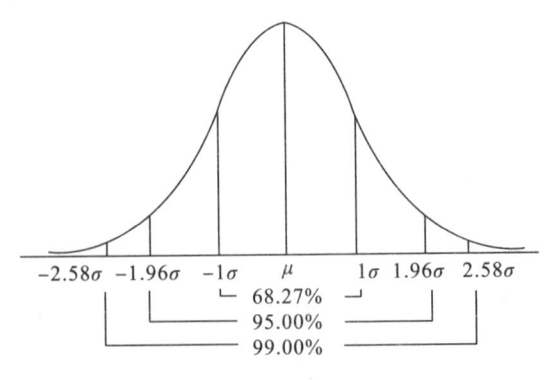

$-2.58\sigma \quad -1.96\sigma \quad -1\sigma \quad \mu \quad 1\sigma \quad 1.96\sigma \quad 2.58\sigma$
68.27%
95.00%
99.00%

图 8-5 正态分布

从图 8-5 可见，中间部分集中了大量的频数（代表某种特征的数出现的次数），离中间越远，频数越低。在这种分布下，一个数落在左右双侧 95% 范围之外的概率很低，落在左右双侧 99% 范围之外的概率极低。

在假设推断时，我们有这样的假设：教学措施的投入会导致实验数据与对比数据之间有显著差异，如果统计分析计算的结果发现，这种可能性落在左右双侧的 95% 之内，差异显著性 $Sig.<0.05$，则表示差异显著；如果这种可能性落在左右双侧的 99% 之内，差异显著性 $Sig.<0.01$，则表示差异极其显著。

在统计学中，显著性是指零假设为真的情况下拒绝零假设所要承担的风险水平，又叫概率水平，或者显著水平。我们假定控制了可能影响两个群体之间差异的所有其他因素，余下的解释就是我们所推断的因素，而这个因素不能够 100% 保证，所以有一定的概率值，即显著性水平。显著性水平常常以 $Sig.<0.05$ 和 $Sig.<0.01$ 表示显著和非常显著。

（二）差异显著性检验的三种情况

1. 与预设目标对比——单样本平均数差异检验

单样本平均数差异检验也称为单样本 T 检验，是指检验一个样本平均数与相应总体平均数之差是否显著的统计方法，通常用于检验实验对象的平均值与总体比较是否差异显著。

下面以"指向科学思维的高中生物大概念教学实践研究"课题为例阐述操作步骤。

第一步：根据课题中的因变量确定检验对象与总体样本。案例中，需要检验实验班学生的科学思维能力与全校（全区、市样本，或全国抽样大样本）平均值相比是否存在差异显著。

第二步：设计、选用数据采集工具。测试科学思维能力的工具有三种：一是自行设计测试卷，在全校测试获得全校平均分，用单样本 T 检验检测实验班；二是用国内有常模（超大样本的平均值）的成熟工具，用单样本 T 检验检测实验班；三是选取上级主管单位组织的学科统考，选取与科学思维相关的几道题，根据主管单位发布的这几道题的总平均得分，用单样本 T 检验检测实验班。

第三步：采集检验对象的基础数据和总体样本数据。采集实验班每个学生的科学思维测评总得分（见表 8-4），同时获得总体样本平均分（校、区、市）或国内平均值常模（见表 8-5）。

表8-4　实验班学生科学思维测评成绩

学号	姓名	成绩
5001	彭万里	82
5002	高大山	65

表8-5　总体样本科学思维测评平均分

类别	成绩
总体样本平均分	85

第四步：数据处理。将实验班每个学生的科学思维测评总分和和总体样本平均分导入 SPSS 等数据处理软件进行数据处理。点击"分析—比较平均值—单样本 T 检验"，选择"科学思维成绩"学生成绩作为检验变量，点击"选项"，在弹出的对话框中把置信区间百分比设为 95%，点击"继续"，检验值填写总体样本的平均分 85，点击"确定"（见图8-6）。

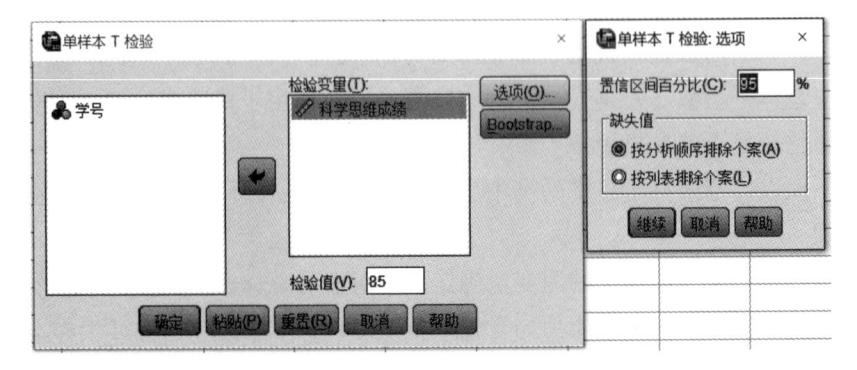

图8-6　单样本 T 检验参数设定

第五步：结果解读。单样本统计结果如表8-6所示。重点看显著性（双尾），样本平均值与检验值之差在上下限范围内的可信度为 95% 以下，若 $p<0.05$，表示差异显著；若 $p<0.01$，表示差异非常显著。本案例中，$Sig.=0.105>0.05$，表示差异不显著（见表8-6）。

表8-6　单样本统计结果

类别	个案数	平均值	标准差	标准误平均值
科学思维	29	86.4721	4.72938	0.87822

表 8-7 单样本 T 检验

| 类别 | 检验值=85 ||||||
| | T | df | Sig.（双尾） | 平均值差值 | 差值 95％置信区间 ||
					下限	上限
科学思维	1.676	28	0.105	1.47207	-0.3269	3.2710

2. 实验组与对照组对比——独立样本 T 检验

独立样本平均数差异检验也称为独立样本 T 检验，是指对两个互不相关的样本平均数差异是否显著的检验，通常用于比较实验班与对照班的差异是否显著。

下面仍以"指向科学思维的高中生物大概念教学实践研究"课题为例，阐述操作步骤。

第一步：设立实验组与对照组，确定改革措施与检测内容。设立实验组和对照组，并对两个组进行前测，以确认两组学生科学思维的差异不显著；在实验组中投放改革措施，在实验期结束后，利用检测工具检测实验组和对照组学生科学思维的达成情况，分析两组学生科学思维是否有显著差异，以此判断高中生物大概念教学的措施、策略是否有效。（备注：如果前测结果显示实验组与对照组科学思维差异显著，需要更换对照组；或者使用更复杂的协方差分析方法，对后测数据进行分析，判断措施与结果之间是否有良好的因果关系。）

第二步：设计、选用数据采集工具。测试科学思维能力的工具有两种：其一是自行设计测试卷（或其他成熟工具），在实验组和对照组进行检测，用独立样本 T 检验检测两个组的差异；其二是选取省市区学科统考，选取与科学思维相关的几道题，对实验组和对照组的学生成绩用独立样本 T 检验检测两个组的差异。

第三步：采集实验组和对照组每位学生的成绩。测评成绩见表 8-8，其中"组别"项用"1"表示实验组，"2"表示对照组。

表 8-8 实验班学生科学思维测评成绩

学号	姓名	成绩	组别
5001	彭万里	82	1
5002	高大山	65	2
5003	谢大海	92	2

续表

学号	姓名	成绩	组别
5004	马宏宇	76	1

第四步：数据处理与分析。将实验班和对照班每个学生的科学思维总分导入 SPSS 等数据处理软件，设置好分组依据，进行数据处理。首先运用独立样本 T 检验分析前测数据，确认实验组和对照组的科学思维差异不显著。继续用独立样本 T 检验分析后测数据，检验实验结果差异是否显著。

点击"分析—比较平均值—独立样本 T 检验"，选择"科学思维"作为检验变量，把置信区间百分比设为 95%，选择"组别"作为分组变量，再点击"定义组"，把组 1 设为"1"，组 2 设为"2"，点击"继续—确定"（见图 8-7）。

图 8-7 独立样本 T 检验参数设定

第五步：结果解读。独立样本组统计结果见表 8-9 先看假定等方差情况下的差异显著性，若 $Sig.<0.05$，表明方差差异显著（不齐性），则看不假定等方差情况下的差异的显著性，若 $Sig.<0.05$，表示两样本平均值差异显著。若假定等方差差异显著性 $Sig.>0.05$，表明方差差异不显著（齐性），则看假定等方差情况下差异的显著性。表 8-10 可看出，实验组与对照组方差差异显著性检验，$Sig.=0.860>0.05$，表明差异不显著（齐性），看假定等方差行，在平均值差异显著等同性 T 检验栏中，$Sig.=0.001<0.01$，表明实验组与对照组的学生科学思维差异非常显著，投放的教学措施非常有效。

表 8－9　独立样本组统计

类别	组别	个案数	平均值	标准差	标准误平均值
科学思维	1	15	87.1133	4.87326	1.25827
	2	14	80.8043	4.68086	1.25101

表 8－10　独立样本 T 检验

类别		莱文方差等同性检验		平均值等同性 T 检验						
		F	Sig.	T	df	Sig.（双尾）	均值差值	标准误差值	差值95%置信区间	
									下限	上限
科学思维	假定等方差	0.032	0.860	3.551	27	0.001	6.30905	1.77689	2.66316	9.95493
	不假定等方差			3.556	26.974	0.001	6.30905	1.77434	2.66824	9.94986

3. 前后测对比——相关样本平均数差异检验

相关样本平均数差异检验也称为相关样本 T 检验，是指对两个有相互关系的样本平均数差异是否显著的检验，通常用于检验对比同一个研究对象，在实验前与实验后的差异是否显著。

下面以"指向学生耐力提升的高原训练策略研究"课题为例，阐述操作步骤。

第一步：判断检测变量的适宜性。用相关样本 T 检验进行前、后测时，要求前、后测的标准差异不显著，尽量减小改革措施外的其他因素的干扰。例如要检测学业成绩，难以保证前测与后测试卷差异不显著，不建议使用相关样本 T 检验。而体育素养中的跑、跳、投等能力，有比较固定的评价标准，比较适合用相关样本 T 检验，从而判断投放措施与达成效果是否有良好的因果关系。

第二步：设计、选用数据采集工具。测试学生的耐力可使用的方法较多，例如，测试 10 千米或以上跑步所需要的时间和感受；也可以由跑步者根据预设的速度或心率区间逐渐增加运动强度，直到无法继续为止，记录完成测试所达到的最大速度、心率峰值以及测试的时间。

第三步：采集前测和后测每位受训学生的成绩。根据采集的数据，按照体育相关标准，折算成学生的耐力成绩。测评成绩如表 8－11 所示。

表 8－11　实验班学生耐力测评成绩

学号	姓名	前测	后测
5001	彭万里	82	85
5002	高大山	65	77

第四步：数据处理。将前测和后测数据导入 SPSS 等数据处理软件，进行数据处理。点击"分析—比较平均值—相关样本 T 检验"，分别选择"前测""后测"数据作为配对的变量 1、变量 2，点击"选项"，在对话框中把置信区间百分比设为 95%，点击"继续—确定"（见图 8－8）。

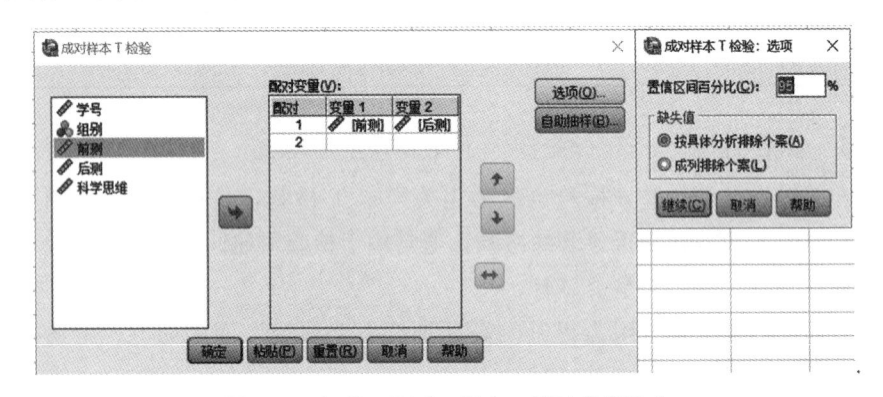

图 8－8　相关（配对）样本 T 检验参数设定

第五步：结果解读。看显著性，样本平均值与检验值之差在上下限范围内的可信度为 95% 以下，若 $p<0.05$，表示差异显著；若 $p<0.01$，表示差异非常显著。本案例中，$Sig.=0.268>0.05$，表明前后测学生耐力差异不显著（见表 8－12、表 8－13、表 8－14）。

表 8－12　配对样本 T 检验统计

类别		平均值	个案数	标准差	标准误平均值
配对 1	前测	73.8417	29	4.983438	0.92540
	后测	74.7590	29	5.44285	1.01071

表 8－13　配对样本相关性

类别		个案数	相关性	显著性
配对 1	前测 & 后测	29	0.652	0.000

表 8—14　配对样本 T 检验

类别	配对差值					T	df	Sig.(双尾)
^	平均值	标准差	标准误平均值	差值95%置信区间		^	^	^
^	^	^	^	下限	上限	^	^	^
配对1 前测—后测	-0.91724	4.36936	0.81137	-2.57926	0.74477	-1.130	28	0.268

第二节　列举实践效果与社会影响

特别说明：本节所用案例，节选自基础教育国家级优秀教学成果资源服务平台提供的相关成果报告。

一、汇总相关数据

主要统计与课题因变量相关的、有代表性的统计数据，主要包括学校获得表彰、学业成绩、师生获奖、论文发表、参与重大活动等统计。

【案例】北京市十一学校"普通高中育人模式创新及学校转型的实践研究"成果报告中的研究效果（节选）

课程的适切度明显提高。2013年6月的调查显示，93.2%的学生认为目前学习的课程适合自己。

学生的自我负责意识、社会责任意识增强。在272个学生社团中，公益慈善类有30个，经常参与公益慈善活动的学生达1089人次。学生创业商业经营社团13个，其中4个自主营利设立了奖学金。以服务于集体而设置的自主管理课程，仅2013年，申报达20122人次。关注学校和社区发展，学生每年的提案和建议超过200条，有8份提交到全国两会上。90.3%的学生认为"学校所学的课程对自己的未来发展有重要意义"，94.8%的学生认为"我能够根据学习目标安排自己的学习"。

转型后的校园，同伴关系、师生关系和谐。2013年的调查显示，89.2%的学生表示"我对自己与同学之间的关系很满意"，95.8%的学生表示"我很喜欢我的同学们"。对和谐关系的体验，也在师生关系的调查中得到了验证。

学校整体质量呈上升趋势。以2011年和2013年的调查对比为例，在同伴关系、师生关系、课程与教学、资源与支持、组织与领导和文化认同这六个方面的综合指数均由 C 级进步为 B 级，组织与领导的综合指数保持在 B 级水平，并有一定程度的提高。

二、描述典型事件

选取与课题关联度高的典型事件进行描述，主要包括领导关怀、社会关注、学校发展、师生行为等。

【案例】重庆市巴蜀小学校"基于学科育人功能的课程综合化实施与评价"成果报告中，典型事件描述（节选）

教育理想的坚守

学校是一所历经 80 年岁月洗礼，积淀下深厚的文化底蕴，形成了优良的办学传统的历史名校。它的发展史就是一部充满律动教育气息的历史。1933 年由王缵绪创建，首任校长为周勖成。学校创办之际，便通过《巴蜀日报》向社会发表办学总方针——《重庆市私立巴蜀小学宣言》，明确提出了"创造一个新的学校环境，实验一些新的小学教育"的建校宗旨以及"头脑是科学的，身手是劳工的"的育人目标，迎来了周恩来、邓小平、叶圣陶、黄炎培、沈钧儒、史良、王诗农、何鲁、张敬虞、汝汲人、周佩珍等一批名人。这些站在历史风口浪尖的人物，他们思想的火花，注定将指引着整个学校的办学思想与教育主张，使其绵延下来，并成为本成果实践探索与凝练的宝贵财富。

三、罗列学术影响

学术影响主要包括发表与课题成果相关的学术论文，主办、承办、协办相关学术会议。

【案例】北京师范大学附属实验中学"高中综合文科课程研究与实践"成果中的学术影响描述（节选）

（1）多个教学课例在"全国基础教育综合能力与 3+X 研讨会""全国校长培训班"等论坛进行全国范围交流。在"全国可持续发展教育与课堂教学改革研修班"和北京市基础教育教学成果推广大会做专题报告。2010 年参加"留住一桶水"项目，成果获最佳项目奖并在上海世博会参展。"世界遗产"和"可持续发展"模块部分内容在北京市教科院推动下，在全国 30 多所学校实践。

（2）国际交流综合文科选修课学生研究成果在"世界遗产青少年论坛""全球对话学校竞赛项目"等国际项目上交流获好评。2007年在中国国际教育年会上，学校校长向与会多国校长汇报，并在联合国教科文举办的世界遗产教育促进可持续发展教育国际研讨会上交流。2009年在日、韩等国相关国际会议分享。2011年"帕特里莫尼托世界遗产探奇"动漫脚本比赛中，我校学生作品被拍成动画片作为联合国教科文宣传片。2012年学校代表中国参加联合国教科文总部《世界遗产公约》缔约四十周年系列活动进行交流。

（3）论文发表及媒体报道。多篇论文在《中国基础教育》《基础教育参考》《北京教育》发表。《世界遗产》画报特刊介绍相关成果。出版专著《世界遗产教育在中国》和宣传画册《走进世界遗产》及配套光盘。多个成果收录于教育科学出版社出版的《可持续发展教育系列丛书》。中央电视台、北京电视台、中国教育电视台、新华社、中国教育报及新浪网等多家媒体报道相关活动。

四、说明应用范围

（一）政策制定

提供相关材料，证明教育教学研究成果对各级教育主管单位制定教育政策产生影响，主要有两种情况：一是通过决策调研，形成调研报告，报送政府机关、教育行政机构，或教育业务管理单位参阅，有相关建议被相关机构和单位制定政策文件或教育发展规划计划时采用；二是研究成果被政府机关、教育行政机构通过批复、推荐、指定等方式，在一定范围内大面积推广应用。

（二）推广应用

提供相关材料，证明研究过程中形成的阶段成果，或者结题后形成的成果，通过项目、培训、研讨、参访、活动等方式推广，并在较大范围内应用，取得良好实效。

【案例】北京教育科学研究院等《提高农村教师执教能力的团队研修实践——吴正宪小学数学教师工作站的五年探索》研究报告中的研究效果描述（节选）

成果在全国范围内得到了高度评价和广泛应用：2008—2019年，吴正宪带领团队教师先后主持参与了"义务教育新课程远程研修项目""农村中小学现代远程教育工程教育资源开发项目"等数十个教育部项目，不少区域和学校结合自身情况，将成果转化为富有特色的实践和成果，把团队研修机制本土化。

2010—2013年，北京市教委人事处、北京广播电视大学共同承担的项目"小学数学教师专业研修远程培训"共引用小学数学团队的优秀资源600多个，借助北京开放大学的远程教育网络培训系统，对北京市18个区县的5100名小学数学学科教学带头人和全国骨干教师进行培训。

吴正宪及团队队员应邀在东北师范大学、陕西师范大学等高校为教育部组织的"培训者培训"做团队研修专题报告，引起与会教师的强烈反响。

2008—2018年，吴老师带领团队队员应邀到日本讲学，日本的NHK电视台和日本《秋田新报》对讲学活动进行了专题报道。

成果成为全国一线教师专业发展的重要资源。2008年11月，中国教育报刊社组织了"吴正宪数学团队成果展示及其教师成长范式解读"专题教研活动；团队走遍了北京的各个区县和全国20多个省市，举行了数十次团队研修活动，听众规模超过数万人次，一大批一线教师利用这项成果改进了自己的教学，出版和发表了多部著作和多篇文章。

出版了团队研修系列丛书共20余本，还有系统反映成果的期刊论文。在《小学教学》《小学数学教师》等期刊发表吴正宪小学数学教师团队的成果。

五、列举媒体报道

罗列若干有代表性的学术成果、实践效果、学术会议、活动、人物等，得到中央电视台、中国教育电视台、《人民日报》、《新华社》、《中国教育报》、《中国青年报》、《四川日报》等权威媒体报道。

参考文献

[1] 李建萍，刘继红. 教研培一体化：成都高新区智慧研修实践与创生［J］. 教育与装备研究，2024，40（1）：21－25.

[2] 曾亮，徐文娟，李伟. 基于智能研修平台的大规模混合智慧研修模式［J］. 教育与装备研究，2024，40（1）：31－36.

[3] 韩欣. 基于在线空间的周期性项目智慧研修模式与应用策略［J］. 教育与装备研究，2024，40（1）：36－40.

[4] 刘颖，徐爱琳. 指向核心素养达成的循证智慧研修模式［J］. 教育与装备研究，2024，40（1）：26－30.

[5] 崔允漷. 素养本位的单元设计，助力各国进入"素养时代"［J］. 上海教育，2021（32）：22－25.

[6] 李松林. 以整体的教育培养整体的人——五育融合教学的框架与方法［J］. 课程·教材·教法，2021，41（11）：64－69.

[7] 段沙，周怡. 精准教学文献综述［J］. 英语教师，2017，17（24）：64－70.

[8] 方丹，王思锦，李从容. 为中小学生科学素养画像——中小学生科学素养评价体系建设的海淀经验［J］. 中小学管理，2017（12）：49－51.

[9] 魏宏聚. 教学经验的本质、概念化路径及价值［J］. 课程·教材·教法，2017，37（9）：44－51.

[10] 袁振国. 实证研究是教育学走向科学的必要途径［J］. 华东师范大学学报（教育科学版），2017，35（3）：4－18.

[11] 杨玉东. 课例研究的再认识：作为改进课堂的有效研修方式［J］. 江苏教育，2013（Z1）：25－27.

[12] 王晓玲，陈向明. 日本授业研究及启示［J］. 中国教师，2011（7）：70－73.

[13] 顾泠沅，王洁. 教师在教育行动中成长——以课例为载体的教师教育模式研究［J］. 全球教育展望，2003，32（1）：44—49.

[14] 国家教育行政学院. 基础教育国家级优秀教学成果资源服务平台：成果展示［EB/OL］.（2020－01－15）［2023－10－09］. https://s.enaea.edu.cn/h/gjjzyfwpt/jxcg/.